HERMES

在古希腊神话中，赫耳墨斯是宙斯和迈亚的儿子，奥林波斯神们的信使，道路与边界之神，睡眠与梦想之神，亡灵的引导者，演说者、商人、小偷、旅者和牧人的保护神……

西方传统 经典与解释 HERMES
Classici et Commentarii
古希腊礼法研究
Library of Politeiai
et Nomoi Graecorum
程志敏 ● 主编

宙斯的正义

The Justice of Zeus

[英]劳埃德-琼斯 Hugh Lloyd-Jones ｜ 著
程志敏 ｜ 译
何为 ｜ 校

华夏出版社

古典教育基金·"传德"资助项目

"古希腊礼法研究"出版说明

近代以来,西人即便在诗歌戏剧方面也从未"言必称希腊",但在礼法方面,却往往"言必称罗马":罗马政制和罗马法的确比古希腊礼法显得更为条理分明,而且也是西方现代制度和法学的基础。但这并不意味着希腊城邦政制没有"法理学"(jurisprendence),实际上,在更为根本的政治哲学和法理学方面,古希腊人比发明了res publica这一术语以及juris prudentia这一学科的罗马人有着远为丰厚的思想资源——这或许就是希腊与罗马巨大差异的一种缩影:在具体的实施技巧上,罗马人无与伦比,而在学理的深思明辨方面,希腊人则更胜一筹。

罗马人曾遣使"抄录希腊人的制度、习俗和法律"(李维语),虽非信史,亦属有自。但希腊礼法却远不及罗马法有名,甚至连希腊法律的研究者也怀疑"希腊法律"之说是否成立。其实,古希腊思想家感兴趣的是礼法的来源、依据和目标等颇为抽象的问题,而不是"分权""监察""物权""继承"和"诉权"之类具体的礼法问题。以法律为例,在庭审中,普通希腊人往往更多就制度、法理或立法精神展开辩论,看重"正义"和"公平"甚于"真假"和"对错",更重"城邦的福祉"而非个人的自由。所以,希腊人十分重视礼法所带来的"德性""幸福"和"美好生活"——这些更为根本的诉求在现代政治学和法学中几乎已踪迹全无矣,正所谓"古之民朴以厚,今之民巧以伪。故效于古者,先德而治;效于今者,前刑而法——此俗之所惑也"(《商君书·开塞》)。法理不能代替法律,德治不能取代法治,但离开了法理和德性,法律就变成了单纯的技术,不再有收拾人心、进德修业以求优良生存之鹄的。

与现代法学不同,古希腊法律思想与政治、宗教、哲学和伦理学联系十分紧密,"由最好的人来统治还是由最好的法律来统治更为有利"(《政治学》1286a8-9),诸如此类的元问题乃柏拉图和亚里士多德思考法学的出发点。古希腊"礼""法"密不可分,而法律的兴起与发达,本身就与民主政治互为因果:法律就是民主,或者说法律就是民之"主"。因此,"筚路蓝缕,以启山林"(《左传·宣公十二年》)的"礼法"就成了一个颇为宽泛的概念,与政治、伦理和宗教交织在一起,所谓"编著之图籍"均可为"法"(韩非语),都是"城邦的纽带"(欧里庇得斯语)。

所幸近半个世纪以来,古希腊礼法研究在西方学界渐始蓬勃——这才是我们的法学理论界应该与国际接轨的地方之一。编译这套译丛,不为救世,不为解惑,唯求提醒。苟能"以属诸夏"(《左传·襄公十三年》),则有益于我们远离空疏的自大和滑稽的空想。

古典文明研究工作坊
西方经典编译部戌组
2010年7月

献给玛塞尔和安东尼·昆顿

在许多方面,神性的存在遵循与人不同的法则。如果我们懂得人与神之间的巨大差异,就不会对此感到惊奇。有一种谨慎的意见引人注意:希腊诸神的德行值得怀疑。

——奥托(Walter F. Otto)

目 录

中译者前言 …………………………………………… 1

二版前言(1983) ……………………………………… 1
前　　言 ……………………………………………… 3
主要文献缩写 ………………………………………… 7

第一章　《伊利亚特》………………………………… 9
第二章　《奥德赛》、赫西俄德与早期抒情诗 ……… 52
第三章　玷污与净化：希罗多德 …………………… 91
第四章　前苏格拉底思想家和埃斯库罗斯 ………… 127
第五章　索福克勒斯 ………………………………… 169
第六章　智术师、修昔底德与欧里庇得斯 ………… 208
第七章　结　　论 …………………………………… 249
跋 ……………………………………………………… 260

术语表 ………………………………………………… 286
现代作者姓名索引 …………………………………… 289
一般名词索引 ………………………………………… 294

中译者前言

正义作为人类社会的基本要求,在古今中外都得到极大重视,但"正义"的内涵及其基础却大不相同。对于古希腊人来说,被称为"正义"的dike首先不是人世间的伦理规范,而是宇宙秩序,后来才演变为人世的准则。这个过程本身就已经说明了"正义"的来源:人世间的公道正义乃是对宇宙秩序的模仿,而宇宙秩序又是神明所设定的,因此,行事正义就是对神明的崇敬,因而正义本身就是虔诚。反过来说,不正义既违背了自然天道,又是可怕的渎神之举,当然要遭天谴和神罚。

古希腊正义观的这两种含义或维度大概就是所谓的"天人合一",但与我们通常庸俗的理解不同,这种"合"不是平等的相互契合,而是差序格局中低级对高级的"符合"。这与后世的正义观大不相同。随着宇宙变成"自然",本身无限丰富的"自然"坍缩固化为物质性的东西,宙斯的正义便不复存在。新的正义观在消除了神圣的维度后,只能以人的理性为准绳,而所有人的理性据说完全都是一模一样的,因此,"正义"就成了平等的代名词,它的内涵也由此发生巨大的偏转。

这个理性化的潮流带走了古风时期很多美好的东西,最终似乎造成了人类(至少西方)社会的种种灾难。批判理性主义从古代开始就不乏其人,20世纪之后,这种倾向更是泛滥成灾。毕竟,据说惨烈的两次世界大战都是拜理性主义所赐，至少是因为理性主义从上到下的理论建构让思想失去了自然的土壤。这种无根的逻辑产物要求现实给它让路，凡是不符合理性或逻辑理想的，都要被终极解决。

理性主义的第一场灾难就是雅典的衰败，本书作者琼斯认为，柏拉图在其中负有不可推卸的责任：

> 柏拉图则依赖于一种形而上学的和神学的教条主义，这种教条主义与东方宗教更多相同之处，也与一神论以及现代世界无论是宗教上的还是世俗思想中的教条体系更为一致。很多讨论希腊衰亡原因的作者，都曾用到伯里（J. B. Bury）的术语"精神衰竭"。而第一个重要的精神衰竭就是柏拉图的衰竭。（原文，页136）

一般的思想史著作都会把希腊的衰亡算到智术师头上，毕竟，他们教导的东西，如正义是强者的利益等，败坏了雅典高贵的传统道德。但琼斯认为，普罗塔戈拉这类智术师的观点反而更接近希腊人的传统看法，这着实令人费解。

在琼斯看来，新兴的哲学思想虽然抛弃传统的神话学，但并不因此就主张无神论。思想新贵们对传统神学加以理性化处理后新产生的一神论信仰，与古代信仰不仅不相抵牾，还能和谐共生，就像现代思想家并不与现行宗教相冲突一样。其理由就在于，古代的无神论从来没有引发过任何社会问题。但我们会问，什么样的问题才算得上是大问题？直接导致古希腊的衰亡——这还不算严重的社会问题吗？作者批判柏拉图，是因为柏拉图批判了智术师，柏拉图把希腊人的无神论和非道德主义以及由此而产生的种种政治军事灾难都算到智术师头上。但作者却认为，恰恰是那些保护传统思想的人最终破坏了传统，因为他们太过保守和虔敬！

本书作者采纳了多兹（E. R. Dodds）的看法，认为柏拉图经毕达哥拉斯学派而受到了东方宗教的影响，"把希腊理性主义传统与巫术–宗教的观念杂糅在一起"，因而提出了灵肉二分的观念，从此开创了西方二元论的先河。柏拉图偏离了传统的生活经验，过度诉诸理性，因此本书作者批评道：

> 理性可以帮助我们从原初的假设出发作出推导，但不能指导我们选择从哪一个假设出发，我们也很难强说，某一套关于神明本性或宇宙管理方面的主观假设，就比任何其他假设更"理性"。（原书，页163）

就算柏拉图在自己的对话中极力弘扬"神明"，打算通过重建官方崇拜来训诫和引导普通人，那也与希腊传统宗教几无共通之处。柏拉图的超越性的理性宗教或许有高明之处，但正如本书作者所说，这种新宗教关心的主要不是"此"世的现实。

本书作者关注的不是思想史中的"变易"，而是长期保持静态的东西，这个东西就是希腊人早在公元前5世纪启蒙运动的理性主义之前就已经十分成熟的世界观。虽然作者没有明确地说，但他的意思很显然：古希腊早期的独特性和丰富性正是被哲学（尤其是柏拉图）败坏了。早期希腊人已经达到了一种高超的理性思考水平，远远超出了东方人，而柏拉图等人从学于东方，反倒让希腊文明有所退步。

作者直接提出三个理由来证明希腊本土文明的独特性：

第一,希腊宗教既不是一神论,也不是严格意义上的多神论,而是介于两者之间。希腊宗教有很多神明,但从我们所知最早的时期开始,就有一个大神统管着其余神明。第二,这种宗教不以人类为中心,凡人不过是低级神祇创造出来的,在宇宙中也仅仅占据较低的地位,神明也不太在乎他们。第三,这些神明不是超验的,而是内在的(immanent)。他们不从外面干涉自然规律,而是通过自然进程统管无生命的世界,并通过凡人的激情来统管有生命的存在物。(原书,页160)

其中,第三点似乎尤为关键,作者后来进一步阐释道:

神明通过自然和人心,而不是通过外部的干预来维系。宇宙由因果律来管理,这种宇宙观是思考宇宙论、科学和形而上学的先决条件。为什么现代科学和哲学发端于古希腊人而不是其他任何民族?要回答这个无法回避而又困难的问题,当然会从这个说法开始:有序宇宙这一观念为希腊人所独有,他们在这个问题上与其东方邻居截然不同。正如第四福音书明白所示,基督教的最初假设虽然来自启示,但也破例接受了这种有序宇宙的观念。这种观点不来自犹太教,也不来自其他任何东方思想。(原书,页162)

凡此种种,当然都不无道理,不过要把希腊本土文明与东方彻底隔绝开来,只强调它的原创性,似乎就很危险了。理性宗教的神与原始宗教(自然宗教)的神大不相同,但也未始没有共同点。诚然,理性化的神高高在上,不食人间烟火,当然无法让人感到亲近,从而真正产生依附的情感。正如海德格尔所说,后来形而上学化的

神已经变成了哲学上的"自因",反过来说也一样:

> 自因(Causa sui)……是哲学中表示上帝的名符其实的名称。人既不能向这个上帝祷告,也不能向这个上帝献祭。人既不能由于畏惧而跪倒在这个自因面前,也不能在这个上帝面前亦歌亦舞。①

但在传统的祭祀规程中,歌舞乃是尊荣神明的必有节目(《俄狄浦斯王》895)。但理性既然是不可逆的自然而必然的过程,我们又该如何看待它?

我们无意来评判这场灾难的责任,也不会为柏拉图辩护——他也不需要谁来为他说什么好话,毕竟,他的著作就摆在那里,里面既有理性主义的主张,也不乏对逻辑、理性、二分法(甚至辩证法)的冷嘲热讽。单纯地截取某一个方面,发现其问题,再予以批判,这种做法本身就不"正义"。我们在这里只想简单为"理性"以及"理性主义"分辩几句。

诚然,现代世界"越来越热衷于逻辑和对世界的逻辑化",越来越看重脱离了生活的理性,因而越来越走向颓废。②与尼采一样,张

---

① 海德格尔,《形而上学的存在—神—逻辑学机制》,收于孙周兴选编,《海德格尔选集》下卷,上海三联书店,1996,页841。尼采亦曰:"假定causa sui[自因]概念是某种彻底的谬论"(《善恶的彼岸 论道德的谱系》,赵千帆译,孙周兴校,北京:商务印书馆,2015,页30),"那种自以为借助于因果性就能够深入探究事物的最内在的本质的看法,只不过是一种幻想而已"(《悲剧的诞生》18节,孙周兴译,北京:商务印书馆,2012,页133)。

② 尼采,《悲剧的诞生》4节,前揭,页9;《偶像的黄昏》,李超杰译,北京:商务印书馆,2013,页21、96—97。柏拉图的《欧蒂德谟》是对逻辑(和智术师)最辛辣和深刻的嘲讽。

志扬教授也在批判过度理性不仅没有给世界带来理性本可造就的秩序,反而导致了极度的混乱:

> 现行的世界,不是没有理性,也不是理性太少,相反,恰恰是理性太多,多到混乱的地步。每一种理性都只看到自己光亮的部分,甚至干脆认为自己就是光亮本身,因而非己之其他理性都是特殊的、未开化的,甚至野蛮的、黑暗的等等。于是,理性之争,诸神之争,争高低之序,争主奴之别,成为当今世界混乱的原因。①

似乎要摆脱现在的糟糕局面,只有告别理性,毕竟理性乃是现代危机的渊薮:

> 唯当我们体会到,千百年来被人们颂扬不绝的理性乃是思想的最顽冥的敌人,这时候,思想才能启程。②

海德格尔把现代社会很可能毁灭人性的技术化潮流归结为理性主义的结果,而理性主义又是希腊哲学的结果,所以要发现和超越理性主义的界限,似乎就必须告别理性,尤其要告别希腊哲学。希腊哲学中的理性试图把握存在和整全,这是办不到的(其实海德格尔自己的思想也重复着自己所批判的对象,无论他如何摆脱和撇清自己,他的"基础存在论"都是传统形而上学的余绪),因为,正如施特劳斯所概括的:

---

① 张志扬,《偶在论谱系》,上海:复旦大学出版社,2010,页314。
② 海德格尔,《林中路》,孙周兴译,上海译文出版社,2008,页241。

理性主义自身依赖于非理性、非明证的假定；理性主义虽看似权倾一时，却是空虚的；理性主义自身依赖于某种它无法主宰的东西。一种对存在（being）更恰切的理解为如下断言所暗示：存在（to be）意味着不可捉摸，意味着一种神秘。这是对存在的东方式理解。因是之故，东方并无主宰意志（will to master）。仅当我们变得能够向东方特别是向中国学习时，我们才能指望超越技术性世界社会，我们才能希冀一个真正的世界社会。可中国正屈服于西方理性主义。①

如果诚如本书作者所说，柏拉图与东方宗教关系密切，甚至谦虚地从学于东方，那岂不正是海德格尔所希望的？既然如此，海德格尔为什么一生都在跟柏拉图过不去，甚至还把西方文明的危机这笔账直接算在柏拉图头上？

东西方需要交汇（meeting），双方都必须做出努力，也就是要首先清理自身的问题——对西方来说，大概就是要清理作为本己至深根源的理性主义。否则，东西方的交汇就没有可能，因为这种交汇不能在东西方最浅薄的时期发生，更不能在最吵嚷、最轻率和最浅薄的打工者之间发生。在没有充分理解对方之前，仅仅因为看到了自身的问题就喜新厌旧、自我痛恨，同时对异域风情的东西充满好感，这种做法大概就是浅薄的。

西方思想家若沉潜到自身的根源处来准备这场伟大而"尚未"（noch nicht）的交汇，就会发现圣经传统似乎能够克服西方内部理

---

① 施特劳斯，《海德格尔式存在主义导言》，丁耘译，收于潘戈编，《古典政治理性主义的重生》，郭振华等译、叶然校，北京：华夏出版社，2011，页90。

性主义的限度。但同时也不能把圣经绝对化,否则就会堵塞通向东方其他思想形式的道路。圣经虽然是东方的产物,但它已经西方化了,也就是"我们西方人之内的东方",既不是东方的全部,甚至也不是真正的东方。所以,海德格尔真正的想法,大概就是超越传统的"两希冲突",径直向东方学习。真有这样的好事?或者说,"能够帮助我们客服希腊理性主义的不是作为圣经的圣经,而是作为东方事物的圣经",也就是把整个东方当作"圣经"?海德格尔以及所有西方思想家都并不了解中国(据说海德格尔对西方也未必足够了解,至少在他没能走出存在论之类的形而上学之前,因为西方思想的至深根源未必是对"存在"的特定理解和特定体验),因而从来也没有对中国抱有多大希望,凡是以为莱布尼茨受惠于《周易》,以为海德格尔向东方叩拜的,都是在自欺欺人。

在尼采看来,这种理性化的始作俑者乃是苏格拉底,所以他终生都在同这个思想上的怪物作斗争:

> 如果人们需要像苏格拉底所做的那样,使理性成为暴君,那么,某种别的东西成为暴君的危险一定不小。当时,理性被猜想为救世主……整个希腊的沉思都狂热地转向理性,这表明了一种困境:人们处于危险之中,他们只有一种选择,或者走向毁灭,或者——成为可笑的有理性的人……。①

情况真是如此?

其实,古人虽重视理性,但不是唯理论者。他们认为,人类必须抵制(低级)爱欲或"野性的爱欲"(《斐多》81a),只有诉诸理性

---

① 尼采,《偶像的黄昏》,前揭,页17。

(logos)和羞耻心(《斐德若》253d),才能让思想中优秀的东西获胜,引导我们走向合序的生活方式、走向哲学(哲学=合序的生活方式)、走向幸福(《斐德若》256a)。当然,古人所说的理性与后世的理解大不相同,简单地说,古人信奉的理性是极为丰富的logos,这种丰富性就包含了后世所理解的nous,但后人把逻格斯"努斯化"了。笼统的理性批判实在不得要领,如果说尼采和海德格尔对理性的批判能够成立,那也只是针对自然化、数学化、逻辑化的僵化逻辑斯蒂,也就是现代人自己不断提纯的所谓"理性"。

此外,廊下派也认为,"过于理性的人对于世界极大需求的信念总是错误的,一个人真正需要的唯一的资源来自他的内心和他自身的美德"。[①] 古人从来没有把理性视为人类存在的终极根据,否则就不可能有苏格拉底"第二次起航"这样的思想史公案了。这一点,维柯对ratio一词的分析也可以作为佐证,他说:

> 在拉丁语中,ratio既指算术元素的结合(一种计算),也指人所特有的区别于并超越于动物的属性。人通常还被说成是一种rationis participem[带有理性的]动物,但还不是完全驾驭理性的动物。[②]

人类分有理性,但再次强调一遍,这里的理性不是后世所理解的、仅仅蜕变为认识世界的那种能力的东西。这样看来,海德格尔

[①] 努斯鲍姆,《诗性正义——文学想象与公共生活》,丁晓东译,北京大学出版社,2010,页98。

[②] 庞帕编译,《维柯著作选》,陆晓禾译、周昌忠校,北京:商务印书馆,1997,页83。

对ratio以及logos的分解,尤其是对"人是理性的动物"这一传统定义的批判,似乎就因彻底而显得有些偏激:它们固然有rechnung[计算、依置]的意思,也有Grund[根据]的含义,①但远不止于此。

当然,理性缺乏节制,必定会产生种种毛病,

> 由于形而上的存在对于思考没有任何控制力,演绎的自由思考就把自己迷失在唯理主义的建构中。它只是过于频繁地为经验的、历史的内容披上出自理性的纯粹而绝对有效的演绎结论的光环。②

(现代)理性自身的问题得到越来越多的挖掘,

> 现在,在很多人看来,这种干巴巴的理性已经无法抵达任何形式的终极真理。所需要的是一种更微妙的语言,可用来显明更高的或者说神圣的东西。③

于是,舍弃理性、改宗非理性似乎就显得很时髦、很浪漫了。人类思想就这样简单地走向了另一个极端,而这一极端给世界带来的灾难同样不小,丝毫不亚于理性的"霸权"带来的后果。

正如卢卡奇所看到的,这样两极摇摆的时代精神根本没有能力应对当今的种种问题,哲学感到惊慌失措,于是对理性的批判以及对非理性的皈依实际上变成了病急乱投医,让哲学的水平下降到不

---

① 海德格尔,《根据律》,张柯译,北京:商务印书馆,2016,页213、225、255、274。

② 罗门,《自然法的观念史和哲学》,姚中秋译,上海:上海三联书店,2007,页93。

③ 泰勒,《世俗时代》,张容南等译,上海:上海三联书店,2016,页554。

可思议的程度。他说:

> 贬抑知性和理性,无批判地推崇直觉,贵族式的认识论,拒绝社会历史的进步,制造神话等等,都是我们几乎在每个非理性主义那里会遇到的动力。①

20世纪的诸多巨大灾难,尤其两次世界大战,就是"理性的毁灭"和非理性主义的畸形发展在思想和政治上"登峰造极"的结果。理性固有弊端,毁灭理性同样可怕,所以施特劳斯承认:"我相信,面对这一指控,我们西方社会科学家中许多人必会服罪。"②

既然"服罪",那就必须重建人们对理性和形而上学的信心,毕竟,责任不在于理性,而在于自称理性的人对理性的误用。正如胡塞尔所指出的,即便欧洲的危机在于误入歧途的理性主义,也并不能说我们就必须彻底抛弃理性,因为"这毕竟是一种可以理解的误入歧途"。也就是说,

> 在这种情况下,就可能表明"危机"是理性主义的表面上的失败,但是合理的文化的这种失败的原因——正如我们已经说过的——并不是由于理性主义的本质本身,而仅仅在于将它肤浅化,在于它陷入了"自然主义"和"客观主义"。③

现代哲学过度批判理性,导致我们现在面临着与康德和黑格尔

---

① 卢卡奇,《理性的毁灭》,王玖兴等译,济南:山东人民出版社,1988,页7,另参页124。
② 施特劳斯,《古典政治理性主义的重生》,前揭,页62。
③ 胡塞尔,《欧洲科学的危机与超越论的现象学》,王炳文译,北京:商务印书馆,2001,页393、404。

同样的难题,即如何拯救哲学、拯救形而上学、拯救理性。

> 这个时代之走到对于理性的绝望,最初尚带有一些痛苦和伤感的心情。但不久宗教上的轻浮任性,继之而来的知识上的庸俗浅薄——这就是所谓启蒙——便坦然自得地自认其无能,并自矜其根本忘记了较高兴趣。①

只不过我们在他们的教训之上还懂得了一点:我们同时还要防止被拯救后的理性过度膨胀,走向不可收拾的地步。其实,任何东西都需要防止"泛滥成灾"。当然,与其说是我们在拯救哲学和理性,不如说是在祈求哲学和理性来重新拯救我们自己。

以黑格尔为代表的现代思想家的理性也许不懂得敬畏,甚至还会把上帝变成概念化的僵死之物,但我们却不能不敬畏"理性"。人不是"理性的完全主宰"(维柯语),相反,人不能不接受理性的制约,否则非神即兽——而人类永恒的梦想似乎正是借助理性登上天庭,(通过杀死上帝而)成为上帝,殊不知这样的僭妄很可能让人类死无葬身之地。反过来,完全摆脱理性,则人将不人矣。不管我们如何看待黑格尔哲学及其种种后果,也暂且不提他眼中的上帝已不过是一种逻辑预设,他的初衷终归是要通过理性去认识上帝,这就是黑格尔所理解的哲学的最高课题(同上,页109)。

过分压制理性,欲望就会泛滥——现代世界越来越像一个巨大的风月场。正如洛克所说,人缺了理性和理解,就会是一个妖怪!②

---

① 黑格尔,《小逻辑》,贺麟译,北京:商务印书馆,1980,页34。
② 洛克,《人类理解论》,关文运译,北京:商务印书馆1959,页564,另参页666以下。

虽然理性是一种形式上的能力,或许没有实质性的内容,但洛克巧妙地把理性比作"铁",我们可以拿它来铸刀剑。刀剑是中性的(未必是不祥之器),人们以之可行善,亦可作恶。毕竟,理性不止一种。洛克说:

> 一个人如果尽其理性底力量,来挥舞所谓三段论式,则他一定不会在自然底内部宝藏中发现出大量隐伏的知识来。但是照经院派的做法,我们虽不能借严格的论式和图式底规则发现出知识来,可是我们底自然的、素朴的理性,却容易开一条通向人类底知识总量(一如以前所做的样子)的大道,而对之有所增加。①

只要能超越历朝历代形形色色或隐或显的经院哲学,我们与生俱来的自然而朴素的理性就依然能够庇护我们,使我们免遭非理性、疯狂、极端和解构的侵害。

西塞罗继承柏拉图的衣钵,早就看到了理性的两面性:理性虽是神赐,锋利无比(acies,《论至善》5.57),然而,如果运用不当或恶意使用(perverse uterentur 或 male uti,《论神性》3.70),人类必反受其害。世上既然有"神圣的理性",也就必然有"败坏的理性"或"堕落的理性"(《论至善》2.58)。世间许许多多的元恶大憝都是理性的产物。机关算尽(machinari)的理性实际上是一种"狡猾的理性",最终必然导致"自我毁灭"(nefariam pestem)(《论神性》3.66)。总体来说,理性无所谓善恶,关键看使用者以及使用的目的:

---

① 洛克,《人类理解论》,前揭,页678。

> 我们从神明那里拥有了理性,就算我们真拥有,但那究竟是好的理性还是不好的理性却取决于我们自己。(《论神性》3.71)

理性只是一种工具,它的核心如果在于"批判",那它必须首先针对自己。理性最多算得上一种能力,可以帮助我们获得某种知识,却不见得完全能够辨别知识的美丑善恶。理性首先必须自己接受批判,所以

> 理性就在于,不要盲目地把理性作为真的举止,而是要批判地对待理性。理性的行动总是一种启蒙的行动,而不是被绝对地设置的新理性主义的教导,并非在于认为自己对一切事都比别人知道得更多——理性总是被理解为经常对自身和自己的条件进行自我解释。①

理性的自我批判在康德那里只能找寻到自身的限度,它更多地是在形式上有所发明,而并不能在实质上有以教我——舍勒写了厚厚一本书来阐明这个道理。

与洛克的"铁"喻接近,张志扬先生以"刀"来比附。他在西方绘画作品中找到灵感,提出"把割伤手的刀包扎起来",毕竟,大凡给人以生的东西往往也会带来死的危险。所以,不是不要刀了,而是把刀包扎起来,不是放弃,"有些危险的东西是不能放弃的,麻烦就在这里"。② 这些看似危险的东西之所以不能放弃,就在于它

---

① 伽达默尔,《赞美理论》,夏镇平译,上海:上海三联书店,1988,页62。
② 张志扬,《幽僻处可有人行——维罗纳晚祷的钟声》,上海:上海人民出版社,2015,页237。

们或者是我们的本质所在,或者是我们的生存之所需。但如果使用不当,必然会带来危险。当然,包扎不是放弃,但过度包扎会让刀的"功用"无法实现,从而导致刀本身作废,与此相连,需要它的人类可能也会受到严重影响。另一方面,如果只是简单包扎,但包扎后便束之高阁,刀也不能为我所用。生活中没有"刀"或许还死不了人(有了刀反而容易出大事),但如果没有"理性",生活本身都会成为问题。的确,这是一件麻烦事情。

但无论如何,单纯反驳理性或形而上学,非但不能成就什么,反而还会坏事。在舍勒看来,理性或形而上学不是人类能够选择的可有可无的东西,人始终都必定会有形而上学的观念,也会对理性充满感激之情,会借助它们追求超越性的境界——

> 早在思维意识到之前,人就拥有这片绝对存在的领域。这是属于人的本质,它同自我意识、世界意识、语言和良知一起形成了统一的稳定结构。①

既然理性的确是人的本质(且不谈何种理性),那么,干掉理性,就是在灭绝人类。

所以,必须恢复理性。当然,需要恢复的不是营养不良的狭隘旧理性,而是如胡塞尔所说的"高贵的和真正意义上的理性,是原本希腊意义上的理性"。胡塞尔明确指出,过去的理性主义乃是荒谬的自然主义,没有能力把握我们的精神,而他所理解的ratio,则能够让我们的实存在其中找到自己的位置。② 这种希腊意义上的理

---

① 刘小枫编,《舍勒选集》,上海:上海三联书店,1999,页1057-1058。
② 胡塞尔,《欧洲科学的危机与超越论的现象学》,前揭,页402-403。

性，就是logos，就是灵魂净化后达到宁静的状态，由此开始的理性思考才能够给生命筑起扎实的根基，"并总是在理性思考中生存，观看真实的东西、神样的东西、非意见的东西，用这些东西来养育自己"（《斐多》84a-b，刘小枫译文）。这种希腊意义上的理性就是别尔嘉耶夫所说的"大理性"，他说：

> 弃绝这个世界的理性——上帝的非理性，就是自由的而不是奴役和黑暗势力的最勇敢的行为；弃绝小理性，克服逻辑的局限性而获得大理性，逻各斯就开始当令了。小理性是ratio，它是唯理论的，大理性是Logos，它是神秘的。小理性起切断部分的作用，大理性起完整精神生活的作用。①

回到本书所讨论的主题，帕斯卡尔的一句话特别能够刺激学者们的神经。在他看来，仿佛每个人都确凿地知道理性和正义似的，这的确让人目瞪口呆：

> 最使我惊讶的，就是看到每个人都不惊讶自己的脆弱。人们在认真地行动着，每个人都追随自己的情况；并非因为追随它事实上有什么好处（既然它只不过是时尚），而是仿佛每个人都确凿地知道理性和正义在哪里。他们发现自己没有一次不受骗；可是由于一种可笑的谦逊，他们却相信那是他们自己的过错，而不是他们永远自诩有办法的过错。然而最妙的就是世上这种人竟有那么多，他们为了怀疑主义的光荣而不作怀疑主义者，以便显示人是很可能具有最奇特的见解的；因为他居然

---

① 别尔嘉耶夫，《自由的哲学》，董友译，上海：学林出版社，1999，页25。

能够相信自己并不处于那种天赋的、不可避免的脆弱之中,反倒相信自己是处于天赋的智慧之中。①

对于理性、正义和智慧,我们不能强不知以为知,但更不能因为自身的脆弱性就贸然否认人作为思想的芦苇其实也有坚韧的品质。我们固然不能自以为拥有智慧,但向往智慧却是我们走向神圣的必由之路。理性固有弊端,却是走出物性和兽性的必要条件,从而也是神性得以可能的基础。

本书所引用的古希腊文学作品,主要参照罗念生、王焕生、张竹明、吴雅凌等人的译文,在与本书作者英译文有出入的地方,径按英文译出,不一一注明。一般说来,同一个词在一本书里应该尽量译成相同或至少相近的汉语,但在实际操作中难度还是不小,比如thymos,有时指"心",有时指"精神",有时应作"傲气"(最后还是统一译作了"心")。同样,ate本指天神遣来的迷狂,因而会产生祸害,故而一般译作"迷狂",偶尔译作"蛊惑"。tragedy译作"肃剧",因为它不是我们所理解的"悲(惨)剧"。但在原文106页的tragedy of destiny中,该词就有这种意思,所以从俗译作"命运的悲剧"。Themistes既指神法,也指审判。凡是以希腊语的拉丁转写形式出现的,皆保留原文,后面以方括号附上中文翻译,而如果是英语翻译,则径直译成中文,如"Dike[正义]",而文中如果是justice,则不附上原文,直接译作"正义"。另外,很多文献被作者默认为古典学名作,仿佛阅读此书的人都很熟悉,因此作者往往只给出期刊杂志名称,查考起来十分困难。

---

① 帕斯卡尔,《思想录》,何兆武译,北京:商务印书馆,1985,页167。

代春福女士对本书初稿有所贡献,在此表示感谢。我后来从头至尾重译,又请何为博士通校了一遍。当然,译文中的错误由我一人承担,敬请各位爱好者和热心人不吝指正。

2018年10月
于海南大学社科中心

* 原书中有些过长的注释移入正文中,以小号字体区别于正文,希望能方便读者。

二版前言(1983)

拙著需要重印,因此我可乘机加上一篇跋,我的意图,是把1971年初版问世以来的相关著述考虑进去,并借此回应很多对本书充满敌意的批评家。我对他们所做的事,正如拙著进行期间以色列军队对巴勒斯坦解放组织(Palestine Liberation Organization)所做的事。

某些批评家抱怨本书的原版,说它在书内注释之外,又在书后用"补遗"增加了一些注释,导致读者在很多地方还得去找那些注释。但出版方不允许改动原书页码,因此我别无他法,只能在书后另外加上一套注释,有些注释仅仅是纠正错误和印刷问题,另一些则是对正文的补充。①

在我为该书添加这些东西时,基督教教堂学院的同事麦克洛德(Colin Macleod)三四年前写给我的一封长信帮了我很大的忙。麦克洛德于1981年12月去世,对古典学界可谓沉重的打击。关于麦克洛德,请读者参看见我为他离世所撰写的讣告,见 *Gnomon* 54(1983)413;以及我为麦克洛德的《伊利亚特》卷二十四注疏所写的书评,见《伦敦书评》(*London Review for Books*)1982年9月2-15日。麦克洛德的著作集很快会由牛津大学出版社出版。麦克洛德在他这本注疏中指出,《伊利亚特》最后一卷在整部史诗的谋篇中具

---

① [编按]为方便读者,这些原书增加的注释在中译中已逐一移入书内相关地方,不再作为"补遗"附在书后。

有核心地位，而且这种地位还具有伦理的［vii］意义。与我相似，德罗米伊（Jacqueline de Romilly）也表示，麦克洛德的这本著作与她本人的重要著作《古希腊思想中的柔和》（*La douceur dans las penséegrecque*, 1981）的主题也不无关联，相关内容见她的论文《阿喀琉斯与赫克托尔的尸体》（"Achill und die Leiche Hektors"），刊于 *Wiener Humanistische Blatter* 23（1981），页1以下。麦克洛德认为拙作极有价值，这让我在面对怀有极大敌意的评论时充满信心。他自己的批评则具有最高程度的教益和建设性，我也希望自己没有辜负而是最大限度地利用了自己竟然有他相助这份好得不能再好的运气。

我在最后一刻还注意到这样一部著作，它很好地阐明了"玷污"概念，对拙著不无意义，即帕克（Robert Parker）的《玷污》（*Miasma*, 1981）。帕克跟我一样（见本书，页71以下和166），并不认为在荷马与埃斯库罗斯之间的时代才大量涌现出对"玷污"的信仰（见《玷污》，页1-2，页66以下）。

劳埃德－琼斯（Hugh Lloyd-Jones）
牛津基督教堂学院

前　　言

[ix]1969年秋季学期，我作为加利福尼亚大学伯克莱分校的萨瑟（Jane K. Sather）古典学讲座教授，做了六次讲座，本书主体就由这六次讲座的原稿组成，并加上了一个简短的末章。系列讲座与专著不同，而且我也没有打算系统处理这一标题所包含的巨大课题——"正义"。希尔泽尔（Rudolf Hirzel）对希腊人称为Dike[正义]的概念史作了最充分而详实的梳理，埃伦伯格（Victor Ehrenberg）在某种程度上对其做了补充。迈尔斯（J. L. Myres）绝佳地阐释了作为政治概念的Dike。对宙斯的起源、崇拜及特性，则应参考库克（A. B. Cook）博学的著作。①

我挑Dike来讨论，因为我觉得它是早期希腊宗教观的核心概念，非常合适用来表达我本人对那种宗教观的总体看法。Dike可以指"正义"，或至少能够指某些类型的正义，但它也指神明命定的宇宙秩序。其结果是，"宙斯的正义"就不完全等同于"早期希腊的正义观"。我一直努力概括这一概念从荷马史诗开始直到公元前5世纪末的性质，要达到这个目的，文字证据最有价值，而且几乎整本书

---

① R. Hirzel, *Themis, Dike und Verwandtes*: *Ein Beitrag zur Geschichte der Rechtsidee bei den Griechen* (1907, repr. 1966); V. Ehreberg, *Die Rechtsidee im frühen Griechentum* (1921, repr. 1966); J. L. Myres, *The Political Ideas of the Greeks* (1927, repr. 1968); A. B. Cook, *Zeus* I (1914), II (1925), III (1940).

都涉及这方面。

萨瑟讲座的众多乐趣之一,[x]就在于演讲的对象不但有年龄各异的古典学者,还有其他领域训练有素的学者,以及一些对话题感兴趣的普通听众。因此,我选择了一个特别想讲的主题,既可以针对一般读者,也可以针对我学术上的同行,而且我已尽最大努力用一般读者能理解的方式来讲。我没有装模作样列出完整的参考书目,我所加的那些注释也仅仅旨在阐释文本,其中至少一半注释都是在引用古代作家。

本书所持的观点,与大多数讨论该思想史时期的专家之所见大为不同,令人惊讶的是,已作古的奥托(Walter F. Otto)堪称例外。本书满篇都是不同的看法,而我不安地意识到,我的很多不同看法,其实都受惠于我应该以各种方式表达感谢的一些学者。凡学者都明白,意见的不同绝不总是意味着轻视。我无法假装热忱赞美已故耶格尔(Werner Jaeger)的著作,不过对于我曾有过异议的许多学者,我的感受也各有不同。比如,我反对与弗兰克尔(Hermann Fränkel)、施内尔(Bruno Snell)等人的"心灵发现"这一说法,但千万不要因此就以为我对那些杰出学者有丝毫不敬。我对阿德金斯(A. W. H. Adkins)很有意思的著作《荣耀与责任》(*Merit and Responsibility*)所持的早期希腊伦理观有所保留,也同此理。①

本书最常引用的现代学者是多兹(E. R. Dodds),如果没有他的萨瑟讲座(*The Greeks and the Irrational*, 1951),拙著几乎不可能写出

---

① 参A. A. Long对Adkins的批评,"Morals and Values in Homer", *JHS* 90 (1970), 121f. 我支持这种批评,但认为神明比Long所认可的(参页135)更多地介入了荷马伦理中。

来。因为我在十六岁的时候，就被领着去听他关于《酒神的伴侣》（*Bacchae*）的讲演，我一直觉得他的书能给人持续不断的激励和鼓舞。我时常会表达对他的反对意见，尤其会反对他在萨瑟讲座期间所讲到的前两章，但我希望任何读者都不要把这看成不敬。

我非常感谢伯克莱分校的东道主，他们不仅亲切邀请了我，让我有机会写出自己的想法——否则我将不可能完成这本书，[xi]还做了一切可能的事情让我们相处融洽。我希望特别向普里切特（W. Kendrick Pritchett）教授及夫人表示感谢，他们对我的盛情招待令人难忘。我也感谢安德森（J. K. Anderson）教授夫妇、罗森梅耶尔（T. G. Rosenmeyer）教授夫妇以及其他很多人，包括古典学系内和系外的学生和教授们。另外，感谢哥德斯坦（Stephen Goldstine）夫妇令人愉快的陪伴。

鲍勒（Maurice Bowra）爵士通读了手稿，有些地方读了不止一次，这给了我很大鼓励。德弗罗（George Devereux）教授通读并详细讨论了整本书，他把古典学与心理学和人类学的专业知识出类拔萃地结合起来，让拙著受益匪浅。

劳埃德－琼斯（Hugh Lloyd-Jones）
牛津基督教堂学院
1970年3月17日

又识：非常感谢帮我校对本书的朋友。基尔克（G. S. Kirk）教授和刘易斯（D. M. Lewis）先生都做了很多工作来改善此书。多兹教授今已作古，他曾以特有的慷慨大方阅读书稿并提出了最有价值的评论。他写道：

我强调希腊信仰中"变易"的因素,而你则强调连续性。我们俩都对,尽管我们有时都夸大了自己所强调的局部性真理。

牛津基督教堂学院

1971年1月18日

主要文献缩写

Adkins, MR . . . . . . A. W. H. Adkins, *Merit and Responsibility: A Study in Greek Values* (Oxford, 1962).
Dodds, GI . . . . . . E. R. Dodds, *The Greeks and the Irrational*. Vol. 25, Sather Classical Lectures (Berkeley and Los Angeles, 1951; paperback ed. 1963).
Guthrie, HGP . . . . W. K. C. Guthrie, *A History of Greek Philosophy*, I-III (Cambridge, 1962–1969).
Latte, RGAG . . . . . K. Latte, "Der Rechtsgedanke im archaischen Griechentum" (*Antike und Abendland* 2, 1946, 63f.= *Kleine Schriften*, 1968, 233f.)
Lesky, GGM . . . . . Albin Lesky, "Göttliche und menschliche Motivierung im homerischen Epos," *SB Heidel. Akad.*, Ph.-Hist. Kl. 1961, 4 Abh.
Lesky, "Homeros" . . . *Idem, in* Pauly-Wissowa, *Real-Encyclopädie*, s.v. "Homeros."
Lesky, TDH² . . . . . *Idem, Die tragische Dichtung der Hellenen* (2d ed., Frankfurt, 1964).

Nilsson, *GGR* I²	M. P. Nilsson, *Geschichte der griechischen Religion* I (Munich, 1941; 2d ed. 1955).
Otto, *GG* ³	W. F. Otto, *Die Götter Griechenlands* (Frankfurt, 1929; 3d ed. 1947). Translated by Moses Hadas, *The Homeric Gods: The Spiritual Significance of Greek Religion* (New York, 1954).
Rohde, *Psyche*	Erwin Rohde, *Psyche* (London, 1925).
Schmid, *GLG*	W. Schmid and O. Stählin, *Geschichte der griechischen Literatur* (Munich, 1929–48).
VS	H. Diels, *Die Fragmente der Vorsokratiker* (6th ed. rev. by W. Kranz, Berlin, 1951).
Von Fritz, *AMT*	K. von Fritz, *Antike und moderne Tragödie* (Munich, 1962).
Von Fritz, *GG*	Idem, *Die griechische Geschichtsschreibung* Bd. I Text and Bd. I Anmerkungen (Berlin, 1967).
Wilamowitz, *Glaube*	U. von Wilamowitz-Moellendorff, *Der Glaube der Hellenen*, I-II (Berlin, 1931–32).

第一章

《伊利亚特》

[1] 一些最负盛名的希腊思想史家认为,宗教和道德在起源上完全分离。① 我现在不关心他们观点的对错,虽然我要顺便说一句,这个话题对于最近的宗教起源研究者比对他们相对稍早的前辈们而言要困难和模糊得多。② 我所关心的是,他们有人发现,在我们拥有的希腊文明最早的文献即《伊利亚特》之中,宗教与道德的结合仅仅处在非常初级的阶段。例如,多兹就发现"在《伊利亚特》的论述之中,没有任何迹象表明宙斯关注正义本身"。③ 尚特兰(Chantraine)在这一方向上没有多兹走得那么远,他认为宙斯维持着人类社会的秩序,但是除了在一个孤立的段落中以外,宙斯从来没有为了增强道德法则而有所举措。④

---

① 这是泰勒(E. B. Tylor)的理论,见 *Primitive Culture* (1871; 3d ed., 1889), II 360f;大多数古典作家认同这一观点,如 Wilamowitz, *Glaube*, I 44, Eduard Schwartz, *Die Ethik der Griechen*, 1951, 1f。

② 例如见 J. M. Yingen, *Religion, Society, and the Individual* (1957), 23f; G. E. Swanson, *The Birth of the Gods: The Origin of Primitive Beliefs* (1960), 153f; E. Norbeck, *Religion in Primitive Society* (1961), 169–170; E. Evans-Pritchard, *Theories of Primitive Religion* (1962), passim。这些学者都不同意泰勒之见,即宗教和道德的起源在所有例子中都是独立的,参 Lesky, "Homeros," 40–41。

③ Dodds, *GI*, 32 with n.18 on p. 52.

④ Chantraine, "Le divin dans Homère," *Entretiens de la Fondation Hardt* I (1952), 75–76, 81.

另一些学者则比多兹走得更远,比如阿德金斯就认为,"一般而言,荷马史诗描绘的诸神都与正义相距甚远"。[①]他写道:

> 在《伊利亚特》和《奥德赛》的主要情节中,正义(right)虽然取得了胜利,却并不是因为它正确(right)。

确实,阿德金斯发现,在荷马史诗中特别是在《奥德赛》里,有证据表明,诸神尤其宙斯逐渐被刻画成道德的代理者,但阿德金斯认为,这个过程直到荷马以后很长一段时间才得以完成。即使到了这个过程发展的顶峰期,他都认为这一过程没有[2]充分完成其初始目的,即尤其鼓励与竞争德性对立的合作的德性,并认同与arete[德性]相对立的dikaiosyne[正义]。

[原为脚注]Dikaiosyne在忒奥格尼斯(Theognis)时代之前还没有出现过,它代表δίκαιος[正义者]的品质。关于该词的历史,见E. A. Havelock, *Phoenix* 23 (1969), 49f.([译按]即 *Dikaiosune: An Essay in Greek Intellectual History*),我认为他把dikaiosyne与dike和δίκαιος分开,太偏激了一点。K. J. Dover在其 *Greek Popular Morality in the Time of Plato and Aristotle* (1974)已显明昭著地证明了,从希腊宗教中自然产生的那种伦理学一直延续下来了。Dover的结论以他对我们现有150篇左右雅典政治或法庭演说辞的研究为基础,他对这些演说辞的了解可以说无人能比。既然演说家们显然诉诸最普通民众都能够接受的道德观念,那么,他的意图也就显然完全站得住脚。Adkins在前述软弱无力的反驳中(原书页230以上),抱怨说Dover没有考虑到智术师、修辞家和哲学家对大众道德可能产生的影响。这些人聪明绝顶,当然常常让人崇拜;但让修辞家如此成功的,乃是他们的劝说技巧,而不是任何暗中建立新道德的企图。Dover注意到,普通人的意见并没有形成一个连贯的整体,他还认为,普通人的评论中常常情感多于描述,我们要反驳这种说法还真不容易。而且Adkins还抱怨(页158)说Dover在不同的场合使用不同的假设,其实Adkins自己没有注意到,Dover之所以这

---

① Adkins, *MR*, 62;他甚至不把宙斯除外。

样做,恰恰是因为一般希腊人正是这么做的。Dover在同义词问题上,以及在词语的意义与其内涵的区别上,尽管吹毛求疵,还是毫无建树。Dover则考虑到了语境而格外小心谨慎,以免落入词汇学方法的危险中(cf. *JZ* 157; Dover *op. cit.*, 47f.)。见Dover in *JHS* 103 (1983)。

阿德金斯指出,希腊语中主要用来表示赞扬的伦理词汇arete[德性],以及相应的形容词agathos[善的],最初以及在以后很长一段时间里都是指竞争性的品质,如勇猛、武艺高强以及其他本领——而那些合作性的德性,像dikaiosyne,即正义(justice)和正直(righteousness),在荷马时代及其以后很长时间内则完全没能享有同样的声望。让宙斯作为正义的代言人,还把dikaiosyne整合到arete的观念中,都是对这种情况的一些尝试性补救。借用多兹著名的说法,希腊人从"耻感文化"(shame-culture)过渡到了"罪感文化"(guilt-culture)。① 但在阿德金斯看来,那些尝试性补救都失败了,因为诸神显然没有惩罚所有违反正义的人,而且,把公正变为德性之构成部分的努力遭到了[语词]日常习惯用法的抵制。阿德金斯认为,即便到了公元前4世纪,希腊人仍然缺乏一个概念来充分表达道德责任。

我希望从以下问题入手:正义或公正在《伊利亚特》中起到怎样的作用(如果有的话),以及,假如它的确发挥了作用,那么它又是哪种正义或公正。首先,有必要考察这样的说法:宙斯不关心正义,或者说宙斯并不关心那种给予各人其所应得之意义上的正义。不过,即使我们发现这种说法正确,我的研究也不会结束,因为情况还可能是,史诗中所有或绝大部分凡人角色都赞同某些道德观念。要

---

① Dodds, *GI*, 17.

弄清情况是否真如此,我们不仅应该研究角色所用的道德术语,还要研究他们的行为,以及诗人选择以何种方式来展示这种行为。

关于古希腊的早期道德观,最具破坏性的错误一直在于如下假设:要研究在艺术作品或社会中找到的道德观念,只需罗列其中用以表述道德观念的词语并加以分析就足够了。详细研究这样一些词语无疑是这类研究的重要部分,[3]但要等道德术语的研究得到另一相关研究的补充,才能算完整,也就是说,还要研究这部作品或所论及的社会所采取的行动,研究采取这些行动及描述这些行动的人对这些行动所表现出来的态度。我们还需要区别那些表达道德概念的词汇的古老含义与古典时代晚期所赋予它们的意涵,也要区别这类词的古老含义与现代人普遍认为与这类词相对应的词汇的含义。

《伊利亚特》中的行动可分为两个层面,即人的层面和神的层面,由于神明以各种各样的方式影响凡人的行为,因而这两个层面相互紧密关联。下面的话说再多次都不算过分:希腊人对神明的看法与犹太教或基督教的观念截然不同。在美、幸福和权力上,人神不同伦。神明永生,都是好运,凡人要么只有坎坷的命运,要么充其量喜忧参半。凡人死后存于哈得斯(冥府),这很难说是"存"。宙斯作为神和人的统治者,虽可以说是他们的父亲,但一般而言凡人却不是宙斯的孩子。荷马从未说过人的起源;第一位谈到人类起源的诗人说,凡人是用石头造的。[1] 在荷马之后的希腊神话中,特别保护凡人的不是宙斯,而是普罗米修斯。普罗米修斯属于被宙斯这一代

---

[1] Hesiod, fr. 234 Merkelbach-West。后来传说普罗米修斯用泥土创造了人。L. Séchan, *Le Mythe de Prométhée* (1951), 33认为普罗米修斯造人的故事必定早于埃斯库罗斯,这当然是正确的,但这个故事不见于荷马史诗。参Dover, *GMP* 75 f。

神明所取代的早先一代神明。如同在所有早期希腊诗歌中一样,在《伊利亚特》中,诸神也鄙夷地看待凡人,还夹杂着些微的怜悯。阿波罗在诸神之战中碰到了波塞冬,对他说:

> 倘若我为了那些可怜的凡人和你交手,你定会以为我理智丧尽;他们如同树叶,你看那些绿叶,靠吮吸大地养分片片圆润壮实,但一旦生命终止便会枯萎凋零。(21.462以下[译按]此处原文误作2.462)

宙斯则自言自语道:

> 在大地上呼吸和爬行的所有动物,确实没有哪一种活得比人类更可怜。①

尽管凡人过得那么悲惨,诸神还是生怕失去自己的优越地位,哪怕对于那些看似挑战或否认其崇高地位的微不足道之举,他们也会毫不犹豫施以惩罚。他们对待凡人,就像[4]早期农业社会的贵族对待农民一样。阿波罗从特洛亚的城墙上推下狄奥墨得斯(Diomedes)②时说:

> 永生的神明和地上行走的凡人在种族上不相同。(5.441-442; Dover, *GMP* 269f.)

---

① 17.446-447。Wilamowitz, *Glaube*, I 351.[译按]此处的"可怜",原文是wretched,罗念生、王焕生译作"艰难"。

② [译按]原文如此,似与《伊利亚特》情节不符。作者新版订正为"他推倒了狄奥墨得斯,后者正打算杀死埃涅阿斯。"

有些凡人是神明最喜爱的，这些人都是诸神的孩子或后代，但即使这些宠儿，行事也必须谨慎，假如惹怒神明，哪怕是另外一位神明怂恿凡人这样做，并且暂时确信能得到那位神明的庇护，也很危险。凡人有神明相助就能取得巨大成功，但这样的帮助也仅限于勇士——诸神的后代，而且就算他们，也像旧约中的英雄一样，都不能全然仰仗神明，而必须最大限度发挥自己的能力。① 而且，那些神也像英雄们自己一样，要求凡人给他们以相称的荣誉，即他们的timē[荣耀]。谁不这样做，就会遭到神明可怕的报复。假如尼奥柏（Niobe）谈到勒托的时候语带轻蔑（Leto, 24.602以下），假如奥纽斯（Oeneus）疏忽了一次向阿尔忒弥斯的献祭（9.533以下）——不管是由于健忘还是无知，假如阿伽门农得罪了阿波罗，拒绝释放其祭司的女儿，② 那么，神明绝不会心慈手软。从现代观点看来，甚或在柏拉图以及随后很多希腊思想家看来，这样的神明之不义简直骇人听闻，但对荷马及稍后的诗人来说，诸神完全没有超出自己的权限。埃斯库罗斯没有责备阿波罗对卡珊德拉（Cassandra, 特洛亚女预言家）的行为，索福克勒斯也没有责备雅典娜对埃阿斯（Ajax）的行为。早期希腊的秩序观，就在于每一位神明和凡人都应该接受属于自己的那份timē[荣耀]。Dike除了表示"正义"外，还指维护既定秩序。

即使在《伊利亚特》中，不同神明在正义方面也处在各自不

---

① 参Eduard Fraenkel, *Proceedings of the British Academy* 28(1942), 22-23（[译按] 即"Aeschylus: Old Texts and New Problems"）；参其*Aeschylus, Agamemnon* (1950), II 372-374。

② 参K. Latte, *RGAG*, 63f = *Kl. Schr.*, 233f. 虽然宙斯会惩罚人们的不义，但神明却不受凡人道德的约束，参Walter F. Otto, *Die Gestalt und das Sein* (1955), 124。

同的位置。人类共同体的秩序最终要靠君王才能安然保全,而诸神也有自己的君主。《伊利亚特》的众神明中,宙斯的地位至高无上,在后来的诗人那里也都是如此。其他所有神明联合起来也不能把宙斯从天上拖到地下(8.18以下)。宙斯甚至能逼迫权力最大的神——波塞冬、赫拉以及雅典娜,叫他们都服从他的权威。宙斯对所有事情都实施着模糊却普遍的控制,[5]由于宙斯的想法就等于将来要发生的事情,所以,谁了解宙斯的想法,谁就能预知未来。Moira[莫伊拉],即"命份",从根本上说就等于宙斯的意志。赫拉提醒宙斯不能救自己的儿子萨尔佩冬(Sarpedon)时(16.439以下),只是在警告他不能因一时心血来潮就牺牲自己定下的政策。① 那种政策在多大程度上是根据正义而作出的?

在多兹看来,认为《伊利亚特》中的宙斯关心正义本身,那是"把对起伪誓冒犯神明荣耀的惩罚以及对违背好客之道的惩罚,混淆成了关心正义本身"。② 荷马笔下的宙斯有三种功能,后来与维护正义的功能紧紧相连。这三种功能是:誓约的保护者(Horkios),异

---

① 关于荷马笔下的"命运"观,见Otto, *GG*3,257f.(Eng. tr.,261f.); Dodds, *GI*,21 n. 43。E. Wüst. *Rh. Mus.*,101(1958),75f, 以及 W. Pötscher, *Wiener Studien*,73 (1960),5f,揭示了要把荷马扯进"自由意志问题"中可谓困难重重,因为荷马不具备讨论该问题的可能性;Chantraine, *op. cit.*,69-73指出了这里的要害,即从根本上说,宙斯希望发生的事情都发生了。正如Eustathius在其《〈伊利亚特〉注疏》(1686年)中所说,宙斯的计划与诸神的moira[命运]是一回事。参W. Burkert, *Die griechische Religion der archaischen und klassische Epoche* (1977),205-206; cf. J.-P. Vernant, *Mythe et Société en Grèce ancienne* (1974),109 = *Myth and Society in Ancient Greece* (1980),105.。[译按]康福德《从宗教到哲学——西方思想起源研究》(上海三联书店,2014)前两章很深入地讨论了希腊人的"命运"观。

② Dodds, *GI*,52 n. 18.

乡人的保护者即主客习俗的保护者(Xeinios)，以及乞援人的保护者(Hekesios)，后两种功能的起源实际上完全相同。违背誓约或伤害异乡人，就亵渎了宙斯的timē[荣耀]，要受到宙斯的惩罚。墨涅拉奥斯(Menelaus, 斯巴达王)杀死特洛亚人佩珊德罗斯(Pisandros)时宣布，特洛亚人一直都不惧怕鸣雷神宙斯的雷霆之怒，因此异乡人的保护者宙斯(Zeus Xeinios)终有一天会毁掉他们高耸的城市，因为他们拐走了他的妻子，并卷跑了大量财产。① 这也许解释了宙斯为什么在战争初期给阿开奥斯人送来两个预兆，保证他们最后会获得胜利。宙斯那样做，仅仅由于他是主客习俗的保护者，还是说他对正义有着某种普遍的关怀？帕里斯(Paris)和墨涅拉奥斯同意用一场单打独斗来解决他们之间的问题，结果帕里斯战败，这时特洛亚人背信弃义破坏了停战协议，于是阿伽门农宣布：宙斯会无休无止地消灭特洛亚人，无论会花多长的时间，宙斯在所难免的惩罚都会落到他们头上(4.158以下)。这仅仅因为宙斯是誓约和协定的保护者，还是他出于关心正义而惩罚罪恶？

全面考察《伊利亚特》中dike及其同源词少得可怜的例子，几乎找不到与这一问题相关的证据。

[原为脚注]名词dike在《伊利亚特》中出现了七次，参沃尔夫(Erik Wolf)的《古希腊法律思想》(*Griechisches Rechtsdenken*, 1950年，卷一，页85以下)。在这七处中，dike要么指法官作出的判决，要么指一方对有争议物的权利诉求。普遍认为这两种意义都与动词词根deiknumi相符，该词根意为"表明"或"指

---

① 异乡人没有合法的权利，所以宗教不得不插手保护他。参 R. Köstler, *Die homerische Rechts-und Staatsordnung* (1950), 17f = *Griechische Rechtsgeschichte*, ed. E. Berneker(*Wege der Forschung* 45, 1968), 185f.(初版为 *Zeitschrift für das öffentliche Recht*, 23, 1944, Heft 4/5).

出"。德语对其基本意思的翻译是Weisung[指示]。在《奥德赛》中该词首次有了"正确"或"惯例"的意义。在每部史诗中,Dike在一般或者抽象的意义上都只出现过一次,即《伊利亚特》16.387与《奥德赛》14.84。Dike本来指神法即themis这一要求的"指示"。Themis来自tithemi,意即"放置"或"放下"。希尔泽尔(R. Hirzel)认为其基本含义是"忠告",见氏著《Themis、Dike及其相关词》(*Themis, Dike und Verwandtes*),1907年,页18以下[译按:此处书名引用有误,径改]。埃伦伯格(Victor Ehrenburg)则释作"建议"或"命令",见《古希腊早期法权观念》(*Die Rechtsidee im frühgriechischen Altertum*),1921年,页6(另参页12和16)。这两人说的意思都对,但最佳解释当数科斯特勒(见上一条注释,页9=174),他认为该词指"神圣的公告或神明的意志"。另参莱斯特(B. W. Leist)的《希腊-意大利法权史》(*Gräco-italische Rechtsgeschichte*),1884年,页209以下,以及怀斯(E. Weiss)的《比较法视野下的希腊私法》(*Griechisches Privatrecht auf rechtsvergleichende Grundlage*),1923年,卷一,页19以下。[译按:另参拙著《古典法律论》(上海:华东师范大学出版社,2013)第四章。]

"Themis乃是上天的法律,Dike则是它在尘世的模仿,始于神明的法规(themis来自tithemi),终于成法的命令(dike来自deiknumi)。Dike因而是派生的法律,在判决中依然有效。"见Köstler, *op. cit.*, 13 = 180。一份dike可以是正直的,也可以是弯曲的。君王用dike为themistes分类(《伊利亚特》16.387;Hesiod《神谱》85,后者就是宙斯赐给他们让他们保卫的(《伊利亚特》1.542)。

关于dike的词源,参H. Frisk, *Etymologisches Wörterbuch der griechischen Sprache*, s.v., 393–394;P. Chantraine, *Dictionnaire étymologique de la langue grecque* (1968), I 283–284。L. R. Palmer, *Transactions of the Philological Society* (1950), 149f 接受了这种词源上的说法,但提出还有"边界、标记"的基本含义。Palmer提请我们注意dike在与kairos同时运用的情况,但这一点即便用常见的观点也很容易解释清楚。参D. Loenen, "Dike: een history-semant. Analyse", *Mededel. Nederl. Acad. van Wetensch.*, *Letterk.*, n. r. 2, 6, Amsterdam, 1948。

关于themis的词源,参H. Frisk, *Eranos* 48 (1950), 1f. and *op. cit.*, s.v., 660–661. On *themis* in general see K. Latte, R.–E. V A, 1934, 1626–1630, 1641, 1642 = *Kl. Schr.* 140f; idem, RGAG 63f = *Kl. Schr.* 233f; Wilamowitz, *Glaube* I, 206f; Otto, *GG*3, 151f. (same pag. in Eng. tr.); Erik Wolf, *op. cit.*, 22f; Köstler, *op. cit.*, 7–25 = 172–195; H. Vos, "Themis", Diss. Univ. Rheno-Traj, 1956; W. Pötscher,

Wiener Studien, 73(1960), 31f. 参 E. Benveniste, *Le vocabulaire des institutions indoeuropéennes* (1969), I 97 f.

在史诗中，[6]δίκη最初指法官作出的判决，或一方对有争议物的权利主张。它可能是"正直的"，也可能是"歪曲的"。宙斯用dike来让themistes[审判]变"直"，君王用dike来挑选themistes[审判]。该词仅在《奥德赛》中才有"正当"或者"习俗"之意。在这两部史诗中，该词作为一般或者抽象的意义仅分别一见。确实有一段话就表面而言与多兹的观点截然相反，此外，尚特兰也承认这段话是他所概括的准则之唯一例外，该准则认为，宙斯在《伊利亚特》中的所作所为并不是要保证分配正义。帕特罗克洛斯（Patroclus）把追逐溃逃的特洛亚人这一场景，比作宙斯送来秋天的风暴，以惩罚那些"在集会上恣意不公正地裁断，排斥公义，毫不顾忌神明的惩罚"（16.384以下）的人们。这段话让人想起《劳作与时日》那个著名的段落（220以下，另参256以下），要解释这类话语明显的独特性，省事的办法是把它们视作对赫西俄德作品的"篡入"（interpolation），或者把它们当成一位受赫西俄德观念影响的后世诗人的作品，不予理会。①

---

① E. g., P. von der Mühll, *Kritisches Hypomnema zur Ilias* (1952), 247; H. Munding *Philologus*, 105(1961), 161f. and 106(1962) 60f 详细而确信地阐述了这种观点。Dodds(*GI*, 52 n. 16)虽然未至于说那是"篡入"，但显然同意Wilamowitz, *Hesiodos, Erga* (1928), 66的观点，即赫西俄德的文字一定更早。Latte, *ARW*, 20 (1920/1921), 259 = *Kl. Schr.* 6(with n. 8)发现那段文字"独特，但肯定真实"。尚特兰(《荷马笔下的神祇》)在那段文字之中找到了自己所总结之原则的唯一例外，这个原则就是：宙斯在《伊利亚特》中没有哪个地方的行为旨在加强分配正义。尚特兰的所谓"分配正义"大概指赋予每个人其应得的正义。Herington在*AJP* 94(1973)397说《伊利亚特》16.384"的真实性让人怀疑"，丝毫没能支持他

的确,这段话足够吻合 Litai[祈求女神]的原则,那是福尼克斯(Phoenix)奉命去劝说阿喀琉斯时摆出来的"祈求的灵",① 但也有学者认为那段话是后来增添到《伊利亚特》中的,因为其中所表现出来的神学观念与该诗更古老也更可信部分中的神学不一致。出于各种原因,其他学者明确提出的大部分观点,我发现都并不能令人信服。② 我认为那些观点越来越难以说服人,而我目前希望能够表明,风暴比喻和福尼克斯的言辞所表达的原则,事实上与《伊利亚特》的神学整体上完全一致。

然而,我们目前必须考查宙斯的本性。宙斯的性质来自早期就已为人所知的那些君王的性质。③ 在荷马笔下,君王的一项重要职责就在于维护 themistes[神法],即风俗、习惯以及正义原则。君王就是蒙宙斯授予了权杖和 themistes[神法]的人,神希望他们为自己的人民谋划(9.98以下),阿开奥斯人的领袖们"维护来自宙斯的审判权"(1.238),[7] 正如萨尔佩冬"以其判决和力量"保护吕西亚(Lycia)一样。④ 在《奥德赛》的冥府中,伟大的君王米诺斯(Minos)

的观点,倒不如说是他自己以及他之前那些人的偏见,说这一行诗与整个《伊利亚特》不吻合。

① [译按]见《伊利亚特》9.502。

② See Lesky, "Homeros," 40.

③ See M. P. Nilsson, *Homer and Mycenae* (1933), 267–272; cf. Köstler, *op. cit.*, 10f = 178.f. See also G. E. R. Lloyd, *Polarity and Analogy: Two Types of Argumentation in Early Greek Thought* (1966), 193f.

④ 16.542.[译按]原文是 δίκῃσί τε καὶ σθένεϊ,中文本译作"用法律和力量"。见 Lattem *RGAG*, 65f = *Kl. Schr.* 236f; W. Jaeger, *Scripta Minora*, II 321(初版为 *Interpretation of Modern Legal Philosophies: Essays in Honour of Roscoe Pound*, 1947, 352f.); Lesky, "Homeros," 41–42。

给死者宣判，他不是审判他们在人间的所作所为，而是解决他们的纠纷（11.568以下）。君王们所施行的正义差不多是一种互惠的正义，这种正义在一部现已失传的史诗中被总结成这样一句话，古罗马皇帝克劳狄乌斯（Claudius）特别喜欢引用：

> 自受即如自作，正道公义成矣。①

因为君王从宙斯那里得到themistes[神法]，又因为宙斯的性质明显以君王们的性质为根基，所以，如果宙斯不像君王那样担负起维护正义的职责，那就太奇怪了。违背誓言或冒犯异乡人就等于亵渎宙斯的timē[荣耀]，就该受到宙斯的惩罚，因为神明会惩罚冒犯其timē[荣耀]的人。这话可以用来说所有冒犯正义的人吗？但《伊利亚特》中宙斯所支持的正义是否在所有方面都与现代正义观相似，这当然是另一个问题了。

要弄清宙斯正义的本质，我们必须研究他对《伊利亚特》中聚讼不已的关乎是非的一些最重要问题的态度。先来看看因诱拐海伦以及捎带盗窃财产而在希腊人和特洛亚人之间引发的争执。阿德金斯说，"正义（right）获胜，却并不是因为它正确（right）"，② 如果仅仅从奥林波斯的政治权术的角度去考察这个问题，那我们大可以得出上述结论：虽然宙斯打头就偏袒特洛亚人，然而众神出于各自形形色色的原因，却都铁了心要铲除特洛亚人，他们强有力的联合压服了宙斯的偏心。但是，如果从戏剧中凡人行动者的角度来考虑这个问题，那么我们一定要记住战争开始时阿伽门农（Agamemnon）

---

① Hesiod fr. 286 Merkelbach-West.
② Adkins, *MR*, 62.

所得到的保证,记住墨涅拉奥斯确信异乡人的保护者宙斯会惩罚诱拐自己妻子的人,并记住阿伽门农确信誓言的保护神宙斯会惩罚潘达罗斯(Pandarus)背信弃义破坏停战协定。我们真能确信,希腊人最终的胜利与确然无疑的事实——即正是由于帕里斯诱拐海伦才引起争端——之间没有丝毫联系吗?《伊利亚特》最后一卷暗示二者之间有牵连,[8]以前把这段话视为"篡入"而不予理会的守旧做法,现在已不那么流行了。①

就奥林波斯的政治权术来看,宙斯似乎赞同占优势一方的众神的意愿,正如尘世的君主会根据手下最有权势的贵族们的想法来决定重要议题。就凡人的行动来看,则他们的决定与侵害者必受罚这项正义的基本原则一致。这种一致仅仅是巧合吗?谁接受我的看法,谁就不会这么认为吧——我提出的看法已表明,维护正义从最早的时候起就是宙斯的一项属性。

现在,我们考察《伊利亚特》的核心事件来验证这个结论。这个核心事件就是阿伽门农和阿喀琉斯的争吵,始于第一卷,却一直等到第十九卷才得以解决。我们不仅有必要审视宙斯在这场争吵中所起的作用,还有必要审视凡人行动者对这场争吵所持的道德态度。如果可能,也要审视读者受诗家本人[按即荷马]观点影响而对这场争吵所持的道德态度。如果我所勾勒的宙斯正义这一观念正确,那么我们将有望在诗人对事情的处理中,找到它所暗含的正义观或公道观,并发现它与那种观念并非凿枘不入。我所说的很多东西似乎都平淡无奇且众所周知。但新近的荷马研究,特别是英语

---

① 24.27f; see K. Reinhardt, *Das Parisurteil* (1938) = *Tradition und Geist*, 16f. Cf. Griffin, *Homer on Life and Death* (1980), 194 n. 49.

国家的荷马研究,太过关注诗歌的历史背景,关注诗歌的创作和传播以及其他一些与内容无关的问题,[1] 这让我觉得似乎更有理由照现有文本的样子去讨论《伊利亚特》情节中的核心问题。分析隐含在诗歌中的道德态度时,我们不应想当然地认为荷马总是对道德态度比对其笔下英雄的情感更感兴趣。千万不要把已经普遍认可的道德所形成的不可缺少的框架,当作本身似乎就是诗歌的主题。

在开始之前,我必须对某些理论略说一二,那些理论倘若成立,《伊利亚特》就绝无可能是[9]一部正义或公正在其中发挥着重要作用的史诗。弗兰克尔分析了荷马用来描述思想层面或心理过程的词语,认为在荷马那里绝没有连贯而清晰的自我观念。施内尔及其追随者[2]则一直试图表明,荷马绝对没有认识到任何表示心灵整

---

[1] C. M. Bowra 提出了一个值得注意的例外,见 *Tradition and Design in the Iliad*(1930),尤其第一章。拙著出版后,荷马研究界对这段话以批评之名行谴责之实的倾向与日俱增,尤其见 Jasper Griffin, *Homer on Life and Death* (1980), Colin Macleod, *Iliad 24: A Commentary* (1982) 以及我的文章 "Remarks on the Homeric Question",刊于 *History of Imagination: Studies Presented to H. R. Trevor-Roper* (1981), 1f。

[2] H. Fränkel, *Dichtung und Philosophie des frühen Griechentums*, 2(1962), 83f。施内尔(Snell)已经相当详细地讨论了这一问题,刊于 *Aischylos und das Handeln im Drama*, *Philologus* Suppl. 20/21 (1928);参 Erwin Wolff 对该文的评论,发表于 *Gnomon*, 5(1929), 386,他的批评绝不会因为施内尔的回应而变得站不住脚,施内尔的回应见 *Philologus*, 85(1930), 141f = *Ges. Schr.* 18f,后收录于 *Die Entdeckung des Geistes* (3d ed., 1955; Eng. tr. by T. G. Rosenmeyer, 1953), chaps. i and ii。Snell 在 *Argumentationen: Festschrift für Josef König* (1964), 249f = *Ges. Schr.* 55f 中回应了莱斯基的批评(*GGM*, passim)。

施内尔观点一个尤其悖谬的结果可见于其著作 *Scenes from Greek Drama* (1964), 1f,他认为,阿喀琉斯选择为帕特罗克洛斯报仇而英年早逝,这并不是真正作了一个选择或决定。这种看法不符合对《伊利亚特》情节中一个重要却绝

体的观念,也绝没有认识到任何相当于我们的"灵魂"(soul)的观念。施内尔坚持认为:

> 诸如noos[思想]和thymos[心]之类的灵魂官能(organs),都受巫术支配,而且……用这种方式来解释自身心理过程的人,都把自己当成了变幻莫测的力量相互角逐的战场。

[原为脚注]*Die Entdeckung des Geistes*, 42。George Devereux指出,在发展的"原始"阶段,人们并不觉得自己就是诸神或精灵手中的木偶。施内尔在Die Entdeckung des Geistes(1975第四版),322n.4抱怨我误解了他;他在该书第三版的第42页(即新版的第29页,也是T. G. Rosenmeyer于1953年翻译的英文版第22页)说的不是荷马时代,而是荷马之前的时代。

我为误解这段话而致歉,但从我的观点来看,这个错误并非特别严重,因为我认为要说荷马笔下的人物"倾向于"认同神明的介入,就像那以前的人"倾向于"认可巫术一样,就不对了。在我看来,荷马对人们做出决定的方式的描述就已相当清楚地表明了这一点。比如说,奥德修斯在考虑是否要抱着瑙西卡娅的双膝乞求时(《奥德赛》6.141f.),荷马说奥德修斯远远地站定,以免令她心生嗔怨,"他心中思虑,觉得这样做更为合适。"Christian Voigt的*Überlegung und Entscheidung: Studien zur Selbstauffassung des Menschen bei Homer*(1933, reprinted 1972)46f,发现很奇怪的是,史诗提到奥德修斯因害怕激怒瑙西卡娅才做出这样的决定,但不是作为对照后者会生气这一可能性来衡量的另一个选项,而仅仅是为了证明他的决定有道理。

施内尔*EG*4 286–287提到了Voigt对这段诗歌的讨论。Voigt说,这种典型的描述形式不允许思想变来变去。荷马以这种方式描述奥德修斯如何做出其决定,普通读者看不出有什么异常的地方,Voigt却因此把这一类例子与他认为是"更早模式"的例子相比附,在"更早模式"中,神明以这种那种方式插手,对决定施加影响。Voigt坚持认为,在这两类例子中,外在的因素决定着哪种可能

非艰深的因素的恰当理解。参G. S. Kirk, *The Songs of Homer* (1962), 405(正文p. 377的注释)对这个问题圆融的评论。

的行为会更有用、更好和更道德(p. 103)。因此,对于我在 JZ 9 中所讨论的《伊利亚特》卷11中的那段诗行,Voigt辩称,奥德修斯想着他知道懦夫会从战场上地逃跑,而勇士会屹然挺立,此时他的想法丝毫不是"个人性的",若假定奥德修斯此时是在希望自己像一名勇士那样行事,是说不通的(p. 102)。Voigt认为,这就需要假定荷马熟悉 aner agathos [好人] 和 arete [德性] 这样的概念,而这些概念要到公元前5世纪才为希腊人所接受。Voigt认为奥德修斯只不过是想起了自己那个社会的成员必须遵守的规范,因此,奥德修斯的行为乃是自然而然的(automatic)。W. J. Verdenius, *Mnemosyne* 30 (1977), 441 同意 Voigt 和施内尔的看法,认为我(*JZ* 10)说奥德修斯靠记忆做出决定,好像我就承认那不是一个真正的决定。但我们在日常生活中,每一次都自然而然按照一些原则来办事,而遵守那些原则——亚里士多德称之为 ethismos——都已变成了习惯。这并不就意味着如果我们还需要证明那些原则,就没有能力遵守那些原则。我觉得 Voigt 的整个论点似乎是毫无效果的吹毛求疵。见 J.-P. Vernant, *Mythe et Tragédie en Grèce ancienne* (1972), 43 = *Tragedy and Myth in Ancient Greece* (1981), 27f。

在施内尔看来,荷马在描述一种能够达至我们所谓"决定"的心理过程时,没有能力恰当地表述它,因为他缺少词汇来表示那种能够做出决定的心灵整体。这种理论硬生生不让荷马笔下的人物为自己的抉择承担所有责任,从而也就不可能让《伊利亚特》成为一部讨论重大道德问题的史诗,成为一部具备明确的道德态度之底色的史诗。

早有人指出施内尔老是抱怨荷马缺少"意志"(will)概念,[①] 这不足为奇,因为"意志"是个相当复杂的概念。可是难道没有那个概念,荷马就没有能力描述一项抉择吗? 莱斯基(Albin Lesky)精妙得当的讨论,让我在这里省去许多口舌。[②] 很早以来人们就已认识

---

① Dodds, *GI*, 20 n. 31; Lesky *GGM*, 13.
② *GGM*, passim; 亦见"Homeros," 50f 及所引文献, 尤其 K. Lanig, *Der*

到,第十一卷的一段话提供了一个正确决策的模式。当时,敌人切断了奥德修斯的退路,将其包围,他有那么一刻考虑过逃跑,但最后还是决定留下来战斗到底。他说:

> 我会成为什么人?假如我因害怕他们人多而逃跑,那就造成了巨大的灾难,但如果我被单独抓住,则会更糟;因为克洛诺斯(Kronos)之子吓跑了其他希腊人。但我的thymos[心]为什么要对自己说这些事情?不,我知道只有懦夫才逃离战场,但长于战斗的人必须坚定不移,不管他遭到攻击还是攻击别人。①

面对可以选择的情形,此公在心里权衡了片刻,随后便回忆起自己所拥有的知识,也就是在这种情况下正确行为的原则,这个回忆决定了他的行动方针。[10]我们马上就会看到,决策者的激情如果妨碍thymos[心]发挥正确作用,就会作出错误的决定;他的激情已被一位神明的行动所搅动。重要的是要认识到,凡人的行动不管是对是错,都要归因于神明的行动,但那并不意味着凡人行动者就可以不对自己的决定负责。阿伽门农能够在一定程度上减轻自己由于跟阿喀琉斯吵架而导致灾难所带来的羞愧,但那并不能使他否认责任并收回自己所提出的赔偿。阿喀琉斯知道自己的固执是由于宙斯送来

---

handelnde Mensch in der Ilias, Diss. Erlangen,1953,以及 H. Schwabl, Wiener Studien, 67(1954),46f. 进一步的研究可参阅 A. Skiadas 下面这篇文章所引用的相关文献: Ἀνϑρωπίη εὐϑύη καὶ ϑεία ἐπέμβασις εἰς τὴν πρώιμον Ἑλληνικὴν ποίησιν (Ἑλληνικὴ Ἀνϑρωπιστικὴ Ἑταιρία, Κέντρον Ἀνϑρωπιστικῶν Σπουδῶν, σειρὰ πρώτη, Ἀρχαιότης καὶ σύγχρονα προβλήματα,39,1967)。

① 11.402f[按:此处英文译出,与罗念生译本稍有不同]。G. Devereux 写道:"一旦奥德修斯说'我',这就至少建立起了一种普遍意义的心理连贯性。"

了ate[迷狂][按,首字母大写即指宙斯的长女祸害女神],但依然觉得自己对帕特罗克洛斯之死负有责任。① 还有,在上述每个例子中,神明激起的行为也完全可以由人自身所激发。一般说来,我们都可以把神明的作用拿掉而同时不会让[人的]行动变得毫无意义。

人和神这种双重的诱因和双重的责任向来难以把握。过去一般认为,凡人的活动中有神性部分之类的说法其实只是façon de parler[套话]而已,这种观点难以根除。最近,这种观点还得到了尼尔森(Martin Nilsson)和马宗(Paul Mazon)一众学者的辩护。② 但是,一种思想倾向由尼采发轫并由其友人罗德(Rohde)③ 得到了深化,即想要纠正以前古典主义的错误,因为古典主义拒绝适当强调希腊思想中的非理性特征。在这种思想倾向下,形成了关于上述问题最流行的现代观点,学者们现在正确地认为,荷马的宗教是真实的,并正确地指出,必须严肃对待众神及其活动。他们还意识到,早期希腊思想保留着许多原始的遗存。可结果他们中的一些人在这个新方向上走得太远,竟然认为或假定荷马的世界本身就是原始的,这就让荷马笔下的凡人角色全然失去了抉择能力,失去了精神上的独立性。我们必须抵制这种趋势。④ 如要持中,就必须既承认

---

① Devereux指出,借用C. K. Ogden的术语,这相当于行为的"双语"解释。
② Nilsson, *GGR* I², 371; Mazon, *Introduction à l'Iliade* (1948), 294. Cf. L. Gernet and A. Boulanger, *Le Génie grec dans la religion* (1932), 108: "il n'y a pas de religion homérique." Adkins, "Values, Goals and Emotions in the *Iliad*", 刊于 *Classical Philology* 77 (1982) 292f(下文简称 *VGE*)开始系统驳斥拙著以下的观点。
③ [译按]全名Erwin Rohde(1845—1898),德国古典学家。
④ "近代的研究试图解释古代民族的观念和习俗,对原始的题材显示出一种奇特的偏好,却不注意区分各民族天赋上的差异。希腊人的早期宗教通常被当作随意一个原始共同体的宗教,仿佛那些生气勃勃、令我们大家赞叹不已的

荷马笔下的诸神的确起作用,荷马的宗教是真实的,同时也要承认,荷马笔下的凡人有做决定的自由并且能为自己的决定负责。

现在我们来考查阿伽门农与阿喀琉斯之间的争吵,[11]这是《伊利亚特》的核心事件。在史诗开头几行,诗人恳求缪斯讲述阿伽门农和阿喀琉斯的争吵,它如何导致了大量的死亡,以及宙斯的计划(design)又怎样得以实现。显然,让许多人命丧黄泉的确是宙斯的意图,但没有理由认为《伊利亚特》的作者这里是在模仿《塞浦路亚》(Cypria)的作者,后者让宙斯为了减轻世上的人口过剩而发动战争。① 正如这段话所示,宙斯为什么要引发战争的这种说法也许很久以前就有,但争吵的直接原因却是由阿波罗造成的,他散发瘟疫来惩罚阿开奥斯人,因为阿伽门农拒绝了阿波罗的祭司的要求,不肯归还那祭司的女儿。虽然瘟疫在放还克律塞伊斯(Chryseis)后就停止了,但在争论是否放她回去的这段时间,发生了

思想,无端端地就从粗笨的巫术大杂烩里蹦了出来似的。"(Otto, GG^3, 139, Eng. tr. p. 140f.)我们从不否认知识的巨幅增长,也不否认那些古典学家对我们研究的促进作用,相反,我们感谢他们让我们把注意力转向幸存在荷马史诗中,以及一般而言幸存在早期希腊世界中的原始要素,但我们也必须承认,需要非常严肃地思考奥托的这些话,尤其是当前。

① 因此,Lesky, "Homeros," 76 纠正了 W. Kullmann, *Philologus*, 99(1955), 16f 的说法;Bowra, *op. cit*, 12–13 早就对此错误提出了警告。Kirk 指出,神明挑起战争,以减缓地球上人口过量的负担,这种信念也存在于美索不达米亚宗教中。[译按]《塞浦路亚》,希腊早期史诗之一,讲述特洛亚战争的起源。宙斯看到世人太多,故而发动了这场战争。其直接原因是"不和的金苹果"被少年帕里斯判给了阿芙洛狄忒,后者的圣地在塞浦路斯,该史诗由此得名。围绕忒拜之战和特洛亚战争的很多史诗能够形成一个完整的系列,都托名荷马所作,统称 Homerica, 或 epic cycle。见《英雄诗系笺释》,崔嵬、程志敏译,北京:华夏出版社,2011。

那场争吵,后来可见此场灾难深重。①

虽然阿伽门农勉强同意放弃克律塞伊斯,但他要求另一个价值相同的战利品。假如此时谁去更有技巧地与阿伽门农交涉,或许可以让阿伽门农放下这个要求。但是,阿喀琉斯没有留待诸如涅斯托尔(Nestor)这样的人去转变阿伽门农的想法,而是自己生起气来。这使阿伽门农提出了灾难性的要求,即抢其他首领的战利品来补偿自己的损失(1.130以下)。阿喀琉斯愤怒地提醒这位君王,他来此处不是为了自家的争端,而是为了阿伽门农及其兄弟墨涅拉奥斯的。阿喀琉斯还提醒阿伽门农,自己在战斗中承担的任务比他们大得多,分得的胜利品却少得多。在他们的社会中,战利品的份额反映了timē[荣耀]的大小,否则,对抗的双方是不会那么关心财产问题的,哪怕这个财产是[奴隶或女人之类的]人。他们的争吵关乎timē[荣耀],仅在次要的意义上关乎财产。

阿喀琉斯威胁要立刻班师归乡,阿伽门农生气地回答说,想走就走,因为还有其他人会归给他timē[荣耀],特别是宙斯本尊都会尊重自己(1.172以下)。他说,在众多首领之中,他最痛恨的就是阿喀琉斯,因为他嗜好争斗(eris)、打架和战争。[12]如果说阿喀琉斯有超强的力量,那都是神明所赐。阿伽门农试图贬低对手的主要优点,但这是无效的,正如帕里斯提醒赫克托尔的那样(3.65),人必须充分利用神明的诸般恩赐。阿伽门农责骂阿喀琉斯仅仅热衷于打架和

---

① 埃斯库罗斯的《阿伽门农》也有相似的事件模式。阿尔忒弥斯发出狂风阻止在奥利斯(Aulis)的舰队,于是希腊人把伊菲格涅亚(Iphigenia)献为祭品以抚慰阿尔忒弥斯,舰队由此才得以驶离。但这场献祭引发了一系列事件,终将导致阿伽门农之死。阿波罗散布瘟疫,不仅确保了克律塞伊斯回来,还对阿开奥斯人一方造成了沉重的打击。

战争,这大概会让某些现代解释者吃惊,因为在他们看来,荷马笔下的所有英雄都不大关注除此之外的其他东西。但阿伽门农的意思是说,尚武好战之外还有些别的德性,而阿喀琉斯在这方面就差得远了。他们和解后不久,阿喀琉斯事实上承认了这种指责,还诅咒 eris[争斗]和 cholos[愤怒]是产生灾难性争吵的原因。阿伽门农话语结束时斩钉截铁地宣布他要带走布里塞伊斯(Briseis),直到雅典娜戏剧性地介入,才阻止了阿喀琉斯拔出剑,没有立马干掉阿伽门农。

阿喀琉斯虽然接受了女神的建议,但还是粗暴地辱骂阿伽门农(1.233以下)。然而,他谴责阿伽门农胆小贪婪却颇为不公,因为阿伽门农与阿喀琉斯本人一样,如此行事也是因为自尊心受了伤害。阿喀琉斯现在庄重发誓说,阿开奥斯人思念他的那一天不久就会到来,那时他们会在杀人的赫克托尔面前大量死亡。此时此刻(1.247以下),无论就年资还是声望来说,涅斯托尔都是最有资格来摆平这场争吵的人,于是他出面了。但对抗的双方此时都怒不可遏,听不进他的忠告。

阿德金斯认为,① 阿伽门农作为权力更大的首领,只要他愿意,就有权占有布里塞伊斯,只是因为这事导致后来军事上的惨败,他才开始后悔。但涅斯托尔试着调停时对此事却不是这样看的。起初他确实警告争吵的双方,没有什么比他们的争论更能让仇者快,但他接下来劝解双方时却采用了不恰当的方式。涅斯托尔说,阿伽门农尽管高贵,也不应该带走那个姑娘,而应该让她跟阿开奥斯人原先分配给她的主人待在一起。阿喀琉斯也不应该与君王争吵,因为宙斯赐予荣耀(glory)的君王比其他人更大的 timē[荣

---

① Adkins, *MR*, 52.

耀]。[13]阿喀琉斯也许更勇猛,且是女神所生,但阿伽门农更强大(phertoros),因为臣服于他的人为数更多。涅斯托尔结束的时候庄严地向双方都提出了自我克制的请求:阿喀琉斯应该收起狂怒(menos),阿伽门农也应该息怒。

涅斯托尔这番话并没有用上抽象的正义概念,但正义正是他关注的目标。他劝每一方都要给予另一方恰当的timē[荣耀],希望以此平息这场争论。假如涅斯托尔是君王而争论的双方都不是,那么他们早就被迫服从他的教诲了。君王的职责在于为臣民伸张正义,但争吵的一方恰巧就是君王,此时依靠人来维持正义的机制就无法运转了。①

可是,阿喀琉斯并非阿伽门农手下的普通诸侯。首先,他是忒提斯(Thetis)的儿子,忒提斯对宙斯的影响异常大,甚至就一名女神而言这样的影响也可谓非常大。其次,阿凯奥斯人绝对不能没有阿喀琉斯统辖的庞大军事力量。希腊人面对困难时首先会祈求神明,

---

① 可以理解的是,Adkins为阿伽门农承认涅斯托尔的话kata moiran[完全正确,符合命运](《伊利亚特》1.286)而感到困扰。因而Adkins如此说服自己,要么"言行kata moiran,就是根据自己的地位,以及当时其他相关人员的地位来行事,这样我们就很容易从这种用法中得出一个模糊的观念:要根据情势的要求来恰当地行事",要么"moira在这里可以具有确切而特定的用法;涅斯托尔提醒阿喀琉斯,君王比其他人拥有更大的moira或time,因此地位更高(《伊利亚特》1.278-279)"。kata moiran eeipes在《伊利亚特》中还出现了6次;在8.146、9.59-60和10.169,是涅斯托尔对狄奥墨得斯说的,在15.206是波塞冬对伊里斯说的,在23.626是涅斯托尔对阿喀琉斯说的,在24.379是赫尔墨斯对普里阿摩斯说的,这些地方没有一处是Adkins以为的那种"确切而特定的用法"。这个短语实际上就是在说"你是对的";而且即便对这个词大打折扣,说它表示"一种恰当行事的模糊观念",就像Adkins在上述第一个"要么"中所说的,人们也不可能注意不到它的意思包含着一种不可化约的伦理要素。

但是接下来,他还必须在凡人层面上使出他的浑身解数,来强化神明在神的层面的行动。阿喀琉斯及本部人马从战斗中退出后,在宙斯的帮助下,战事因他们的退出而迅速发生了大反转。从奥林匹斯政治权术的角度看,是宙斯暂时无视了那些支持阿开奥斯人的神明的愿望,为要把荣耀给予阿喀琉斯,从而兑现他对忒提斯的特殊恩典。阿德金斯批评说,宙斯这样做并非因为他尊重正义,但我们必须看到,正如宙斯判定特洛亚最终毁灭不但满足了那些支持阿开奥斯人的神明的愿望,也满足了正义的要求,同样,他当场应允忒提斯的愿望时,也是在确保阿喀琉斯在一场无疑有理的争论中获胜。但我们后来会看到,那并不是宙斯的全部意图。

在第二卷中,阿伽门农提出干脆打道回府,以此试探部下的战斗意愿。[14]很多人似乎把他的话当真了,这让他忧心忡忡。在接下来的争论中,忒尔西特斯(Thersites)责备阿伽门农侮辱了阿喀琉斯这位"比他自己好得多的人"。早有人注意到,忒尔西特斯的很多观点都是在重复阿喀琉斯在第一卷中的话。① 忒尔西特斯很快被打压,变得默不作声,但接下来,阿伽门农在与涅斯托尔的谈话中说宙斯给他制造了麻烦。他举自己与阿喀琉斯的争吵为例,实际上承认是他自己挑起了纷争。阿伽门农说,如果他们当时意见一致,特洛亚的陷落就不可能推迟得太久(2.370以下)。人们总是不记得,阿伽门农在这个很早的阶段就承认了自己应为争吵负责。

那时情况还不算危急,但到第九卷开头阿开奥斯人集会时,军队已遭受惨重打击,请回阿喀琉斯势在必行。阿伽门农一开口就责备宙斯(9.17以下),因为宙斯让他成为ate[迷狂]和apate[欺诈]的

---

① W. Schadewaldt, *Iliasstudien* (1938), 152 with n. 2.

受害者。这的确是事实,但照规矩来说,那绝不能成为他灾难性错误的借口。狄奥墨得斯指责阿伽门农缺少勇气,后来涅斯托尔巧妙地提出休会并安排晚宴,好让首领们可以私下讨论最重要的问题。涅斯托尔在晚宴上没费多大劲就说服了阿伽门农,让他向阿喀琉斯作出补偿并赔罪。阿德金斯认为,补偿仅仅是因为战事发生了反转,并没有牵涉道德问题。① 可是,假如涅斯托尔和其他首领都认为阿伽门农带走布里塞伊斯合理合法,只是由于军事上的不利局面才必须说服阿伽门农向阿喀琉斯补偿赔罪,那么,涅斯托尔就应该这样说:

> 阿特柔斯的儿子,你在与阿喀琉斯的争吵中说的一切都对。但是,宙斯对于阿喀琉斯关爱有加,没有他,我们将被赶下大海。为了全军着想,请放下你的自尊,给他补偿赔罪吧。

但涅斯托尔的确没有这样说。涅斯托尔极为老练地把话题引到要点上之后,所说的话是:

> 我从一开始就正确地劝你,不要带走布里塞伊斯。[15]但你呀你,却屈从于你高傲的thymos[心],不尊敬天神所重视的最强大的人。

道德过失(Moral error)和[一般]错误(mistake)在希腊思想中常常不易区别。但似乎可以公正地说,涅斯托尔是在告诉阿伽门农,在与阿喀琉斯的争吵中,他是过错方。阿伽门农既然已经承认这一点,他立刻对涅斯托尔说他认同后者的看法也就不足为奇了(9.115)。他之前被ate[迷狂]所控制,顺从了自己有害的想法。阿

---

① Adkins, *MR*, 51.

开奥斯的社会习俗要求阿伽门农以物质手段来表示赔罪,于是他提出向阿喀琉斯赔偿数额巨大的礼物,大到足以让拥有这笔赔偿的人摇身一变,成为有头有脸的君主。阿伽门农说:

> 所有这一切我都给他,愿能平息他的愤怒。请他让步——冥王哈得斯不息怒,也不让步,因而在所有天神中最为凡人憎恶——并请他满足我的愿望,再怎么说我也是地位更高的君王,而且我还比他年长得多。(9.158 以下)

在第一卷中,涅斯托尔已经用过这番论证——阿伽门农也同样用过,即应该对地位更高的君王让步。当然,那些奉命去请求阿喀琉斯的使者还不至于愚蠢到对他说这些话。看起来,诗人似乎要我们重视上述论证,但还有一个论证也当予以重视,即一个人面对请求时不应该执拗倔强,因为这一论证在后文还会出现。

阿德金斯写道:

> 阿伽门农因失败而遭到普遍的谴责这一事实,让这场和解具有"平和道德"(quiet morality)的表象,而它其实并没有这种东西。arete[德性]中阿伽门农唯一缺少的方面是战争中的成功,那些更为平和的德性远非那么重要,因为阿伽门农根本就没有从该角度来看待这场和解。①

阿德金斯的上述说法忽视了涅斯托尔和阿伽门农话语的明显

---

① Adkins, *MR*, 56.。Adkins, *VGE* 324f,问涅斯托尔在《伊利亚特》1.254以下为什么不说"阿伽门农是因为ate[迷狂]才从阿喀琉斯身边带走了布里塞伊斯",Adkins忘记了,涅斯托尔极其机智多谋。

含义。在英雄社会中,耻感而非罪感起着主要的道德作用,但即便在这样的社会中,所谓"更为平和的德性"——尤其是忠诚——也都必不可少,没有它,不要说一支军队,就算是一伙盗贼,也别指望能够成功运转。

[16]到现在为止大家也许已经明白,我不像其他学者那样,认为第九卷是荷马之后的诗人添加上去的。① 可以肯定的是,有一个较早的版本,里面没有福尼克斯(Phoenix),但如一些人所认为的,这个更早的版本也许本来就出自创作了第九卷的那位诗人之手,我视他为"不朽的作者"(monumental composer),或者如我更愿叫他的:荷马。②

奥德修斯让阿喀琉斯的心思转向极端严峻的军事形势后(9.225以下),提醒他想一想他父亲佩琉斯(Peleus)在他出征特洛亚之前对他的忠告:

> 你要控制自己胸膛里强大的thymos[心],因为温和友善要好得多。你要停止那种酿成祸害的争吵,老老少少的阿尔戈斯人(Argives)也许才会尊重你。

看起来,佩琉斯至少能欣赏某些"更为平和的德性"。③ 奥德

---

① 可参 D. L. Page, *History and the Homeric Iliad* (1959), 300f;反对看法见 G. S. Kirk, *op. cit.*, 214f. and Lesky, "Homeros," 103f。

② See Adam Parry, "Have We Homer's *Iliad*?" *Yale Classical Studies*, 20 (1966), 175f.

③ Winnington-Ingram, *Sophocles: An Interpretation* (1980) 40 n. 89写道,"佩琉斯的话在英雄伦理中的确非常值得注意",他追随Reinhardt,请我们注意佩琉斯的话在索福克勒斯《埃阿斯》762得到了重复。

修斯说,阿喀琉斯忘记了老人家的叮嘱,并让他现在禁绝委屈的thymos[心]所引起的愤怒,接受那提供给他的可观礼物。接着,奥德修斯说:就算你阿喀琉斯不能原谅阿伽门农,也请你务必可怜可怜阿开奥斯人吧,阿开奥斯人可是把你当天神来尊敬的哟(9.300—303)。阿喀琉斯假如接受这建议,就会赢得巨大的荣耀,因为赫克托尔获胜之后正得意洋洋,马上就会杀到战船边,阿喀琉斯可以抓住他并就地杀死他。但奥德修斯在用荣耀来打动阿喀琉斯之前,先恳求他可怜阿开奥斯人:这群人值得他怜悯,因为他们跟他一起出生入死离家远征,他必须回报他们的耿耿忠心。

其他人虽然没有在奥德修斯话语的基础上添加新的说法,却以更生动的方式表达了话语中的情感意蕴。福尼克斯也敦促阿喀琉斯克制自己的thymos[心](9.496以下)。① 神明虽在arete[德性]和timē[荣耀]上远胜于凡人,也允许自己被凡人说服。就像阿伽门农在派遣使者前的讨论中所说的那样,福尼克斯也认为执拗本身就是一种恶。Ate[迷狂]强大,在大地上动得飞快,给凡人带来灭顶之灾。Litai[祈求女神],即祈祷者或者"乞求神"(Entreaties),则跟在后面慢慢走来,修复迷狂女神造成的破坏。阿喀琉斯应该尊敬祈求女神,这些宙斯的女儿们,因为她们本身就是显而易见的寓言。福尼克斯在举例劝说时,讲到墨勒阿革罗斯(Meleager)如何因为执拗而失去本应得到的礼物,[17]那本是他抵抗库瑞特斯人以保卫卡吕冬的奖励(9.529以下)。

---

① Adkins在VGE中说,福尼克斯"把阿喀琉斯的行为归因于愤怒,却并没有以那个原因来严厉谴责。正当的义愤在古希腊非常受人尊重"。Adkins没有注意到,在福尼克斯眼中,阿伽门农现在已向阿喀琉斯支付了补偿,如果他仍然愤怒不已,就完全不"正当"了。

埃阿斯是三名使者之一,与阿喀琉斯最相似,正是他简短的话语给阿喀琉斯留下了最深刻的印象(9.624–642)。他责备阿喀琉斯把野蛮的thymos[心]置于胸中,还责备他无视同伴的philotes[友爱],尽管这些人尊敬他胜过其他所有人。埃阿斯强调说,在这种情况下,接受适当的补偿乃是可接受的事,就算失去了兄弟或儿子性命的人也会这样做。神明赋予阿喀琉斯的thymos[心]既无情又残忍(9.636–637)。

埃阿斯刚刚(9.628–629)还说是阿喀琉斯自己把神赐的礼物即thymos[心]放入自己胸中,但这并非真有什么前后不一。宙斯确实送来ate[迷狂],带走了阿喀琉斯的phrenes[心智],宙斯也的确把埃阿斯所说的那种thymos[心]放进了阿喀琉斯的胸膛。但阿喀琉斯对于在这种thymos[心]影响下所作出的决定,依然负有不可逃避的责任——是他本人,当然还有宙斯,造成了那种局面。

在奥德修斯的话所提出的伦理假设的背景下,福尼克斯和埃阿斯的这番话总体上讲明了当前的具体情况。有一种行为准则如此规定:如果当事人拒绝赔偿的动议,而这种赔偿又足以确保恰当程度的timē[荣耀],那么,这种拒绝就被认为毫无道理。阿喀琉斯的行为尤其无理,因为他把自己所受的委屈看得重于友谊和忠诚的要求。福尼克斯把Litai[祈求女神]说成是宙斯的女儿,部分原因在于他想特别强调这些女神的重要性,正如后来的品达把"黄金神"(Gold)说成宙斯的子嗣,也如欧里庇得斯同样在一个特殊的语境中把爱神说成是宙斯的孩子一样。① 但还有另外的原因,即Litai[祈求

---

① Pindar, fr. 222 Snell; Euripides, *Hipp.* 534。[译按]原文是 Διὸς παῖς ὁ χρυσός。

女神]遭到拒绝时,她们是向宙斯申诉,请他矫正,正如在赫西俄德《劳作与时日》中,Dike[正义女神]如果遭到冒犯就会向宙斯诉说一样,宙斯会惩罚那些轻慢她的人(258以下)。

这些教诲之间的亲缘关系让以下说法显得更加可信:《伊利亚特》第九卷是后来加上去的,[18]因为第九卷显出赫西俄德的影响,或至少受到赫西俄德世界中流行的道德思潮的影响。荷马,《伊利亚特》的不朽作者,究竟早于或者晚于赫西俄德,并不像大多人通常假定的那样轻易可定。他们之间的许多差别可以用社会的或地理上的不同,也可以从时间上轻松解释清楚。[①] 但不管《伊利亚特》和《劳作与时日》在时间顺序上究竟关系如何,要说这两部史诗的道德风尚互不相属且截然不同,恐怕也站不住脚。必须承认,在《伊利亚特》中,宙斯既是誓言的保护者,又是异乡人和宾主关系的庇护神,这两种观念都有。并且我已经阐明,这两种观念不可能与赫西俄德《劳作与时日》明确提出的观念相分离,即,宙斯乃正义的保护者。Litai[祈求女神]原则显然与赫西俄德提出的观念关系密切。

要注意埃阿斯提出的强烈反对,这一点至关重要。埃阿斯远比其他两人说得清楚有力的是,依据公认的道德标准来评判,阿喀琉斯虽然此前还处在与阿伽门农争吵中有理的一方,但现已陷自己于错误的境地,狄奥墨得斯直言不讳地谴责阿喀琉斯的行径,也随即证实了这一点(9.696以下)。

[原为脚注]Adkins不会承认狄奥墨得斯的确谴责了阿喀琉斯(697f.),他

---

① 参 M. L. West, *Hesiod*, *The Theogony* (1966), 40f;参 H. Strasburger 的重要论文 "Der soziologische Aspekt der Homerischen Epen", *Gymnasium*, 60 (1953), 97f.

写道(*VGE* 322):"他的意思是遗憾阿伽门农派出了使团,因为那会让阿喀琉斯比以前任何时候都更骄傲(*agenor*);但这种骄傲在荷马史诗世界中却不是一种应遭谴责的品质。"即便在一个把骄傲视为好东西的世界中,人们也会觉得有人也许太过利用那个好东西了,而且任何对狄奥墨得斯的话不带偏见的读者都会承认,狄奥墨得斯觉得阿喀琉斯的骄傲太过分。LSJ(《希英词典》)*agenor*词条下说:"常常带有顽固、傲慢的含义。"Adkins认为"尽管使节们以及一般希腊人都为阿喀琉斯的行为感到遗憾,却不能以荷马史诗的价值来予以严厉谴责他,因为正是这种价值首先引起了这件行为;但阿伽门农的行为却被其他人以及他自己反复谴责,因为它导致了一场可耻的失败。"埃阿斯和狄奥墨得斯都没有浪费好多言语去责备阿喀琉斯,但他们对其行为的看法对任何读者来说都再清楚不过,如果这位读者不是为了卖弄学问决意把自己限定在狭隘的理智领域的话,对荷马笔下诸价值颇为博学的现代理论只给读者划出了这么一片领地。

阿喀琉斯回答埃阿斯时禁不住对他深表赞同。阿喀琉斯说:

> 埃阿斯,大神宙斯的后裔,特拉蒙(Telamon)的儿子,士兵的长官,你说的这一切合我的thymos[心]。但我一想起这件事,我的心就胀满了愤怒,阿特柔斯之子(阿伽门农)是这样在阿开奥斯人面前将我侮辱,就好像我是一个不受人敬重的流浪汉。(9.643以下)。

阿喀琉斯结尾时没有重复第二天就要回家之类的老话,只是说,不等到赫克托尔打到兄弟们船边,他是不会出战的。

阿喀琉斯承认埃阿斯所说的话合自己的thymos[心],就是在认可埃阿斯论证有力,实际上也就是承认埃阿斯对。①但[19]由于他

---

① 我认为阿喀琉斯知道自己应该做什么,但Adkins, *VGE* 311, n. 17,批评说我的观点"依据的是kata thumon[合心意],这个词组意味着一种情绪化的反

的thymos[心]胀满了愤怒，故而无法按照自己的见识来行动。我们且从第十一卷中奥德修斯的决定，来思考一下阿喀琉斯的决定：奥德修斯不逃跑，而是留下来同敌人战斗。阿喀琉斯跟奥德修斯一样知道自己应该做什么，一如他向埃阿斯坦承的那样，然而，他胸中胀满的愤怒对自己来说实在是太大了，尽管父亲对他有所叮嘱，尽管奥德修斯让他想想父亲的忠告，都无济于事。后来在第十九卷中，阿喀琉斯还会以一种神学的语言，以一种虽与这里不同却并非不一致的方式，描述自己的行为。我们马上就会讨论到那段话。

在第十一卷后半部分（11.597以下），阿喀琉斯看到涅斯托尔把一个伤员带下战场，就派帕特罗克洛斯去核实他的猜想，看那个伤员是不是马卡昂（Machaeon）。涅斯托尔抓住机会，说服帕特罗克洛斯去感化阿喀琉斯。涅斯托尔长篇大论讲述自己过去的赫赫战功，以激起阿喀琉斯对荣誉的渴望，但在自己话语的开始和结束时，他都是在问阿喀琉斯是否怜悯朋友们（11.656–658，762–764）。帕特罗克洛斯终于回到阿喀琉斯身边，对他说：

> 你真让人难以忍受，但愿我永远不会像你这样心怀愤怒，

应"。但埃阿斯的话引起阿喀琉斯情绪化的回答，是因为他觉得埃阿斯的话乃是正确的；阿喀琉斯还解释说，他之所以没有被那些话说服，就在于自己的愤怒。Macleod（在其《伊利亚特》卷二十四注疏，页25）写道："在整个这一系列事件中，阿喀琉斯都是受骄傲所激发；戏剧张力和道德问题，就在于自我性的、破坏性的骄傲与更有公心的骄傲之间的斗争，前者意味着不给予开奥斯人帮助，后者意味着重返战场。"书呆子会觉得荷马史诗的主要旨趣在于阐释半原始社会在道德上的黑暗，也只有他们才会看不到Macleod这句话的真理性。现在已经是时候了，要让人们普遍认识到他们的理论简直就是垃圾，因为他们的理论不允许我们把史诗当作艺术作品来欣赏。

> 你这个在 arete［德性］①上勇猛无比的人哟。如果你现在不去救助阿尔戈斯人免遭他们不该遭受的灭顶之灾,后世子孙又能够从你那里得到什么好处?

帕特罗克洛斯这里用的是涅斯托尔的道理,他接着又说:

> 硬心肠的人啊,你根本就不是车手佩琉斯之子,也不是忒提斯所生,生你的是晦涩的大海和坚硬的岩石,你才会如此无情。

要是阿喀琉斯想着母亲的预言,即若他坚持作战就会英年早逝,那他就当让帕特罗克洛斯代替自己出战——这就是涅斯托尔建议。

阿喀琉斯回答说(16.48以下),他绝没有为那个预言所动,这话我们必须相信。虽然他此前回答奥德修斯的时候曾拿那个预言当附加理由,不对使者让步,但他退出战斗绝不是因为怕死。是阿伽门农要毁掉跟他地位相当的自己,还要夺走他的战利品,[20]这就让难以忍受的痛苦控制了阿喀琉斯的 thymos［心］和他的胸膛,他说,"就好像我是一个不受人敬重的流浪汉"。但现在他说,所有这些都过去了,他的愤怒也不可能永远持续下去。的确,阿喀琉斯曾经说过,在战火烧到自己的船只之前,他的愤怒是不会停止的。不过现在他先让帕特罗克洛斯穿上他的盔甲,带领(自己的部属)米尔弥冬人(Myrmidons)加入战斗。帕特罗克洛斯必须搭救这些舰船免遭敌人焚毁,还必须遵守阿喀琉斯的吩咐,这样他就可以为阿喀琉斯赢得荣誉,希腊人也可以重新得回布里塞伊斯,并随她一起带来

---

① ［译按］arete 在早期希腊语中指"卓越",并无道德含义。帕特罗克洛斯这里的意思是盛赞阿喀琉斯武艺高强。

大量礼物。不过一旦那些舰船安全了,帕特罗克洛斯就必须归来,否则阿喀琉斯的timē[荣耀]就会受损,而且某位神明可能会插手帮助特洛亚人。

很显然,阿喀琉斯切望获得尽可能多的timē[荣耀],他希望避开墨勒阿革罗斯的命运,后者直到库瑞特斯人真正进攻卡吕冬时才返回战场,因而失去了本来应得的大量礼物。阿喀琉斯没有说他出战的动机是出于对朋友们的怜悯,他希望除了帕特罗克洛斯和他自己之外,所有特洛亚人和希腊人都统统死光。这就表明,涅斯托尔以阿喀琉斯居然对帕特罗克洛斯送下战场的那位伤员的身份感兴趣,推导出阿喀琉斯心存怜悯,可谓谬矣。但很显然,帕特罗克洛斯本人倒是心存怜悯,并强烈建议阿喀琉斯应该心有同情。心存怜悯是一种义务,与忠诚息息相关。但阿喀琉斯一想起阿伽门农的侮辱,thymos[心]就痛苦不已,仍然拒绝返回战场。

我们现在回到宙斯的计划上。诗人在史诗开头几行就已交代了宙斯的计划。在第八卷(8.473以下),宙斯告诉赫拉说,赫克托尔不会停止战斗,直到抢夺帕特罗克洛斯的尸体之战后阿喀琉斯重返战场。在第十五卷(15.54以下),宙斯更详细地告诉赫拉命定的事情将如何发生。宙斯答应忒提斯让特洛亚人取胜,直到阿喀琉斯返回战场,他要给她儿子以荣耀;但宙斯恩赐给阿喀琉斯的这天眷也会让阿喀琉斯悔恨难当。因为特洛亚人的胜利会让阿喀琉斯亲手送上战场的帕特罗克洛斯送命。[21]宙斯对赫拉说,那又反过来会造成赫克托尔死亡,不久之后还会导致特洛亚的陷落。帕特罗克洛斯如果牢记阿喀琉斯的命令,把特洛亚人从舰船边赶走之后即返回营地,本可得免一死。然而,借用诗人在此处的措辞,宙斯的意愿总是比人的更管用。阿喀琉斯的愿望得到了应允,但却要以更苦涩的反讽报应到他自己身上。埃斯库罗斯在"阿喀琉斯三部曲"(Achillean trilogy)中,① 让阿喀琉斯以鹰的故事来比附自己的情况——鹰认出那支射死自己的箭羽其实就是用自己的羽毛做成的。我们如果想一想宙斯计划的性质,就会明白为什么阿伽门农要仰天长叹:没有哪位神明比宙斯更要命。② 然而,阿伽门农和阿喀琉斯都不能抱怨说宙斯不义,因为从宙斯的正义这个角度来看,每个人都得到了自己应得的东西。

阿喀琉斯得知帕特罗克洛斯战死,简直不想活了,除非能报仇雪恨,杀了那个凶手(18.98)。人们经常将这样的态度视为野蛮。赫克托尔不是在私下的争执中,而是在战场上杀死了帕特罗克洛斯,阿喀琉斯强烈地想要平息其自己的负罪感。他说,对于帕特罗克洛斯以及所有被赫克托尔杀死的朋友来说,他太没用了——他终于承认对阿开奥斯人心怀怜悯——他虽然在战斗中无人能及,现在却成为大地上无用的负担(18.101以下)。但他并不单单是出于这种感情才渴望杀掉赫克托尔。还因为,如果让杀害帕特罗克洛斯的人血债血偿,他就会获得巨大的timē[荣耀]。Timaoros的意思是"某人timē[荣耀]的保护者",在肃剧之中通常指"复仇者",这种看法当然早在荷马时代就有了。阿喀琉斯现在所能为帕特罗克洛斯做的,只是举小风风光光的葬礼并杀死赫克托尔。

阿喀琉斯在战争之中罕有其匹,但现在他承认,在商议中其他人则比他在行,然后他诅咒了导致他毁灭的两种力量——eris[争斗]和cholos[愤怒]。死亡终归躲不掉,强大如赫拉克勒斯最后也

---

① Fr. 231 Mette.

② 3.365; cf. 2.110f. and *Od.* 20.201f.

死了;他要同时赢得荣誉,让特洛亚人明白,他阿喀琉斯已回归战场了。阿喀琉斯谈到荣誉,因为赢得荣誉的时刻已经到来,[22]但荣誉只是附带性的。他终归不是为荣誉而牺牲,而是因为悔恨自己对帕特罗克洛斯之死负有责任。

[原为脚注]见Schadewaldt, *op. cit.*, 103f; cf. *idem*, *Von Homers Welt und Werk* (1959), 234f。Adkins, *VGE* 316, n. 1, 抱怨说我对《伊利亚特》卷二十四的讨论根本就没有提到以arete、time和philotes为基础的传统评价,而他却是以此来解释史诗人物的行为。Arete、time和philotes当然重要,但我的兴趣在于指出,荷马社会希望其成员在追求这些目标的时候要考虑到基本的正义原则。Macleod已经证明了这些原则在《伊利亚特》卷二十四中的重要性,还证明了这一卷在全诗的中心地位,这一卷表示《伊利亚特》在达到高潮的时候其总体规划突然反转(p.35)。Matthew Dickie在其即将发表的文章中会表明荷马伦理学在阐释卷二十三葬礼竞技时所具有的重要含义。

Adkins似乎没有能力看到,人们能够符合伦理地做事,除非特定的伦理学语言不停地挂在他们嘴边。他抱怨说(*VGE* 318),"史诗绝没有反映这样的看法:假如人们有不同的价值观、不同的社会政治组织,战争就能得以避免。"这一连串的想法导致他最终说出这样多多少少让人惊讶的话:"荷马笔下英雄的价值本质上就是现代民族国家的价值。"他还从一个处理1956年"苏伊士事件"的文件中引用了一长段话来阐释他这种观点。

在荷马的世界里,对单个朋友的忠诚就像对集体的忠诚一样,并非无关紧要。我认为,对朋友的"忠"算得上是一种合作的德性。阿喀琉斯坚持要把赫克托尔的尸体喂狗,以此来纪念帕特罗克洛斯,这显然与当时流行的标准背道而驰。赫克托尔请求阿喀琉斯[杀死他后]归还他的尸体,后者拒绝了,这时赫克托尔警告他说,阿喀琉斯要在斯开埃门(Scaean)[译按:特洛亚的一道城门]死于帕里斯和阿波罗之手,到那时神明也会以同样的方式对待他。阿喀琉斯在赫克托尔尸体上的种种"不适宜"行为(22.395, 23.24, 参见

24.22),就连阿波罗也不赞成,阿波罗谴责其他神明支持"那伤害人的阿喀琉斯,他心不正直,他胸中的性情不温和宽大,他狂暴如狮,那野兽凭自己心雄力壮,扑向牧人的羊群,获得一顿饱餐"。

阿喀琉斯就这样消灭了怜悯心,他也缺乏aidos[羞耻],这羞耻既可以给人带来大害,也可以带来大利。

> ……这不是一件光荣的事,也没有益处。他可要当心,就算他是个好人,我们也会对他nemesis[义愤填膺]。(24.39以下)

宙斯派忒提斯去告诉阿喀琉斯,众神对他很生气,而在所有天神中宙斯对他最愤慨(24.112以下,134以下)。但是,宙斯派伊里斯(Iris)去通知普里阿摩斯(Priam)赎回赫克托尔时,却对这位信使说,阿喀琉斯会接受那个[赎尸的]提议,

> 因为他不愚蠢,不轻率,也不邪恶,而是会宽宏大量地饶恕一个祈愿人。(24.186–187)

阿波罗提到阿喀琉斯对赫克托尔尸体的处理时,说他毫无正直的phrenes[心智]。宙斯也不赞成阿喀琉斯处置尸体的方法,但不认为后者aphron[愚蠢]、没有phrenes[心智]。很显然,阿喀琉斯对躯体的处置方式遭到了宙斯的谴责,尽管宙斯对他人品的评价还是正确的,后来阿喀琉斯对普里阿摩斯的所做证明了这一点。

在第十九卷的那场集会上,阿喀琉斯正式放下了自己的愤怒(19.56以下),阿伽门农也为自己的行为道了歉(19.78以下)。阿伽门农说,他一直因那场灾难而受责备,但是他没有罪(aitios),那是宙斯、他(阿伽门农)的命数以及奔行于黑暗中的复仇女神埃里尼斯,

在那天的大会上把可怕的ate［迷狂］灌进了他的心胸。[23]谁都防不住ate［迷狂］，就连宙斯也办不到。为了证明这一点，阿伽门农讲到宙斯自己为ate［迷狂］所惑，竟然把本来打算给儿子赫拉克勒斯的特权给了欧律斯透斯（Eurystheus）。那个故事帮阿伽门农挽回了颜面，但没有消除他的责任，因此，他下令马上向阿喀琉斯支付他答应的巨额赔偿。

紧接着，阿喀琉斯在献祭前的简短发言中（19.270以下），反过来又对自己在争吵中的行为作了一种神学的解释。他说：

> 天父宙斯啊，您给凡人送来的atai［迷狂］真够强大。否则阿特柔斯之子也不会如此长久搅乱我胸中的thymos［心］，他也不会违背我的意愿，横暴地夺走那个女子。但宙斯希望死亡降临到很多阿开奥斯人头上。

埃阿斯奉命前来劝说时，阿喀琉斯也向他解释了自己作出那种决定的原因。这两次解释表明了我们应该如何去理解所发生的灾难性错误。宙斯送来的ate［迷狂］夺走了当事人的phrenes［心智］，导致此人的thymos［心］变得不可控制，心胀满cholos［愤怒］，他本来有的作正确决定的知识变得不起作用。众神把一个暴烈的thymos［心］放在这人胸中（9.636–637），但又何尝不是这人亲自放进胸中的呢（9.628–629）？阿喀琉斯像阿伽门农一样，虽然谴责宙斯，却没有否认自己的责任。

《伊利亚特》中还有几个ate［迷狂］起作用的例子，与这个模式完全相同。我们已经看到，帕特罗克洛斯没有理会阿喀琉斯的命令，即一旦他从船边驱走特洛亚人便应即刻回到自己营中——这是"因为宙斯的意愿总是比人的更管用"。在第十一卷中

(11.191–194, 206–209),赫克托尔忘了,宙斯通过伊里斯向他保证的成功仅持续到黄昏时分。他拒绝了波吕达马斯(Pulydamas)的建议,即一旦阿喀琉斯重返战场,就下令军队退回城里。雅典娜已夺走了他和一些其他特洛亚人的理智(18.310–311)。赫克托尔后来面对狂怒的阿喀琉斯时,正是因为害怕特洛亚人用这次错误来责备他,才没有打算逃跑(22.99以下)。

[24]有一个例子表明,神明不满足于只在暗中促成错误的决定,还要亲自现身压制凡人行动者的反抗。这个例子发生在第三卷。帕里斯和墨涅拉奥斯决斗之后,阿芙洛狄忒救下了本来必死无疑的帕里斯,并把他送到海伦的卧室里,然后化身为一个老妇人,召唤海伦和帕里斯同床共枕(3.386以下)。我们曾从海伦与普里阿摩斯及赫克托尔的谈话可知,海伦因自己的私奔行为备受悔恨折磨,现在她对阿芙洛狄忒这个建议表现出恐惧。但女神一把撕下伪装,不再温文尔雅,而是以可怕的威胁迫使她就范。普里阿摩斯告诉海伦,应该受到责备的不是她,而是那些神明,以此来努力安慰她。某种程度上的确如此,但按规矩来说,凡人行动者必须为哪怕是神明促成的决定负责。① 凡人行动者知道什么正确,可神明会压制他的意愿。在其他一些事例中,神明介入的方式是影响行动者的激情,但在海伦这个例子中,神明却是用某种寓意性的形象来促成这一过程。

即便去掉神明在这些灾难性决定中所起的作用,人类的激情,即 eros[爱欲]、eris[争斗]和 cholos[愤怒],在这些决定上所起的

---

① Cf. Wilamowitz, *Glaube*, I 352, 357, G. de Sanctis, *Storia dei Greci*, (1939), I 263.

作用仍然十分显著。这并不是说神明的作用就不真实,也不是说人的信仰就不纯正;那些重新主张希腊思想中非理性因素的重要性的学者,他们的大功就在于坚持了这一重要的真理。同时,完全有可能拿掉神明的动机后凡人所作的决定还是一样。以前的古典学家,以及我们时代像尼尔森那样的学者,都把神明的介入说成无非是façon de parler[套话],这并非像时髦的观点所认为的那样太没有见识。在荷马史诗的早期阶段,荷马用来表达反思和决定的方式,无疑符合[当时]人们的文化信念,① 但在《伊利亚特》最终成型后,那些方式还在多大程度上符合人们的文化信念,这就是一个值得探讨的问题了。

关于宗教和道德在《伊利亚特》中的地位,最能清楚说明我与新近某些评论家的观点之别的,[25]莫过于我从多兹那里借用的现代人类学的一个说法。多兹把荷马描写的文化叫做"耻感文化",与其他所谓"罪感文化"相对而言。② 就笔者目力所及,人类学家坎贝尔(J. K. Campbell)对这些术语给出了最有用的定义。③他写道:

---

① See Joseph Russo and Bennett Simon, "Homeric Psychology and The Oral Epic Tradition," *Journal of the History of Ideas*, 29 (1968), 483f.

② Dodds, *GI*, 17, cf. 28f. Dodds 从 Ruth Benedict 那里借用了这一说法,参 *The Chrysanthemum and The Sword* (1947), 222f。Geoffrey Gorer, *The Dangers of Equality* (1966), 24f 写道: Erik Erikson 和其他人将社会作了分类,分类的"根据就是占主导地位的内在控制机制或社会控制机制,人们以这种机制来规范自己的行为,而其他人也可以根据这种机制来防止或惩罚那种违反了特定时期特定社会的通行规范的行为"。

③ *Honour, Family and Patronage: A Study of Institutions and Moral Values in a Greek Mountain Community* (1964), 327–328.

罪感和耻感都是良知的内在状态,耻感与人们未能接近某种理想的行为模式有关,但罪过和个人的罪孽指的是对令行禁止的违犯。耻感与失败相关,尤其是与其他人的成功相比的失败。耻感通过社会性的弃绝得到某种外在的惩处,这种弃绝某种程度上总伴随着公开的羞耻。另一方面,罪感是违抗神明诫命的结果,不管这种诫命涉及的是人神关系,还是关乎一个团体内因共同生活而产生的社会责任。当然,一个行为可以在引起罪感的同时也引起耻感。究竟该用哪个术语来界定,取决于这个行为一般说来更靠近"违犯"这一方面,还是更靠近未能践行理想的行为规范。

我对这个定义唯一的反对,在于它把"罪"这个词仅限于宗教性的含义上。我以为,不仅违犯神明诫命的行为可以算作导致罪感的行为,那些违犯社会团体命令的行为也可算在此列,后者实际上就是违犯法律和普遍的行为标准。

一般而言,非要把某个特定的文化划分为罪感文化抑或耻感文化,并不困难。很显然,以前在耳其统治下的地中海以东的国家,还有中国和日本,都是耻感文化,而美国、英格兰和其他新教国家或新教影响比较大的国家,则是罪感文化。[1] 但我知道,要说一种文化形态不包含另一种文化形态的成份,我们却找不到任何这样的例子,

---

[1] 参见会议论文集 *Honour and Shame: The Values of Mediterranean Society*, ed. by J. G. Peristiany (1965); 参 Gorer, *op. cit.*, 4 and G. Devereux, "Psychoanalysis as Anthropological Fieldwork," *Transactions of the New York Academy of Sciences* (1956)。

并且我怀疑能不能找到哪个文化形态的样本居然完全没有[26]混合着另一种文化。比如说,在安达卢西亚(Andalusia)和现代希腊,一种以自尊和荣誉为基础的耻感文化,却与坚定的基督教信仰相生相伴,而基督教这种宗教,特别是其中的新教,当然还有其天主教形式,必定会把信仰它的文化在很大程度上变成罪感文化。这些术语相互关联,只能用来极为一般性地描述它们所适用的社会。多兹当然认识到了这一点,但我希望他不要把自己著作的第二章叫作"从耻感文化到罪感文化",因为这个标题遮蔽了一个事实,即希腊文化整体上直到公元前5世纪以后很久都仍然是耻感文化。①

一个具有普遍性的观点认为,耻感文化从一开始就必定包含着罪感文化的要素,荷马时代的希腊正好有一个特殊的例子可以证实这一点。一种文化只要包含着某种形式的社会组织,就必定会在一定程度上看重基本上属于合作性价值的忠诚。正如另一位人类学家所指出的,"义务首先就是针对我们能与之共享荣誉的人而言的"。② 很难在荷马时代的希腊语中找到与"义务"或"忠诚"相对应的词,但如果没有这些词,也就没有相应的事。阿伽门农与阿喀琉斯争的是荣誉,但即便在耻感文化中,也必须靠权威来平息荣

---

① 我曾听说,有些人发现现代希腊人异乎寻常地没有罪恶感,"与他们充满负罪感的祖先不同"。也许,这种差别归根结底不是那么大。Dover, *GPM* 220 n.3,在谈到耻感文化时说道:"希腊文化包含两种文化,就跟我们的一样。"他的书毫无疑问地证明了这个事实。然而,O. Murray, *Early Greece* (1980), 55,仅仅满足于在这方面提到耻感。

② Peristiany, *op. cit.*, 190。G. M. Calhoun发现,在荷马笔下,"人们明确承认那些可称为社会德性的东西",见Wace和Stubbings编, *A Companion to Homer* (1963), 450。Calhoun还谈到这样"一个错误的观念,即认为在荷马史诗中根本就没有道德",他接着说,"当时其实有很多道德规范,只是与现代不同"。

誉之争，否则就是无政府主义的天下。如果这样的争论发生在两个地位较低的人之间，君王就可按照themistes［神法］来摆平，因为themistes是宙斯赐给君王的正义原则。但在眼下这种情况中，君王就是争论的一方，所以阿喀琉斯只好以撂挑子的形式来维护自己的权利。阿喀琉斯这样做完全在理。而阿伽门农夺走阿喀琉斯的战利品，则完全无视了自己在远征期间与弟兄们的整体关系中所暗含的义务，那就是尊重手下的timē［荣耀］。阿喀琉斯后来拒绝赔偿，也是陷自己于错误之中，他的thymos［心］仍然愤愤不平，使得他没能满足对朋友"忠"的要求，也不符合普遍的原则，即人不应该执拗倔强。肃剧的效果很大程度上就来自［27］两种要求之间的张力，一方面是个人的荣誉，一方面是对集体的忠诚。

众神与凡人一样，也有自己的君王，神王的性质以凡间统治者的性质为基础。神王可以靠武力威胁来统治臣属，尘世的君王也应该如此，却常常做不到。神王能够解决众神的纷争，并把自己的意志强加给他们。宙斯既然是众神和凡人之父，当然也统治着凡人：对于那些生活在共同体内的凡人，他借君王之手来主持正义，至于不属于共同体的异乡人，则靠宙斯作为异乡人保护者的身份而得到庇护。宙斯关切惩罚那些违犯正义的人，其根源是他关切惩罚那些冒犯他独属的、任何天神都能感觉到的timē［荣耀］的人。宙斯处罚那些搅乱既定秩序(亦即正义)的不义凡人，以此来维护该秩序，同时严厉镇压任何不满足于自己所属的卑微地位而企图僭越的凡人。如果照阿喀琉斯所说(24.527以下)，宙斯赐给某些人善恶参半的命运，而给另一些人纯然不杂的恶运，那么这并非宙斯不义的标志，而恰恰是他正义的象征。对凡人正义的东西，并不必然就是凡人想要的。在《伊利亚特》中，宙斯的目标达成了，神明和凡人的行动最终全都是为了促成宙斯实现其意愿。① 宙斯意愿实现后的附带结果就是,阿伽门农和阿喀琉斯两人都因相互的不义,以及他们在争吵中对其他人所行的不义,受到了大致正义的处理,正如特洛亚人最终因侵犯墨涅拉奥斯而得到了大致正义的报应一样。② 可是,既然宙斯在推行自己的计划时亲自以ate[迷狂]为手段,致使凡人做出那些不义之举,那宙斯对他们的惩罚怎么可能是公正的呢? 早在荷马时代,这个问题就已引起人们的困惑。

---

① 见K. Deichgräber, *Der listensinnende Trug des Gottes* (1952), 108f, esp. 114f。《伊利亚特》24.527的解读自古以来就争论不休(参Leaf的注释); Pindar, *Pyth.* 3.81f 似乎就采纳了拙著所引的观点。

② 在古希腊,"宇宙正义"这一概念与一种原始的"家庭团结"观念相连,这不足为奇(参Dodds, *GI*, 34),因为"宇宙正义"这个概念必定很早以来就已经存在了,肯定比《伊利亚特》早得多。Macleod在整体性地考察荷马道德时,注意到了Michael Oakeshott, *Rationalism in Politics* (1962) 63的一段话:"当一个人的道德倾向已经与其amour-prore[自爱]不可救药地联系起来时,当其行动的源泉不是附属于一种理想,不是觉得自己有义务遵守规则,而是出于自尊,以及当他觉得错误的行为会降低他的自尊时,他才可以说最为彻底地获得了这种道德教育能够教给他的东西。"施内尔、Voigt 和其他人恰恰没有理解到这一点。

第二章
《奥德赛》、赫西俄德与早期抒情诗

[28]大概没有人会质疑,宙斯和"正义"在《奥德赛》这部史诗中发挥着重要的甚至是压倒性的作用。但也没有人会怀疑,《奥德赛》的神学在一些重要的方面与《伊利亚特》的神学有所不同。就在史诗开篇不久(1.32以下),宙斯在众神的集会上谈到埃吉斯托斯,这人杀害了阿伽门农,但最终死于受害人之子奥瑞斯忒斯的手上。宙斯抱怨说,凡人责怪神明给他们带来灾祸,但事实上他们是因自己的邪恶和鲁莽,而不得不承受超过其命限的痛苦。① 埃吉斯托斯正密谋与阿伽门农的妻子交欢并杀死她丈夫时,众神甚至派遣信使赫耳墨斯去警告他,他那样做会有不可避免的后果。埃吉斯托斯不听警告,现在终于遭了报应。

宙斯的话表达出与《伊利亚特》中的言辞截然不同的信念。在《伊利亚特》中,神明把邪恶的想法,以及不相上下的善良想法,置入凡人的心灵。这就是凡人的moira[命份],即神明分派给凡人的命运逐渐实现的方式。神明如果想毁掉一个人,就派遣迷狂女神夺走他的心智。但在《奥德赛》这里,宙斯不承认是众神把邪恶想法

---

① 见Dodds, *GI*, 32 and nn. on p. 52; cf. Lesky, "Homeros," 42.[译按]王焕生译作:"可悲啊,凡人总是归咎于我们天神,说什么灾祸由我们遭送,其实是他们因自己丧失理智,超越命限遭不幸。"宙斯是从奥林波斯的观点来看待这件事的,但正如Macleod在评述太阳神的牛群这件事时所说,这场阴谋诡计是针对奥德修斯及其手下的。

输入了凡人的心灵,甚至还声言,神明反倒在警告凡人提防他们自己想出来的那些乱七八糟的邪恶观念。

[29]多兹说,"把这番话放在那个位置,也就是史诗刚开头处,简直具有纲领性的意义"。① 总的来说,这番话所宣布的纲领在《奥德赛》中得到了贯彻。在史诗前半部分,特瑞西阿斯(Tiresias)警告奥德修斯的同伴,如果他们杀了太阳神的牛,会发生什么事情(11.104以下)。在史诗后半部分,老人哈利忒尔塞斯(Halitherses)先警告那些求婚者(2.157以下),后来预言者忒奥克吕墨诺斯(Theoclymenus)又警告他们,如果他们坚持追求佩涅洛佩(Penelope),会发生什么事情。② 神明通常是把良好或更聪明的想法置入人的心灵,例如雅典娜就始终用这样的念头启迪奥德修斯,而绝不授人以邪恶的念头。

的确,凡夫俗子有时会因自己遭逢厄运而责备神明,但《奥德赛》的作者与《伊利亚特》的作者不一样,他从不以自己的名义责怪神明。无论是海伦责备 Ate[迷狂祸害]——这是阿芙洛狄忒因海伦私奔而遣送给她的(4.261;参见23.223),还是奥德修斯责备 Ate——这是宙斯因他在太阳神的岛上睡着而遣送给他的,读者都不会被迫接受海伦和奥德修斯的观点(12.371)。奥德修斯的死里逃生以及他对求婚者的胜利,都是 arete[德性]的回报。他确实冒犯了强大的神明波塞冬,但不是因为他做了什么宙斯和正义女神眼中视为罪行的事,他是为了自保而刺瞎波塞冬的儿子波吕斐摩斯

---

① Dodds, *GI*, 32.
② 20.350f。与 Page(*The Hoeric Odyssey*, 83f.) or Kirk(*The Songs of Homer*, 241f.)相比,我不太确信,忒奥克吕墨诺斯最后的严肃警告,没有为诗中这个角色的引入提供充分的理由。

(Polyphemus)。波吕斐摩斯无视themistes[神法]、蔑视神明(9.113, 215, 266, 475以下),而奥德修斯的罪不过在于他轻率地执意探究库克洛普斯(Cyclopes)的居处,以及出于虚荣向落败的对手透露了自己的真名。波塞冬为难他时不是在惩罚罪过,而是以奥林波斯的方式追究私仇。奥德修斯享有雅典娜特殊的保护,后者在众神中与宙斯关系最为密切,这是因为奥德修斯达到了英雄德性的要求(1.48, 64以下;4.690以下;5.7以下;19.365以下);奥德修斯定期向神明敬献牺牲,像父亲一样仁慈对待众神赐给他统治的臣民,而且一贯清明理智,避免越过神明给人类行为设定的界限。求婚者的行为则与之相反,与埃吉斯托斯一样,故遭报应(1.225, 368;22.39–40, 412; 23.63–64)。

与在《伊利亚特》中一样,宙斯的地位在众神中至高无上(4.103–104,亦见137–138),[30]他根据各人所应得的份,给他们以好运或者厄运(3.152, 160;8.81–82;9.262;18.411)。人类在大地滋养的所有生物中最脆弱,完全依靠神赐下的好运或厄运而生活。凡人如果持续走好运,就会处于盲目的乐观之中;如果厄运来临,唯一的出路就是忍受(6.188–190;9.410–411;18.130以下),正如奥德修斯经常做的那样,他们必定会自忖:

> 眼下还是忍忍吧,你过去忍受的比这更糟呢。

诗人甚为强调宙斯对异乡人和乞援人的保护。神明造访凡人的城邦,观察他们究竟hybris[肆心]还是eunomia[守法]。异乡人的保护者宙斯痛恨向异乡人施恶(14.283以下),异乡人和乞援人都在宙斯关怀之列(6.207–208,亦见14.57–58),哪怕乞丐也有自己的神和报复者厄里倪厄斯(Erinyes, 17.475)。乞援人甚至有权受到神明的尊重(5.447以下),异乡人或乞援人可以算作亲如兄弟。诗人明白告诉我们,波吕斐摩斯受到惩罚,是因为他根本不理会乞援人以保护者宙斯的名义发出的请求(9.266以下,475以下)。求婚者也是没有尊重异乡人、乞援人或信使,因而遭到灭亡(19.134–135; 22.39–40,412; 23.62,351,456)。诗中甚至有两次说声誉也取决于人的行为(19.328以下;21.331),而现代作家常常要我们相信声誉仅靠骁勇。

如果说这种基调真是一位"道德化"的诗人后来引入的,那这事做得太彻底。只有在少数几处地方,比如提到奥德修斯年轻时向墨尔墨罗斯(Mermerus)之子伊洛斯(Ilus)索要毒箭,以及奥托吕科斯(Autolycus)在偷盗和誓言方面有高超的技巧时,① 才残存着几丝对已死往昔的记忆。

两部荷马史诗所反映的道德风尚毫无疑问并不相同,有些人以为,这似乎就证明《伊利亚特》成书更早。他们假定,两部史诗之所以有区别,是因为在《伊利亚特》的创作和《奥德赛》的创作之间,伦理必定已有所发展。② 但事实上我们无法肯定,这一区别会不会

---

① 1.255f; 19.394–396。关于这两段文字,见F. Dirlmeier, "Die Giftpfeile des Odysseus," *S. B. Heid.*, *phil.–hist. Kl.*(1966),2。[译按]该杂志全称是 *Sitzungsberichte der Heidelberger Akademie der Wissenschaften, Philosophisch-historischen Klasse*。

② 比如, Von der Mühll, Irmscher 和 Schadewaldt 就持这一观点;参Lesky, "Homeros," 118–119。W. Kraus, *Gnomon* 49 (1977),242–243,坚持认为《奥德赛》以《伊利亚特》为先决条件,因此肯定更晚出。但有些学者,其中最著名的是Denys Page爵士,坚定主张《奥德赛》的作者并不知道《伊利亚特》,我们几乎不可能仅凭《伊利亚特》就想当然地认为《奥德赛》的作者熟悉《伊利亚特》中的故事。

也是由于两个同时代的诗人或诗歌流派之间见解不同,甚或两部史诗的艺术旨趣并不相同。① 我们在这里也许可以回想一下莱因哈特(Reinhardt)深入观察并概括过的两部史诗的区别。②[31]《伊利亚特》的所有人物和行为都可以从不止一种观点来看待,就连詹姆斯③也不比这部史诗的作者更能洞察其中道德状况的复杂性。阿喀琉斯和赫克托尔、海伦和阿伽门农,都很难简单以好坏区分。希腊人与特洛亚人之间、阿喀琉斯与阿伽门农之间的纠纷(就算考虑到我在上一章对正义所作的思考),也都不能简单地视作黑白分明的冲突。《奥德赛》的道德问题则要简单得多。④不仅在奥德修斯亲口讲述的历险中——那些历险有着显著的民间传说的要素,就连在伊塔卡(Ithaca)——那里的日常生活是按十足的自然主义手法来描述的,好坏正误的分别也几乎就像西部片(Western film)那样清清楚楚。

---

① See H. Strsburger, "Der soziologische Aspekt der Homerischen Epen," *Gymnasium*, 60(1953), 97f.

② "Tradition und Geist im Homerischen Epos," *Studium Generale*, 4(1951), 334f = *Tradition und Geist* (1960), 5f。F. Jacoby 很好地描述了氛围上的某些差别, "Die geistige Physiognomie der Odyssee", *Die Antike*, 9(1933), 159f = *Kl. Phil. Schr.*, I 107f。当然, W. Jaeger 发现, "《奥德赛》把全社会所有阶级的文化看作并描述为一个活生生的整体,对生活及生活中种种问题的艺术观察取得了决定性的进展"(*Paideia*, I 19)。W. Jaeger 还说,与《伊利亚特》相比,"《奥德赛》的道德普遍处于高得多的水平上"(*op. cit.*, p. 24)。

③ [译按]Henry James, 1843—1916, 美国著名小说家、剧作家、散文家、文学批评家,心理分析小说的开创者。

④ 有一个批评我的人抱怨说我遗忘了勒奥得斯(Leiodes),但奥德修斯认为勒奥得斯是代表求婚人在献祭,所以清清楚楚把他算作有过错的那一边(《奥德赛》22.310–329)。

诚然，有那么一两个角色的状况有点模棱两可，比如求婚人安菲诺摩斯(Amphinomus)，奥德修斯曾给过他忠告只是他没有理睬，再比如费弥奥斯(Phemius)和墨冬(Medon)，这两人违心地与求婚人交往。但这些例外无非只是突出了黑白之间的对比。倘若由此得出结论说，《奥德赛》在道德问题上相对更简单，完全是因为在这两部史诗成书之间的时期希腊人在伦理上有所进步，那就太靠不住了。事实上，《奥德赛》与《伊利亚特》不是同类型的史诗。《奥德赛》算得上真正意义上的英雄史诗，主人公和其他角色的身份可证明这一点，然而它还包含了大量的民间传说，该史诗以一种显著的道德化笔调——该笔调有助于英雄的凯旋——和一个圆满的结局，区别于其他史诗的肃剧性质。两部史诗在神学和道德上的不同反映出各自风格和目的的不同，但对于确定两部史诗的时间顺序并无价值。

两部史诗在神学上的主要区别在于，《奥德赛》否认这样的信念：神明既能向凡人的心灵启发良好的或聪敏的行为，也会送来邪恶或愚蠢的建议。但在《伊利亚特》中，凡人行动者必须始终为自己的行为负全部责任，即便这行为是神明促使[32]他去做的。既然如此，奥德修斯对《伊利亚特》中体现出的教诲所作的修正，就具有了严格限定的意义。① 在一首目标和方法都如同《奥德赛》那样不同于《伊利亚特》的诗歌中，我们也许可以期待找到的，就是对《伊利亚特》神学的修正。如果说两部史诗中一般被译作good的词主要指"技巧"或"卓越"，那也并不意味着"正义"或"公正"就不具有相当的重要性。基督教共同体形式上也承认所谓的合作德性具有首要地位，但即便在这样的共同体中，那些更聪明、强壮或强大

---

① 在我看来，Jaeger(*loc. cit.*)似乎太过夸大它的意义。

的人,也比纯然在道德上杰出的人容易受到更多的褒奖——只不过他们不会受到来自虔诚信徒的褒奖。

我们在研究《奥德赛》作者的神学思想时,必须要小心,脑子里要时时记着作者的特殊观点及其诗作的目的,同样,对待赫西俄德的叙事诗也要照此办理。赫西俄德本人并不是basileus[王爷],用荷马史诗中的术语说,他不是本地贵族中的一员。赫西俄德是农民,他的正义要依赖于那些受宙斯委托捍卫themistes[神法]的人。而当他发现自己被正义抛弃时,他自然会斥责basileis[王爷],批评他们没能履行职责。他说话的时候带着自称是缪斯所授予的权威。赫西俄德明说,既然缪斯是宙斯的女儿,那就可推断出他自己也从宙斯那里获得了权威,丝毫不亚于basileis[王爷]所得的权威(《神谱》1以下)。赫西俄德打输了兄弟佩耳塞斯(Perses)挑起的官司,因为——据他说——后者贿赂basileis[王爷],让老爷们作出了不公正的判决。因此他警告兄弟,说他已经违犯了宙斯亲自颁布的法令。赫西俄德还说,宙斯的正义要求每个人过日子都应该靠诚实的劳动而非阴谋诡计,然后他接着讲述神人关系最初的样子,表明自己的说法有理可据(《劳作与时日》27以下)。①

在犹太教和基督教的神话中,人,至少选民,都是伟大神明的孩子。在希腊宗教中,宙斯也可以称作"众神和凡人的父亲",但那是

---

① 我并非不赞同 de Romilly 女士的说法,见 *Revue des étudesgrecques* 86 (1973),462f。她认为赫西俄德从自己的观点来看待正义,并把它作为自己不同类型诗歌的核心观念,其实就是在做一件新鲜事。Verdenius 441 以一种典型的冗长论述得出了同样的看法,见 Dihle, *The Theory of Will in Classical Antiquity* (1982) 186 n. 77。但正义仍然还是那个正义,尽管《伊利亚特》的作者并没有宣布正义就是其诗作的核心概念,但读者看得出来就是那么回事。

因为宙斯是他们的统治者。按照一些创世神话,宙斯对人的生存负有责任。[33]宙斯行使着与家庭领导地位相连的那种权力,在这个意义上他是人类的父亲。而人类却不是他的孩子,因为他并没有以一种父爱来对待他们。① 赫西俄德在自己前后相续的五纪神话中,讲到宙斯的父亲克洛诺斯,描绘他如何善待了他统治宇宙期间那个黄金时代的人。即便随后出现的次等种族的人,也得到克洛诺斯的侄子暨宙斯的堂兄普罗米修斯的偏袒。凡人在黄金时代不必工作,无须自己劳力,他们靠大地滋养,无病无灾地活着。在普罗米修斯神话中,人们起先活得既无痛苦也不艰难。后来普罗米修斯因特别庇护凡人而欺骗了宙斯,让凡人在向神明献祭时为自己留下祭品中最好的一份,从而惹恼了宙斯。为了惩罚普罗米修斯,宙斯让凡人不再用火,但普罗米修斯把火偷了回来,藏在中空的茴香杆里。这促使宙斯创造了第一个女人,拜她的愚蠢所赐,各种各样的瘟疫被放出来遍布大地之上。从那以后,宙斯把轻松生活的种种手段都藏了起来,不让凡人染指,因此他们不得不劳作(《劳作与时日》42以下;参《神谱》535以下)。

宙斯与普罗米修斯不一样,并不特别偏爱凡人。但赫西俄德和其他早期希腊作家都没有因此而责备宙斯。尽管按犹太教和基督教的标准,这些早期作者对人类地位的看法必然显得非常悲观,可他们的作品也没有充斥着对"主宰世界的随便哪种畜生和恶棍"的抱怨。② 早期希腊作者与说那番话的人不同,他们没有从童年就被

---

① Wilamowitz, *Glaube*, I 332–333.

② 在欧里庇得斯的 *Hippolytus* (1146) 中,合唱队唱出"我对神们生气",这种说法实在很罕见。但不像我这里所以为的那样罕见;见 Dover, *GPM* 77 以及 *JZ* 46。

告知自己有不死的灵魂,并终会永生。他们也不认为有理由指望宙斯把他们的利益放在心上,甚至优先于宙斯自己的利益。然而,无论意识到了宙斯的这种恩惠,还是知道了宙斯会惩罚罪恶,都不妨碍早期的普通希腊人用称呼其他神明时同样的深情与亲切,来称呼宙斯。"伏惟降甘霖兮,伏惟降甘霖兮,昊天宙斯!"古代阿提卡的祈祷者如是说。①

早期希腊对人类的创生有多种多样的解释,都与人类地位相对卑微的[34]看法以及他们对未来命运的期望相一致。在赫西俄德的五纪神话(《劳作与时日》行109以下)中,最初两个种族的凡人,即黄金种族和白银种族,由神明所造,前者是在克洛诺斯时代,后者想来要晚一些。接下来的两个种族是青铜种族以及那些英雄,乃由宙斯所造。第五个种族即黑铁种族,也就是赫西俄德及其同时代人所属的种族,神话没有谈及他们从何而来。要把五纪神话视为希腊信仰的代表,恐不大稳妥,那在很大程度上是个人的发明创造,用来证明一个在后来传统中很少产生回响的理论。人们往往看到,五个种族中,英雄一族显得很独特,对这一问题的解释是显而易见的:英雄们在日常信念中具有根深蒂固的地位,无法予以忽视,因而赫西俄德不得不破坏其神话的对称性而把他们涵盖进去。② 早期希腊人

---

① Dodds(*GI*,35)引用了亚里士多德的话:任何人若说他爱慕宙斯,都会显得太古怪;那种说法是公元前4世纪晚期世故的城邦居民才有的。一般百姓所爱慕的都是他们熟知其祭仪的神灵,他们尤其爱慕自己的守护神,在雅典就是雅典娜,在阿尔戈斯就是赫拉,如此等等。参Latte, *Kl. Schr.*,51。这句祈祷语是fr. 854 in Page *PMG*。见Dover, *GPM* 79–81,那里有进一步的证据可支持此处所说。

② 见V. Goldschmidt, *REG*,73(1950),33f.([译按]文章名为theologia)。J. Defradas在*L'information litteraire*,4,1965,152f 上撰文批评J. P. Vernant对这个

相信现时代的某些人乃是英雄的后代,而英雄则来自诸神与凡间女子的结合。

至于不可数计的普通男男女女是怎么来的,说法就多了。荷马对这个问题未置一词。(托名)赫西俄德的《列女传》(*Catalogues*)讲了一个大洪水彻底消灭早期人类的故事。① 大洪水过后,大地因丢卡利翁(Deucalion)而再次有了人类的繁衍。按照《列女传》的作者以及其他早期作家的说法,丢卡利翁的父亲是普罗米修斯。丢卡利翁又是希伦(Hellen,即希腊人的祖先)的父亲,希伦即希腊人所由之得名的祖先。希伦是多洛斯(Dorus)、埃奥罗斯(Aeolus)和克苏托斯(Xuthus)的父亲,他们代表着希腊人三个主要的种族。并非大洪水之后的所有人都是丢卡利翁和他妻子皮拉(Pyrrha)的后代,丢卡利翁收集石头,宙斯把石头变成了人,让大地上重新有人繁衍,正如在另一个传说中,埃阿库斯(Aeacus)把蚂蚁变成了人,让大地再度有人居住。② 后来的人们说是普罗米修斯亲手用泥土创造了第一个人,这个说法似乎不会早于公元前4世纪。③ 以上所有传说都把人归结为低等材料所造,另一些故事则说某些凡人的祖上乃是

神话所作的精巧阐释(*Mythe et Pensée chez les Grecs*,19f.),后者在*Rev. Phil.*,40,1966,247f 上作出了回应,但我对这个回应并不满意。

① Fr. 234 Merkelbach-West.

② 见 Hecataeus 1 *FGH* fr. 13[按即《希腊历史辑语》,*Fragmenta Historicorum Graecorum*,后为 *Fragmente der griechischen Historiker* 所完成]; Acusilaus 2 *FGH* frs. 34–35,以及 Jacoby 对此处的讨论; Pindar,*Ol.* 9,43f 以及古注; Callimachus frs. 533 和 496,J. Irigoin,*REG*,73(1963),439f 已指出,这两条辑语可构成一首诉歌的对句。

③ See L. Séchan,*Le Mythe de Prométhée*,33; F. Stoessl,*R.-E.*,23,1(1957),696f.

神明,但那个祖先不是宙斯而是普罗米修斯。这类创世神话信仰与早期希腊诗歌中流行的看法完全吻合,[35]那些神话与早期诗歌一致,对于人在宇宙中的地位都有谦卑的评价。

宙斯对凡人没有特殊的偏爱,但按照赫西俄德的说法,他赐给人们"正义"这一礼物,免得凡人生活在彼此像野兽那样无休无止的战争状态之中。在埃斯库罗斯一个遗失剧本的著名片段里,"正义女神"亲口解释她与宙斯关系的起源。① 宙斯推翻其父克洛诺斯之时,就让"正义女神"站在他这一边,因为父亲惹毛了他。从那时起,正义女神就坐在宙斯的宝座旁边。埃斯库罗斯的"正义"只是稍稍高于赫西俄德所述的"正义",因为赫西俄德谈到乌拉诺斯如何被克洛诺斯赶下宇宙的宝座,而克洛诺斯又被宙斯赶下来,还谈到正义女神如何坐到了宙斯宝座的旁边,并把凡人的坏心眼告诉宙斯。宙斯让正义者繁荣昌盛,同时惩罚不义者,派出三万个不死的精灵(watchers)去观察凡人的行为,惩戒他的女儿正义女神控诉的人。不义者身后的家人也会因为他的行为受罚,正如正义者的家人会兴旺发达。宙斯的正义不仅要求人们彼此交往时要公正,还要求他们记住自己的从属地位,不要试图分享不死者才有的特权。宙斯和神明从前已经毁灭了四个凡人种族,将来也会毁灭当前这个凡人种族,因为他们冒犯了他的律法。宙斯强迫凡人相互施以正义,以此来帮助凡人,同时他的正义也让凡人栖居在属于他们自己的身份内。

所谓赫西俄德"引入"了正义的理想这一说法,虽有很多令人

---

① Fr. 530 Mette = fr. 282,也就是我对洛布丛书(Loeb)中埃斯库罗斯著作的补遗。

尊敬的权威人士反复强调,[①] 但仍必须予以驳斥。赫西俄德在《劳作与时日》中把宙斯的教诲、正义的信条以及 basileis [王爷] 的责任应用于自身的境遇,这种做法可以最清楚地见于《奥德赛》,但在《伊利亚特》中也已然出现。倘若正义女神的权威尚未得到承认,那么,赫西俄德也不会那样子去吁求正义。赫西俄德在《神谱》中把正义置入宙斯所监管的宇宙秩序这一语境中,并解释了这种宇宙秩序的起源。[36]《神谱》记载,宙斯征服了提丰(Typhoeus),解除了自己王权最后一个威胁,之后娶了忒弥斯,成了 Dike [正义]、Eirene [和平] 和 Eunomia [良法] 的父亲(901 以下),而 eunomia 这个概念,既指拥有良好的法律,也表示尊奉良法的那种意向。[②] 对赫西俄德来说,描画神的谱系是他表达自己宇宙观的一种手段,也是宙斯统治宇宙的方式,这个神的家族无疑是赫西俄德自己的发明创造。然而,他借此表达了与《伊利亚特》及《奥德赛》的作者相同的观点。

到目前为止对伦理观念发展过程的这番考查,可以说丝毫无助于我们判断归在荷马和赫西俄德名下的那些史诗之间的年代关系,[③] 也没有提供靠得住的证据,来证明从这部史诗到那部史诗之间的什么伦理发展。但假如我们从史诗的时代过渡到抒情诗的时代,从公元前8世纪过渡到公元前7世纪,我们还不能得出迥然不同的结论吗?

---

① 例如, Jaeger, *Paideia*, I 60; cf. Wilamowitz, *Glaube*, I 346: "此外,这还是在荷马史诗基础上的一个巨大进展。"

② See V. Ehrenberg, *Aspects of the Ancient World* (1946), 70f; M. Ostwald, *Nomos and the Beginnings of the Athenian Democracy* (1969), 63f.

③ 关于荷马与赫西俄德的年代关系,参 M. L. West 对 *Theogony*, p. 46f 的注解。West 的观点或许还可以商榷,但不易驳倒。

绝大多数最优秀的现代研究权威都发现,史诗时代与抒情诗时代之间的精神风气发生了显著的改变。普费弗尔(Pfeiffer)和施内尔都在大约四十年前撰文,尽管观点稍有不同,但他们都发现抒情诗时代具有一种高度amechanie［无助］感的典型氛围,也就是有死者在世道艰难面前无依无靠。① 让多兹印象深刻的,不是古风时期一开始就有不同的信仰,而是存在"一种不同的对于旧信仰的情感反应"。② 多兹发现"凡人深刻地意识到自己的不安全和amechanie［无助］,体现在宗教上就是感到神明充满敌意"(同上,29)。多兹看到,即便在荷马史诗中,对人的地位所持的观点也不都是纯然乐观的。他写道:

> 然而,尽管如此,荷马笔下的君王们仍大胆无畏地在凡间称雄;他们害怕神明,不过类似于他们惧怕凡间的霸主;他们像阿喀琉斯那样,即便明明知道未来日益逼近的宿命,也不会被未来压垮。③

［37］多兹承认,至少古风时期之初实际存在的宗教信仰,与荷马笔下的宗教信仰并没有实质性的差别。我们已经看到,在《奥德赛》中宙斯如何否认神明把邪恶的想法置入人的心灵,诗人在这部史诗中也从没有说过神明曾做这样的事。常有人说,梭伦虽然在公元前600年之后不久开始创作,但梭伦的神学与《奥德赛》作者的

---

① Pfeiffer, "Gottheit und Individuum in der fruhgriechischen Lyrik," *Philologus*, 84(1929), 137f = *Ausgewählte Schriften*, 42f; Snell, *Die Entdeckung des Geistes*, ch. 4, 83f.

② Dodds, *GI*, 30.

③ Dodds, *GI*, 29; cf. Wilamowitz, *Glaube*, I 351.

神学实际上完全相同,介于梭伦和《奥德赛》作者之间的绝大多数诗人,在人神关系上的看法也没有多大区别。但多兹发现有差别,这种差别主要在于感情态度。

我认为我们必须考虑到,在这种情形中还有一些因素,会让抒情诗时代的情感态度看上去比实际上与之前的差别更大。在荷马史诗尤其是《伊利亚特》中,神明世界与凡人世界一样,都敞开于诗人的视野中。尽管宙斯的终极目的就像在希腊诗歌中到处可见的那样对人来说神秘莫测,但神明却常常与英雄们混在一起,并直接传达自己的目的,当然有时也以睡梦和预言为媒介来传达。神明的行为尽管不可预料,却并不因此就那么神秘——假如英雄们没有他们身上那种与神明的特殊联系,神明的行为可能就会显得更神秘。

还有一个因素让抒情诗时代的情感氛围显得有所不同,这个因素来自史诗与抒情诗之间的根本差别。抒情诗和诉歌本质上让诗人自然而然可以表达其个人感受,而他是凡人,感情常常受生活中各种问题所产生的疑惑而左右。在一首打算小范围内朗诵的短诗里,而且这首小诗谈的是诗人生活中的事件和情感,如果悲伤或绝望的感情强烈泛滥,那并不值得大惊小怪。在宗教并未提供轻松慰藉的文化中,这种情况尤为突出。我们谈论抒情诗的时代,但抒情诗并非在阿尔克曼(Alcman)和阿基洛科斯(Archilochus)时才开始有。抒情诗的创作一定早得多,[38]尽管早期抒情诗也许简单素朴,但我们并没有完全站得住的理由说它们仅仅是为祭祀所作,从来不表达个人情感。①

---

① Bowra 在 *Primitive Song* (1962) 中所提出的"原始"诗歌种类的样本,也并没有驳斥掉这个看法。

幸存下来的史诗作品皆以英雄为主人公,他们并不像凡人那样容易陷入绝望,但即便在这些史诗中,个人、共同体和全人类在深陷困境时倍感绝望的情形也并不鲜见。在我刚才引用过的那篇文章中,普费弗尔本人也强调了史诗与后起诗歌在这方面的某种密切关系。① 在《伊利亚特》的最后一卷,阿波罗责备阿喀琉斯为死去的帕特罗克洛斯过度悲伤。阿波罗说,其他人也失去了最爱的人,但他们已停止了哀伤,因为"神明赐予人一颗忍耐的thymos[心]"(24.49)。阿基洛科斯为海上失踪的朋友们撰写诉歌时,脑子里想到的就是《伊利亚特》中的这席话,他提醒伯利克勒斯(Pericles),"为了对付不可救药的邪恶,神明赐下强大的忍耐力。"(辑语7.5以下)

我们已经看到,"忍耐"这一观念是《奥德赛》突出的主题,奥德修斯一次次身陷绝境时,都规劝自己的thymos[心]要忍耐。反过来看,阿基洛科斯以同样的方式对自己的thymos[心]说话时,把它说成是"被难以解决的麻烦事扔进了混乱中"(辑语67A1以下)。阿基洛科斯给自己下死命令,在战斗中要直面敌人,胜须适节败亦然。阿基洛科斯不向绝望低头,在抗拒降临到自己头上的麻烦时勇猛顽强,不比荷马笔下的任何英雄稍逊风骚。他提醒自己什么样的典范才能让人瞩目,这正是以不同的方式做阿喀琉斯对普里阿摩斯的那番话所做的事,这段话记载在《伊利亚特》接近末尾处。

我们习惯于听到这样的说法,阿基洛科斯"反叛传统价值,其程度远远超越了他那个时代的特殊问题"。有些学者认为,要说清

---

① 参见上述引文,139–141,亦见43–45。

楚这一点，就要考虑他的非婚生身份以及不得不面对的各种艰难。据说，我们读到的开头几句并非史诗的诗句把我们带到了一个崭新的世界：阿基洛科斯以"我是"作为其中一行诗的开头——在这首诗中[39]他自称为战神阿瑞斯的仆人，且拥有缪斯女神所赠的礼物（辑语1）。我们还听到这样的话，但抱歉我不能够把它们译成英语：er stellt sein Ich frei heraus[它让我敞开心扉]；我们还被告知，他直接对自己的thymos[心]讲话，就好像那是一件新鲜事，就好像阿基洛科斯是希腊写抒情诗的第一人似的。阿基洛科斯说自己在战斗中为躲过一死，丢弃了盾牌（辑语6），有人因此就说，他是在反叛荷马的荣誉准则。①

但说以上这些话的人，似乎把荷马的荣誉准则混淆成了斯巴达的荣誉准则，后者的典型代表是一位母亲，她说：

要么握紧你的盾牌[战斗]，要么躺在盾牌上[抬回]。②

难道这些人在幻想，当荷马笔下的奥德修斯面临着要么弃掉盾牌[逃跑]、要么被杀死或被俘的选择时，他会紧握盾牌？③ 阿基洛科斯说，没有哪个死人会得到适当的尊敬或名声，还说人们讨好的不

---

① Anne Burnett, *Three Archaic Poets: Archilochus, Sapho, Alcaeus* (1983) 为三位作者的思想世界勾勒出极为美妙的画卷。

② [译按]典出普鲁塔克《伦语》(*Moralia*) 241f (Loeb本，卷三，页465)，一位斯巴达母亲把盾牌交给出征的儿子，并叮嘱：ἢ τὰν ἢ ἐπὶ τᾶς，拉丁语译作 Aut cum scutum, aut in scutum, 英译为 either with it (your shield) or on it, 意思是，要么手握盾牌站着胜利，要么英勇战死，躺在盾牌上被人抬回来。悲壮雄浑，不亚于"马革裹尸"。

③ Cf. O. Reverdin and others in "Archiloque," *Entretiens de la Fondation Hardt*, 10 (1963), 285f.

是死人而是活人,还说死人的境况总是要多惨有多惨(辑语64)。这些人因此就告诉我们说,阿基洛科斯是在反叛荷马的观点,即勇敢者为了荣誉必须牺牲一切甚至生命。但死人堕入彻底的悲哀绝不是非荷马的观念:奥德修斯在冥府(Hades)向阿喀琉斯致意,把他叫做所有人中最幸运者,阿喀琉斯却回答说,他宁愿在人间为奴,也不愿统治那些死人(《奥德赛》11.477–503)。总之,阿基洛科斯不是说"荣誉"是空洞的概念,正如上引第二句所示,他的意思是说,活着的人没有在应当给人荣誉的时候给人荣誉,因为他们更急于实现活人的愿望而不是死人的意愿,原因是只有活人才能给他们回报。

阿基洛科斯说,他不喜欢身材伟岸、大步流星、以自己的卷发为荣且头脸修剪整齐的将军,而是更喜欢虽然个头矮小、双腿罗圈却稳如磐石并充满勇气的人。① 但是,人不可貌相这种思想一样由来已久,可追溯到《伊利亚特》第三卷安特诺尔(Antenor)向海伦描述那些战事未开前到访特洛亚的希腊使团成员时说的话(《伊利亚特》3.203以下)。安特诺尔说,奥德修斯比墨涅拉奥斯矮小,第一次起身开口说话时给人缺乏经验的印象,因为奥德修斯盯着地上看,还紧紧握着权杖,不把它舞来甩去。奥德修斯看上去脾气不好,[40] 又愚蠢不智,可他一旦开口说话,就给人以非常不同的印象。只有极少数英雄的美貌得到了着意的刻画,帕里斯就是其中之一,而他虽不是懦夫,却也并非最有战斗力的人。据提丢斯(Tydeus)的

---

① Fr. 60;参Page, "Archiloque," (quoted in n. 56), 159, 214 and G. Devereux, *Cl. Quart.*, 15(1965), 179, n. 9([译按]文章名"The Kolaxaian Horse of Alkman's Partheneion")。

儿子狄奥墨得斯说,伟大的提丢斯虽然身材矮小,却是个战士(《伊利亚特》5.802)。我们必须以这些话为背景来阅读品达的著作,品达把自己的恩主墨利索斯(Melissus)说成"虽然外表猥琐可鄙,但手持长矛投入战斗时却令人生畏",还补上了一句,说赫拉克勒斯"身材矮小,却意志坚定"。①

阿基洛科斯强调宙斯至高无上的地位(辑语84),强调要是没有神明相助,凡人就没有能力干成任何事情(辑语58),还强调好运厄运轮番上场,凡人命运无休无常(辑语67A74)——凡此种种,都不过是在重复荷马史诗中的信念。而且他规劝自己面对困难时要勇敢无畏,措辞都接近奥德修斯身处相似困境时所说的话。阿基洛科斯寓言中的狐狸面对不义时向宙斯吁求(辑语94),那只狐狸就代表着阿基洛科斯本人。

按照公元前7世纪的标准来看,阿基洛科斯对敌人凶猛暴烈绝不能作为他缺乏自制的证据,不管公元前5世纪的品达会如何看待这一点。②从当时的伦理标准来看,痛恨敌人乃是一种优良品德,甚至在两代人之后,高尚的梭伦也祈祷说,但愿朋友会以自己为甘饴,而对手却因自己倍感苦涩(辑语1.5–6)。就算阿基洛科斯是正常的婚生子,我也怀疑他对待自己的敌人是否会更温良宽厚些。

佩吉(D. L. Page)最近已经证明,阿基洛科斯诉歌的文风和语言是对荷马的高仿,而他对神明及其宇宙管理形式的看法,以及他

---

① *Isthm.* 3/4,69。Richmond Lattimore 让我注意到, Clement of Alexandria, *Protrepticus*, II.29.7以及Stählin, vol. 1, p. 23也有类似的说法。Verdenius抱怨说我没有意识到希腊人很看重长得好看。

② *Pyth.* 2.55。见同一颂诗,2.83以下。参 *JHS* 93(1973)。

对人类生存境况的态度,很大程度上亦当作如是观。① 阿基洛科斯自称是战神恩雅利奥斯(Enyalios)的仆人,还得到了缪斯恩赐的礼物,② 这就是根据荷马史诗的观点来看待自己。他规劝自己对敌战斗时要稳如泰山,所说的话都在刻意让人想起奥德修斯的言辞。

但愿谁也不要认为我是在否认伟大诗人阿基洛科斯的原创性和个性,我仅仅希望指出,[41]阿基洛科斯的绝大多数诗歌不仅是用荷马的语言讲出来的,其框架也仍然是荷马的信仰和态度。我们欣赏他的诗作时,最好不要用忧心忡忡地企图去证明他为神学、伦理学或心理学的发展作出了独特贡献,而是要在残存下来的诗作中研究他作诗的目标和方法。

另一位作者萨福(Sappho)也常常被引证为新的amechanie即"绝望"的典范,这种"绝望"被视为抒情诗时代的典型特征。萨福首先是一位爱情诗人,她频繁描写渴望心爱的人儿却得不到满足的绝望之情。她把"爱情"称作"痛苦而又甜蜜且无法抵抗的鬼东西"(辑语130)。研究早期伦理发展编年史的专家就死死抓住amachanon一词,把它当成证据,认为萨福跟她同时代的其他诗人一样,受到相同的精神煎熬。萨福与其他早期诗人一样,知道权力和不朽只属于神明,只有当诸神允许的时候,凡人才能享受片刻的幸福。萨福也像其他早期诗人一样,祈求神明来实现她的愿望,她知道神明也许会满足她,但也知道她却不能指望神明会百依百顺。萨福常常祈祷的对象自然是爱若斯(Eros)和阿芙洛狄忒,这两位爱神

---

① See "Archiloque" (quoted in n. 56), *Entretiens de la Fondation Hardt* (1963), vol. x, p. 117f.

② 辑语1;另参《伊利亚特》9.186–189。

有时会满足她祈祷中表达的需要,但如果这两位爱神拒绝了她,她也像阿基洛科斯一样,只能忍受(辑语31.17)。萨福也像其他诗人一样,哀叹垂暮之年的来临(辑语58),但这在她那个时代算不得有多特别。萨福是女人,她的精神世界相对狭窄,但在其可能的范围内,她的世界也与荷马所描写的精神世界部分相合。萨福在一首很著名的诗歌中,表明自己知道荷马曾描写过一个女性角色,即海伦,而这海伦的痴情与她自己不相上下(辑语16)。

同样,阿尔凯奥斯(Alcaeus)也基本上不能作为寻求伦理发展的例子。他与所有早期诗人一样,也强调宙斯的权力,宙斯可以随心所欲处置任何事情,要是没有宙斯,就连一根毛也不能挪动(辑语39,261,361)。新近出版的科隆残篇(Cologne fragment)清楚表明,阿尔凯奥斯相信宙斯会惩罚恶人。[①] 他说,对一个共同体而言,用石头砸死其中招致神明惩罚的成员,比冒险与他共命运好得多。[42]阿尔凯奥斯借用荷马之后的一部史诗,用攻下特洛亚的希腊人的事来阐明这一点:假如希腊人惩处了那位在雅典娜神庙强奸卡珊德拉的洛克里斯人埃阿斯,兴许就能躲过归返途中突然袭来的灾难性风暴了。阿尔凯奥斯在另一首诗中还说,累斯博斯(Lesbos)的内战就是一位奥林匹亚赛会选手引起的,此人把demos[民众]引向了Ate[迷狂祸害],并且给予皮塔科斯(Pittacus)梦寐以求的荣耀。[②]

---

① 由R. Merkelbach最先发表于 *Zeitschrift für Papyrologie und Epigraphik* 1 (1967),81f,并附有照片;现在叫作Alcaeus fr. 138,见Page, *Lyrica Graeca Selecta*, p. 75;注疏见 *GRBS*,9(1968),125f。

② [译按]辑语70(*P. Oxy.* 即《俄克喜林库斯纸莎草文献》1234 fr. 2 i 1-13),见洛布丛书《希腊抒情诗·萨福与阿尔凯奥斯合集》,坎贝尔(D. A. Campbell)编,1982,页274-275。皮塔科斯是累斯博斯岛的统治者,希腊"七

我们必须注意到,阿尔凯奥斯这里采纳的是《伊利亚特》中对神明动机的看法,而不是《奥德赛》的或赫西俄德的看法。这种返回到更早前信仰的做法,应该会让那些坚持线性发展观的人大为恼火,当然,他们也可以因这位诗人众所周知的反动倾向,而谴责他这种返古的做法。据说,阿基洛科斯劝勉自己的伙伴们要动心忍性,但阿尔凯奥斯仅仅要求兄弟们开怀痛饮,忘掉烦心事。我们手上恰好有证据——即便没有也能很容易猜测到,可以证明阿基洛科斯并未小看酒在提升忍耐度方面的功效,而阿尔凯奥斯也没有轻视这一点。会饮(symposium)在早期贵族社会中具有的社会意义和象征意义,并不都能用酒的抚慰作用来解释,正如现代人也普遍认为的那样。①

当诗人阿尔凯奥斯预先通知同伴们战斗就要打响时,他敦促他们要记得以前的磨难,并劝他们每个人都要去赢得荣光,不要让祖先蒙羞,可见他与阿基洛科斯一样,都是在荷马的光照下审慎看待当时的情势。阿尔凯奥斯和他的朋友们,就像他们的祖先一样,都是好人(辑语6.14;辑语72.13),而皮塔科斯以及其他敌人,也都像他们自己的祖先一样,坏透了(辑语348.1,另参67.4,75.12和106.3)。也就是说,阿尔凯奥斯的朋友们是在捍卫Dike[正义],作为一个特定社会秩序的保证的正义。具有这种功能的Dike[正义]因而不会全无道德的意义。阿尔凯奥斯像其他的贵族一样,相信noblesse oblige[位高责任重],所以对他来说,"善"既有社会属性,也有道德

贤"之一。据说当时发动了叛乱,阿尔凯奥斯的兄弟们支持皮塔科斯,但阿尔凯奥斯却反对他。这两人的关系分分合合,颇为复杂。

① See J. Trumpf, "Studien zur griechischen Lyrik," Diss, Cologne(1958),8f.

属性。

至少在传世的残篇中,明涅尔摩斯(Mimnermus)大伤脑筋的,的确是青春和爱情无常易逝,而人类却对此无计可施。但甚至荷马之前的诗人也必定早已对此哀叹不已了。明涅尔摩斯与阿摩戈斯的西蒙尼德斯①一样(辑语29),他用来哀叹韶华与情爱易逝的语言,完全就是荷马语言的回响(辑语1与2)。[43]把世世代代的人比作(枯荣的)树叶,典出《伊利亚特》卷六中格劳科斯对狄奥墨得斯说的话,②而死亡的命运总是与我们如影随形,则典出卷十二中萨尔佩冬对格劳科斯说的话。③明涅尔摩斯说,宙斯给所有人太多的恶,正如阿喀琉斯在《伊利亚特》最后一卷所说,宙斯赋予人两分恶、一分善。④明涅尔摩斯与他之前的阿基洛科斯和他之后的忒奥格尼斯(Theognis)一样,都对公众的看法不屑一顾,这是典型的贵族做派,⑤而那些翻阅这一时期诗歌以便证明polis[城邦]在诗歌中的重要性日渐增加的人,会习惯性地粉饰这种贵族做派。明涅尔摩斯跟阿尔凯奥斯一样,他的享乐主义与他能以最打动人的方式写出鼓舞人的战斗音符,可以并行不悖(辑语12,12A13)。

阿摩戈斯的西蒙尼德斯还与明涅尔摩斯一样(辑语29),力劝朋

---

① [译按]Semonides of Amorgos,古希腊诉歌诗人,鼎盛于公元前7世纪。后来另有一位名字相似的抒情诗人,Siminides of Ceos,西蒙尼德斯,约生活于前556—前468年。

② 辑语2.1以下;《伊利亚特》6.146以下。

③ 辑语2.4以下;《伊利亚特》12.326以下。

④ Fr. 2.15–16; Cf. *Il.* 24.527f.(这部分甚至在古代就有争议)。[译按]《伊利亚特》部分似与原文有出入。

⑤ Fr. 7. cf, Theognis 793–797; Pindar, *Pyth*, 11, 28 (see C. M. Bowra *Pindar*, 1966, 187).

友们趁活着要及时行乐,这仿效了荷马所说人生苦短之类的话。西蒙尼德斯说,让人们未能及时行乐的是"希望",它忽悠人们制定出许许多多计划,但必然来临的迟暮与死亡终归让一切成空。最早也最长的抑扬格诗歌残篇更清楚也更细致地阐明了这个道理(辑语1)。宙斯主宰一切,凡人则毫无聪明才智(intelligence)可言,每个人都相信自己已经临近致富和成功的边界,就这样坚持着徒劳无功的努力,直到迟暮与死亡降临头上。

在梭伦那首阐释人生的伟大诗歌中,"希望"也起着完全相同的作用。① 梭伦那首诗以赫西俄德式的笔法开头,也是向缪斯女神祈祷,求她们来印证诗人的主张,即作为宙斯女儿的仆人说话更有权威(辑语1.1以下)。人们都在自我欺骗,以为自己有天赋也有才干,并投身于各式各样的计划,指望着只要努力就能成功,而忘记了有死者的善报或恶报终归要靠神明给他们分配的命份,也忘记了神明遣来的东西都是无法逃避的(辑语34以下)。梭伦在别处还说,神意难测,没有人完全轻松舒适或免于辛劳(辑语15)。

[44]梭伦相信,宙斯究竟送来好运还是坏运,取决于无罪抑或有罪。梭伦强烈主张有罪者总会受到惩罚,要么有罪者本人、要么其后代终究会遭报应。我们已经看到,这样的信念在梭伦的时代并不是什么新东西。与阿尔凯奥斯不同,梭伦对神明动机的看法近于《奥德赛》,而非《伊利亚特》(辑语1.29以下)。他不承认是诸神把邪恶的想法置入人的心灵,而是公平合理而又光明正大地让行动实施者来负责。梭伦本人也像所有人一样,希望能扶友损敌,但他绝不妄求不义的富足,因为那注定会带来祸殃。Arete[德性]永恒,财

---

① 古风时期的希腊人对"希望"态度可谓含混不清,见 Dover, *GPM* 132。

富却并非如此,而且,任何人的所需绝不会超过其所能用。对梭伦来说,arete[德性]显然具有道德因素,出新且重要的地方在于,他用某种方式把这种古老教导运用到当前的政治形势上。人们千万不能因自己遭到不幸就责备神明,毕竟宙斯和雅典娜还在庇护着雅典呢,危险倒是来自公民的贪婪,尤其是那些最富有的人还想得到更多。①

赫西俄德的Dike[正义]仅仅通过凡人所受的审判起作用,通过神明外在的天罚诸如瘟疫和饥馑起作用,梭伦的Dike[正义]则内在于宇宙的运转中,但费劲去区分这两种正义并无任何意义。②我们业已看到,哪怕在《伊利亚特》中,宙斯的正义虽然可以通过其代理人君王的审判来执行,但也可以从事情的实际运作中显明出来。在早期希腊思想家们看来,神明体现在宇宙的自然运转中,因而上述区分并不重要。梭伦想到赫西俄德所讲的,即"力量神"(Power)

---

① Fr. 3.1–10. See Jaeger, *S. B. Berlin* (1926), 69f = *Scr. Min.*, I 315f = *Five Essays*, 78f.(尤页89–94)。耶格尔在一篇回忆录(*Scr. Min.*, I xxiv = *Five Essay*, 40)中告诉我们,他在柏林宣读这篇文章后,维拉莫维茨评论道,梭伦的正义概念与赫西俄德的完全一样。耶格尔如此讲述这个故事,表明他并没有意识到,维拉莫维茨一如既往地懂得他所讲的东西。

② Verdenius 443 坚持说在梭伦那里,犯罪行为本身就包含了惩罚的胚芽,他引用的是fr. 13.75和5.35。然而瘟疫和饥馑有自然原因,因此神明遣它们到凡间来,其实就是通过自然而起作用。O. Murray, *Early Greece* (1980) 179 就像Verdenius那样认为:"对赫西俄德来说,还是神明在保证着社会秩序;人们对正义之邦的幻想,被描述成没有神圣的报复、战争、瘟疫和饥馑,而有土地、畜群和女人的丰饶多产。对梭伦来说,这些好处也罢,惩罚也罢,都是属人的;没有神明和自然,因为繁荣昌盛或痛苦不堪的都是人类社会(civil society)。"但梭伦fr.13相当清楚地说明了宙斯所起的作用(see 17f; 25f; 75–76; cf. 64),他也很清楚人类事务中数不胜数的因素;见 *JZ* 57。

和"暴力神"（Violence）以及Dike[正义女神]如何侍立在宙斯的王座旁，因此，他才会说他的立法已经把"正义"与这些神明协调起来了（辑语24.16）。再者，梭伦记起Dike[正义女神]在赫西俄德著作中乃是Eunomia[良法]的姐妹，所以他才会说，他的thymos[心]告诉自己，要教导雅典人Eunomia[良法]会带来多少好处、Dysnomia[恶法]又会招致多少恶果。而他thymos[心]所想的这一切之所以权威可靠，是因为那是缪斯赋予他的（辑语3.30以下）。

我们现在可以认识到，在古人看来，诗人的原创性不会[45]因使用旧材料而有所削弱，而毋宁说，诗人的原创性就体现在他根据自己的目的巧妙地改造那些材料上。适用于诗歌技艺的道理，也适用于思想。如果我们指出，梭伦提出的那些主张都是从赫西俄德和从荷马那里学来的，那么，这丝毫不是在贬损这位伟大的治邦者和政治思想家的成就。

另一位诗人的作品与polis[城邦]生活密切相关，他就是提尔泰奥斯（Tyrtaeus），但他与城邦生活的联系并不是某些学者所认为的那样。有人主张，根据提尔泰奥斯，

> 真正的arete[德性]只有一个标准，那就是国家（state）。凡有益于国家者，皆是好的，凡损害国家者，皆是坏的。①

但实际上，无论是那首关于arete[德性]的著名诉歌（辑语9），

---

① W. Jaeger, *Paideia*, I 89。O. Murray, *Early Greece* (1980) 179写道："提尔泰奥斯那里没有正义，这显然值得注意。他笔下的社会美德是规矩意义上的良好秩序。"就算提尔泰奥斯没有明确说他的人民应该"在所有事情上都根据正义来"（fr.4, 7），我们也可清楚地知道对提尔泰奥斯来说，Eunomia与正义有着极为密切的关系，而且fr.4就是在阐述提尔泰奥斯所理解的社会正义。

还是提尔泰奥斯其他残篇,都没有谈到过类似的说法。辑语9开篇所认可的观点,即最高的arete［德性］就是军事上勇猛,绝不会让《伊利亚特》的作者感到惊讶,而这位写了赫克托尔故事的诗人,听到说战场上的勇猛是polis［城邦］以及所有demos［民众］都分享的好事,也不会感到奇怪。这首诗歌之所以赞美"英勇",不仅是因为作者要让自己所属的那个共同体意识到,要么战斗,要么就必定饿死,还因为英勇能够带来荣誉。人因作战勇敢而在战场上牺牲,就会得到老老少少的追悼,他的坟墓会有显著的标记,他的子子孙孙会享有殊荣,他自己的英名也不会湮灭。[①] 一个人如果遭到城邦的驱逐,离开自己富饶的土地,就会沦为乞丐(辑语6.3以下),而对这位乞丐来说,最糟糕的还在于不名誉。

诚然,提尔泰奥斯写诗的目的在于劝勉斯巴达人为了自己的共同体勇敢战斗,但这个共同体是按照贵族制原则来统治的,因而他的诗歌首先诉诸每个人的荣誉感。无论是提尔泰奥斯的语言,还是他的思想,都让人清楚地想起《伊利亚特》,而他的口吻则与伊奥尼亚的诉歌作家以弗所的卡里诺斯(Callinus of Ephesus)特别相似。耶格尔(W. Jaeger)认为提尔泰奥斯打算在斯巴达用一种城邦国家的道德来代替贵族制的道德,其实他没有注意到,这两种道德在斯巴达并没有区别。

[46]斯巴达出于军事上的需要而在贵族制领导下保持着统一,但在其他地方,旧的贵族制受到僭主制的挑战,常常为了自己的目

[①] *Loc. cit.*, 29–32。See Walter F. Otto, "Tyrtaios und die Unsterblichkeit des Ruhm," *Die Gestalt und das Sein*, 367f 绝妙地纠正了耶格尔此处对诗人的理解,另参Jaeger, *S. B. Berlin* (1932), 537f = *Scr. Min.*, II 75f = *Five Essays*, 103f。Otto 洞见的意义绝没有因R. Harder而削弱, *Kleine Schriften* (1960), p. 191, n. 14。

的引起阶级战争。忒奥格尼斯全集中究竟有多少作品出自忒奥格尼斯之手,根本就说不清楚,但这个问题对当前的讨论来说并不重要,因为所汇编的诗歌中的道德倾向某种程度上是一致的。其道德基调与当时其他诗歌非常相似。神明接受人的祈祷,虔敬为大家所接受,父母和异乡人受到尊重,① 对待朋友应该帮助之、对待敌人应该损害之,② 谎言和虚伪也受到强烈谴责。③ 忒奥格尼斯的诗作重点强调的是命运无常,④ 人都是 amechanoi[无助者],⑤ 神明掌握全权,随意给人送来 ate[祸害]或好处(133-142)。神明惩处罪恶,有时早一些,有时晚一点(197-208)。对于神明想毁灭的人,神明也可以让坏东西在这人看起来像好的。⑥ 有一个对句说,有死者千万不能跟不朽者作对,也不能跟他们顶嘴(687-688),但另外两处有名的地方却没有重视这条训谕。第一处(373-392),宙斯让坏人兴盛而让好人受穷——穷困乃 amechanie[无助]之母——故而受到谴责。第二处(731-752),诗人控诉这位大神把恶贯满盈的父亲的罪责算在无辜孩子的头上。很重要的一点是,这首诗也许写于如下信念刚好开始传播的时候,即人们会在下辈子因此生的罪孽而受到惩罚。

忒奥格尼斯的看法与阿尔凯奥斯一样:朋友和同伴都是好人,而敌人都是坏的。agathos[善]这个词有时不具有伦理意义,最著名的例子当数他的一首诗。忒奥格尼斯在诗中哀叹说,刚刚还生活

---

① 父母,131-132、821-822;异乡人,793-796。
② 337-350,363-364,869-872。
③ 607-610,851-854。
④ 105,155-160,425-428,659-666,可疑辑语4。
⑤ 161-172,617-618,1187-1190。
⑥ 401-406,587-590,629-632。

在城邦之外且身着羊皮的人，如今成了好人，而不久前还是君子的那些好人，现在都已是坏人了(53–56)。诗人在这里大胆地用"好"这个词来指"属于优势团体"，但这个群体现在开始由那些不久前还被定义为坏人的家伙所构成了。这倒不是忒奥格尼斯常规的用法，因为一般说来，他都把"好"的头衔留给自己一方的人；不过，这一方直到最近的革命到来[47]都总是手握权力，因而，尽管"好"通常指"属于贵族这一派"，但也可以违背常规，用来指"属于有权有势的一伙"(例如 27–38, 411–412)。

然而，仔细研究那些诗歌就会看到，表示"好"的那些词，除了表示权力、社会地位和英勇尚武之外，通常还表示某种道德品质。尤其是，agathos 必须包含忠诚。① 我曾联系《伊利亚特》来提请读者注意，"忠诚"这种德性在贵族制社会的重要性；而一旦这样的社会受到什么威胁，那么忠诚的必要性简直就不用解释了。那种 kakos[坏人]或 deilos[恶人]根本就不懂得善恶的原则和 gnomai[判断标准]②，这种人不可能因为听了忠告而变成 esthlos[良善者] (429–432, 577–578)，他们依然会是诡诈之徒，不可信任(59–60)。这种人特别易于变得 hybris[肆心]。③ 这种人与 esthlos[良善者]不同，他们缺乏自制，不会有能力忍受痛苦和艰难(365–366, 1025–1026)。"忍耐"几乎与"忠诚"一样，乃是这些诗歌最重要的主题，正如"忍耐"也是《奥德赛》的主题，而且似乎也是阿基洛科

---

① 69–72, 221–226, 415–418, 529–530, 697–698。
② 59–60；另参 411–412, 895–896, 1171–1176。
③ 39–52, 151–154, 605–606, 833–836；另参 541–542。

斯诗作的主题。① 既然诗人希望得到的arete[德性、卓越]不过是eudaimonia[幸福](653-654),那么他就是在对司空见惯的观点,即成功而非技艺才是真正重要的东西,给出一个不同的说法,因而,这里的arete[德性、卓越]也许不是伦理性的。

但是,我们发现阿基洛科斯就像梭伦一样,更多的时候宁可穷而有arete[德性],也不愿富而kakia[邪恶]②,尽管他认为贫穷是较糟糕的东西之一(173-182)。诗人说,宁可诚而穷,这胜过不义之财,紧接着就是那一著名的对句,说到所有的arete[德性]都包含在正义之中(145-148)。阿德金斯发现,这个关于正义的说法来得"突然"且"惊人",③ 但如果我们还记得起这位作家(阿基洛科斯)像西蒙尼德斯一样,④ 很可能不承认那种apalamnos[无能]——也就是没有能力保卫自身利益——的人会有充足的arete[德性],如果我们想得起他还相信不义者要受神明惩罚,那么,我觉得上述关于正义的说法就不会特别让我们吃惊。把道德上的"好"与特定社会集团的身份关联起来,这绝不是鲜见的做法,虽然说在我们这个时代,最显著的例子不是在贵族制社会中,[48]而是在那些尊崇普通人或尊崇劳动阶级的信仰者身上。

说忒奥格尼斯常常把"好"与社会身份等同,因而他关于"好"的观念必定缺乏道德要素,这很难算得上公正,实际上我们也已看到,根本就不是那么回事。进言之,忒奥格尼斯并没有顽固地拒绝

---

① 355-360,393-400,555-556,657-658,1029-1030,1062a-e,1178a-b。

② 145-146,149-150,197-208,315-318[=梭伦辑语4.9-12],393-400,866-868。

③ Adkins, *MR*,78。

④ Fr. 37; see p. 48。

把"好"所暗含的道德品质用在敌人头上,他在某处甚至宣布,人们甚至有责任赞扬敌人,假如这个敌人是好人的话(1079–1080)。我们还发现,另一个坚定支持贵族制的人,即品达,也很注重表现那种情操(《皮托凯歌》9.95)。

西蒙尼德斯少量现存的残篇非常清晰地描绘了希腊世界的传统画面。凡人最多不过是脆弱的可怜虫(辑语15.76),谁都不能免于劳苦(辑语18.74);神明能轻轻松松骗过他们(辑语2),只有神明才知道未来(辑语16.22);所有人最终都会死去(辑语15.4,17.19)。Arete[德性]仅与辛劳相伴,而且也只能由神明赐予(辑语1,参见3.36)——这两种说法并不矛盾,因为希腊宗教认为,要获得成功,努力和神恩都必不可少。① "好"作为一种普遍的特征只能用在神明身上,绝不能用在凡人身上,因为凡人很可能因为时去运转就被打倒,变得无力、无助。一个人如果日子过得好,他就是幸运的,如果过得愁云惨淡,则是不幸的。从荷马以及很多后来的作者那里,我们都可以了解到这一点:没有谁的运道彻头彻尾地好。

在西蒙尼德斯为斯科帕斯家族(Scopadae)撰写的著名诗作中(辑语37[542]),"好"这个词表示合作方面还是竞争方面出类拔萃?诗歌虽然没有直接指明,但在我看来,如果硬要说这个词仅仅表示一种竞争方面的好,那就太草率了。在这个时期,正如来自忒奥格尼斯的证据所表明的那样,该词用法颇为含混,既可以指任何一种卓越的能力,更多时候也可以同时指两者。西蒙尼德斯说,好人除非万不得已,绝不会干任何丑事,② 因此他所说的"好"至少部

---

① See Eduard Fraenkel, *Proceedings of the British Academy*, 28 (1942), 22–23.

② Ll. 27–29。

分指合作方面的好。西蒙尼德斯说,只要一个人不是kakos[坏人],也不太过无能(apalamnos),并且认识有益于城邦的正义,那么对这样人,他就已经感到很满意了,会视之为健康的人。①

在我看来,这里提到正义,就表明西蒙尼德斯脑子里所想的"好"不仅仅是一种技艺。1959年出版的一部残篇,据猜测可归在西蒙尼德斯名下,可为这种看法提供佐证。② 这位诗人说,几乎没有人能具备arete[德性],[49]因为要当好人并非易事(L. 6f.),得违背自己的心意,要么受难以抗拒的获利欲望驱使,要么被阿芙洛狄忒强大的推动力所左右,或者被猛然挑起的争论牵着走。贪婪、爱恋和仇恨肯定不会妨碍人变得很有技艺,但无疑会妨碍人在道德上变得好。

初看上去,似乎没有哪个作家比品达提供了更多的材料,证明道德上的"好"这一概念在早期还不够完备。现代最能同情地理解品达的人如是写道:

> 神明监视着凡人的一举一动,并且还亲自掺和进来,但神明在品达那里并不是道德的守护者。若说稍有例外,那就是在唯有神明才有资格涉足的某些领域,在这些领域中侵犯神明的

---

① L. 33–35。阿德金斯对这首诗有不同的看法,见 *MR*, 165f; 355f。

② Fr. 36(541)。Bowra, *Hermes*, 91(1963), 257f 在讨论一首归在Bacchylides名下的作品时,采信了我的观点(*CR* n.s.11, 1961, 19)。[译按:即本书作者劳埃德-琼斯对E. Lobel和E. G. Turner编的《俄克喜林库斯纸莎草文献》所撰写的评论。]但是,W. S. Barrett后来在1961年12月6日写给我的一封信中认为,如果11.6–7是长短格(dactylo-epitrite),那么 ἐς τ' ἐλὸς οὐ γὰρ ελαφρὸν : ἐσϑλὸν ἔμμεν 中第五个词的结尾就与他自己在《赫尔墨斯》上的文章(*Hermes*, 84[1956], 252)中所说的Bacchylides的做法不一致。

权利就等于冒犯神明。①

我们对《伊利亚特》的考察业已表明,如果在某个特定的领域侵犯到神明的权利,就等于冒犯了该神明。正是从这个观念中,首先发展出了宙斯乃正义的保护者这一观念。品达的著作也能够清楚地阐明这个道理。科若尼斯(Coronis)成了Ate[迷狂女神]的牺牲品,招致阿波罗的报复(《皮托凯歌》3.24以下),这位大神阿波罗的行为就是在自己特定的权限范围内惩罚冒犯他的凡人。宙斯对坦塔洛斯(Tantalus)的惩罚也可以说是同样的道理,因为后者把琼浆仙馐这种只有神明才能享用的食物,送给了他的凡间友人(《奥林匹亚凯歌》1.59以下)。然而,宙斯惩罚伊克西翁(Ixion)时,只有部分原因在于后者试图勾引赫拉,还有部分原因在于他是第一个杀死亲属的人,宙斯认为自己是在惩罚一个忘恩负义的家伙,而且这样做是在维护正义(《皮托凯歌》2.21以下)。

此外,我们必须注意到,希腊人是如此频繁、如此断然地把神明尤其是宙斯和阿波罗等同于秩序、和平与和谐,并与野蛮的力量和暴力形成对照。第一首《皮托凯歌》中把怪物提丰(Typhos,[译按]与前面的Typhoeus同)当作暴力的典型,他居住在埃特纳山(Mount Etna)下面,吞吐火焰,他乃宙斯的死敌,被宙斯所制伏。这首颂诗的后面部分暗示说,希耶隆(Hieron,又译"希耶罗")把自己的胜利归功于宙斯,被他打败的那些敌人,迦太基人(Carthaginians)和埃特鲁斯坎人(Etruscans),相当于宙斯的敌人(《皮托凯歌》1.15以下,73以下)。同样,在第八首《皮托凯歌》里,赫丝喀娅(Hesychia),即

---

① Bowra, *Pindar*, 76.

"娴静女神"（Quiet），正义女神的女儿，也与波尔费里翁（Porphyrion）以及其他巨人的暴烈之力相对照，[50]这些巨人被宙斯和其他神明所制服。

至于Dike[正义女神]，如同在赫西俄德那里一样，她本身就是宙斯的女儿——宙斯早期与忒弥斯结婚所生，也是Eunomia[良法]和Eirene[和平]的姐妹（《奥林匹亚凯歌》13.7）。当然，品达也可能在相对的意义上使用dika一词，比如他说过"每个人都赞同自己的dika"（辑语215a1），还说"一位强者终结了昔日的dika"（（《涅嵋凯歌》9.15））。当然，我们可以说Dike和她的姐妹们代表品达所认可的特定形式的社会秩序，这种社会秩序会把权力托付给君主制，也会托付给贵族制，而僭主的统治以及"嘈杂民众"的统治，[1] 则似乎被等同于暴力和无序的掌权。品达的正义观带上了他自己政治倾向的色彩，但这并不意味着他的正义观就是犬儒主义的，也并不表示那就缺乏道德要素。

品达与西蒙尼德斯一样，把正义与kerdos[逐利]对立起来（《皮托凯歌》4.140），正义者痛恨hybris[肆心]，[2] 时间最终会保护那些公正的人。[3] 正义女神出现在与异乡人权利相关的语境中，这在荷马史诗以来的诗歌中向来如此（《伊斯特米凯歌》9.5，参《奥林匹亚凯歌》2.6）。正如在忒奥格尼斯那里一样，我们发现品达也

---

[1] *Pyth.* 2.87；Pindar虽然说过"我爱挑僭主命运的刺儿"（*Pyth.* 11.53），但他的意思不在于不赞成僭主，而是说绝对无意当僭主。见David C. Young, "Three Odes of Pindar," *Mnemosyne*, (1968), 9f。我在谈到品达 Pyth. 2.87中所表达的他更喜欢哪种政治制度时，会更加谨慎，见我关于品达的演讲，*PBA* 68 (1982)。

[2] *Pyth.* 4.284, *Ol.* 7.91; cf. *Pyth.* 8, 12.

[3] 辑语159；参见《皮提亚赛会颂》8.15。

特别强调忠诚的重要性(例如《涅墨凯歌》10.54和78)。尽管areta[德性]通常指某种技巧或某方面的杰出能力,但它也用来描述克罗伊索斯(Croesus)对德尔斐大神的慷慨之举,描述安提洛科斯(Antilochus)的自我牺牲,描述埃吉纳人(Aeginetans)的殷勤好客,以及描述为了公共福利而拼命努力的行为——品达把它视为贵族制最突出的特征。①

在品达笔下,正义还不仅仅指与别人打交道方面的正义。比如说,柏勒洛丰(Bellerophontes)打算骑上神马珀伽索斯(Pegasus)飞上天国,他的行为就违背了正义,因为那违犯了宙斯所维系的宇宙内部秩序,也没有听从那个不断被人重复的警世恒言:有死者必须记住自己终有一死(《伊斯特米凯歌》7.44)。正如神明在维系着宇宙的秩序,君王们也是这样做的,比如神话传说中的拉达曼提斯(Rhadamanthys)②或优摩珀斯(Eumolpus)③,或者当时还健在的希耶隆、忒隆(Theron)或阿尔克西拉斯(Arcesilas),他们都维系着自己治下共同体的秩序。而在其他共同体,比如忒撒利亚(Thesaly)或品达自己的城邦,以及忒拜,权力则交到了赫西俄德会称为basileis[王爷]的贵族们手中。这与我们在荷马笔下发现的正义观非常一致。

[51]最近发现了一份莎草纸文献,增加了我们对柏拉图《高尔吉亚》中卡利克勒斯(Callicles)所引的一首诗的认识。这首诗开篇写道:

---

① *Pyth.* 1.94; *Pyth.* 6.40; *Paean* 6.131; *Pyth.* 11.54.
② *Ol.* 2.76, *Pyth.*73, Cf. *Nem.* 10, 12, of Talaus and Lynceus.
③ See *Maia* n.s. iii, Anno 19, 1967, 211f.

礼法（Law）乃万有之王，既是不朽者也是有死者之王，礼法掌管着一切，凭至高无上的手，把最暴烈者变为正义的人。①

品达一开始谈到赫拉克勒斯战胜了拥有三个身子的巨怪革律翁（Geryones），然后继续讲述赫拉克勒斯如何向忒拉克（Thrace，旧译"色雷斯"）残暴的国王狄奥墨得斯发动远征，后者用人肉喂养自己的母马。品达说，狄奥墨得斯对赫拉克勒斯的抵抗"不是靠骄傲，而是靠勇猛，为了保护即将被别人夺走的财产而死，胜过当缩头乌龟"。如果按照常规的正义准则来看，赫拉克勒斯与革律翁和狄奥墨得斯作战属于侵略，然而，品达说，赫拉克勒斯的行为因"礼法"的力量而变得正义了。这里的"礼法"究竟是什么意思？革律翁和狄奥墨得斯罪恶滔天，为千夫所指，让人忍无可忍。他们与《奥德赛》中的库克洛普斯族显然是一丘之貉，后者没有Dike［正义］，也没有themistes［神法］，唯靠暴力过日子，也不在乎神明的谴责。库克洛普斯族的法律，就是赫西俄德笔下的宙斯为鱼、兽、鸟而设立的那种法律，允许他们互相残杀（《劳作与时日》行276-278）。②而"正义"的法律，也就是宙斯赐予人的法律，库克洛普斯族并不遵守。

对品达来说，神明，特别是宙斯，是权力的唯一来源，③没有神明的恩典，有死者不可能获得丝毫的成功。这并不意味着得享神恩

---

① Fr. 169; See M. Gigante, Atti del xi Congresso di Papirologia, 1966, 286f.

② 关于库克洛普斯族，参Kirk, *Myth: Its Meaning and Function in Ancient and Other Cultures* (1970), 164f.

③ 《皮托凯歌》1.41;《奥林匹亚凯歌》9.28。

的有死者就可以一切听天由命,放松自己的努力。有死者唯当拼尽全力,才有望得赐神恩。凡人和神明说到底同出一源(《涅墨凯歌》6.1以下),但却有天壤之别。神明强大且不朽,凡人弱小而短寿。只有那些天性上装备完全的人,才有可能在所有事情比如战斗、竞技和作诗方面都很杰出,这种特殊的天资都来自神圣的祖先。没有这种天资,虽然也可以努力学习,但绝不会成功。这些得享恩典的极少数人,他们的血管里流着神明自己的血液,因此神明会让神圣的光芒照耀在他们身上一时片刻。

[52]古风时代是一个方方面面都在快速变化的时期,但前面的概述已经显示,宗教思想和道德思想中的某些要素在一定程度上仍始终如一。有些学者一门心思去索求这一时期的新的发展,而看不到这一点。公元前7世纪是德尔斐神谕(Delphic Oracle)取得统治地位的时期,那时以及后来的神谕所表达的观点,与早期诗人共同的看法极为一致:宙斯和神明无所不能,凡人的生命则没有多大价值。希罗多德笔下的梭伦曾给克罗伊索斯讲了克列欧毕斯(Cleobis)和庇顿(Biton)两兄弟的故事。这两兄弟的母亲祈求阿波罗,在权限范围内给她的两个儿子以最高规格的奖赏,因为他们对她非常孝顺(《原史》1.31.1以下)。他们得到的奖赏,与这位大神赐予特罗丰尼乌斯(Trophonius)和阿伽墨得斯(Agamedes)——最先为阿波罗建神庙的人[①]——的一样,即毫无痛苦且毫不拖泥带水的死亡。对有死者来说,最好的运气是不曾出生过,次好的运气是死得尽可能麻利,这在早期希腊是很普遍的想法,我们在忒奥格尼斯、

---

① See H. W. Parke and D. E. W. Wormell, *History of the Delphic Oracle*, II, pp. 59–60.

品达以及随后的索福克勒斯那里,都见到有这种想法。①克列欧毕斯和庇顿塑像的底座在德尔斐出土,底座上的铭文据考证产生于公元前7世纪末,想必他们的故事在那个日期以前早已广为流传了。②

阿尔克迈翁家族(Alcmaeonids)重建了德尔斐神庙,上面镌刻着三句最著名的格言,指明了人生的真谛。一句是"认识你自己",意思就是"要记住你自己不过是凡夫俗子"。德尔斐认可神明的正义。格劳科斯的故事绝佳地阐释了这一点。这个故事由希罗多德记述,但出自公元前490年的斯巴达国王列奥特喀达斯(Leotychidas)之口。故事点出了所涉人物的名字,因而很可能实有其事,无论如何,它都表明了德尔斐的态度(《原史》6.86.1)。故事说,有个人在斯巴达人格劳科斯那里存了些钱,后来那人的儿子们想把钱取回来,格劳科斯就问神,他若否认曾经收到过这笔钱,是否妥当。皮提亚(Pythia)在回答时提醒他要想一想违背誓言的后果,而到叙述者讲起这个故事时,格劳科斯家族已断子绝孙。研究德尔斐神谕的渊博的史学家发现,向格劳科斯发布的那道神谕,某种程度上可与克列欧毕斯和庇顿的故事,以及特罗丰尼乌斯和阿伽墨得斯的故事中[53]所表现的"无益的悲观主义"形成对照。③但没有理由表明,为什么不可以既信仰神圣的正义,同时又对人的生命持一种悲观看法,我们已经看到,这两者的结合实际上是古风思想的

---

① Theognis, 425–428; Pindar fr. 157(Silenus很可能就是在此处表达了这种感想); Sophocles, *OC*, 1211f. See Vahlen, *Gesammelte philologische Schriften*, I, 126f.

② 见 Park and Wormell, *op. cit.*, I, 379。在德尔斐不仅可以看到那个底座,还看得到那些塑像。

③ Parke and Wormell, *op. cit.*, 380.

典型特征。

神庙上的另一条格言,"切勿过度",阐明了这种生活观所灌输的精神态度。因为人的生命脆弱不堪,而神明则无所不能,所以凡人要约束自己,不要去招惹神明,这一点至关重要。兴旺发达本身就很危险,因为它会诱使人做出冒犯神明的事情。拥有过多财富和权力也很危险。阿基洛科斯笔下的匠人不羡慕巨吉斯(Gyges)的财富(辑语22),而梭伦的财富仅足以为舒适之资,舍此无复多求(辑语1.7–8)。古风时代的文学作品中到处都是这一类故事,赞颂梭伦之类的聪明人审慎节制,超过了对克罗伊索斯财富的赞美。在忒奥格尼斯那里,sophron[节制]这个词颇为重要,而在荷马那里则很少用,早期抒情诗中则完全见不到。① 它的基本意思不是"审慎"或者"适度",而是"稳健的想法"(safe thinking),这种想法能够保护人免于hybris[肆心]。只要想一想希腊人根深蒂固的倾向,即他们一旦品尝到财富或成功的滋味就会沉溺其中,那么,这种道德观念的实践价值就昭然若揭了。

多兹认为,古风时代最显著的地方在于越来越强调仪式性净化

---

① 见Helen North, "*Sophrosyne*: Self-knowledge and Self-restraint in Greek Literature," *Cornell Studies in Classical Philology*, 35 (1966);参G. J. de Vries, *Mnemosyne*, s. 3, vol. 11 (1943), 81f.([译按]文章叫做ΣΩΦΡΟΣΥΝΗ en grec classique,即《希腊古典时期的"节制"》);North女士认为这个概念在公元前7世纪至前6世纪之间越来越重要,原因就在于时运突然改变,她发现命运突变在这一时期可谓特别典型。但我们不能真正确定,那时的命运变化就比公元前9世纪和8世纪这段时期更为司空见惯。而且,荷马史诗中出现了诸如πινυτός[谨慎的]、πεπνυμένος[聪慧的]、ἐχέφρων[明智的]之类的词汇,这就应该让我警醒,不要太轻易接受这样一种解释。Dover, *GPM* 4读作sophron,并根据上下文解释为"小心""聪慧""守法""清醒""明智""谨慎"或"智慧"。

的重要性,这种净化由庞大的职业性kathartai[净罪祭司]阶层来实现。多兹说:

> 荷马史诗中丝毫见不到这样的信仰:"玷污"要么具有传染性,要么会遗祸子孙。(*GI*, 36)

尽管荷马史诗中也有零星的净化实践,但远不如在古风时代那么突出。多兹把神明妒忌这一原始观念的重要性,与"玷污"观念不断强化的意义联系起来——神明的妒忌是一种原始信仰,即相信凡人的兴旺发达本身就可能激怒神明来毁灭或伤害兴旺者本身。多兹说,这样一种信仰不见于《伊利亚特》,在《奥德赛》中也相对很罕见,但他发现,在古风晚期和古典早期时代,这种信仰已经变成一种[54]"让人心情沉重的恐吓,也是宗教性焦虑的源泉或表达"(*GI*, 30)。古风世界甚至公元前5世纪早期的世界,似乎与荷马史诗的世界区别开来,整个成了一个完全不同的世界。自从罗德(E. Rohde)在其巨著《灵魂论》(*Psyche*)①中提出这个问题以来,学者们提出了一个又一个猜测,来回答此区别的潜在原因。这段古风时代显然在文化上发生了彻底的改变,从而把它与它前面的时代分隔开来,不对这个典型的问题给出某种回答,对这一时期宗教史和伦理史的任何讨论都必定是不完整的。

---

① [译按]全名为 *Psyche. Seelencult und Unsterblichkeitsglaube der Griechen*,英译本名为 *Psyche: The Cult of Souls and the Belief in Immortality among the Greeks*,《灵魂论:希腊人的灵魂崇拜与对不朽的信仰》。

第三章

玷污与净化：希罗多德

[55]多兹认为，耻感文化以荷马为代表，而罪感文化则形成于古风与早期古典时代之间，在从前者向后者的转折点上，多兹惊讶地注意到——

> 人类不断深刻意识到的那种不安全感和无助感(amechania)，这种无助感在宗教上与对神明敌意的感受相互关联——不是把神明想像成邪恶不堪，而是说有一种压倒性的"力量"和"智慧"永远控制着人类，阻止人类超越自己的身位。(Dodds, *GI*, 29)

如果我第一章的结论正确，那么多兹这里所定义的那种神明的敌意，甚至在《伊利亚特》中也能找到。凡人在宇宙秩序中从一开始就仅仅处于卑微的地位，凡人的诉求如果超过了神明分配的份额，神圣的正义就要对其施以责罚。只要人保持在适当的范围内，诸神就不会惩罚他们。对他人行不义也冒犯了宙斯，因为宙斯的职责在于保护正义，也因此，这种不义行为的受害者若向宙斯祈求，不会得不到赔偿。无论来得多晚，宙斯最终都会惩罚冒犯者，[56]好叫受害者不至陷入多兹所说的那种意义上的"无助"。"神明的敌意"是不是对"神明的phthonos"这个说法的准确翻译，这倒可以讨论，至少就多兹此处对该词的含义所作的解释而言，能不能这样译还是可讨论的。

在其大作的下一页,多兹对"神明的phthonos[嫉妒]"这个词似乎又作出了不同的阐释。他把这个短语等同于这样的观念:太多的成功会带来一种超自然的危险,尤其当人还要对这种成功夸耀一番时。多兹说,这种观念"见于很多不同的文化中,在人性中有其深刻的根源"。在多兹看来,《伊利亚特》中完全没有这种意义上的"神明的phthonos[嫉妒]",而且《奥德赛》也不经常涉及,但在古风晚期和古典早期时代,它"变成了一种让人心情沉重的恐吓,也是宗教性焦虑的源泉或表达"。多兹继续写道:

> 在梭伦那里,在埃斯库罗斯那里,尤其在希罗多德那里,都是如此。

日渐流行的"神明的phthonos[嫉妒]"这一观念,在据称已然发生过的从耻感文化向罪感文化的转变中起到了重要的作用,既然如此,能够支持这个说法的证据都必须仔细审查。

《伊利亚特》中的英雄们纵情于"肆无忌惮的吹嘘"(Dodds, *GI*, 30),难道这就能像多兹所认为的那样,表明史诗中就找不到"神明的敌意"这一概念吗?英雄们吹嘘的是自己的英勇,而不是成功。如果有人吹嘘自己在任何方面都比神明更优秀,就像阿喀琉斯说尼奥柏曾吹嘘的那样(《伊利亚特》24.605以下),那样的吹嘘就将是致命的。假如"神明的phthonos[嫉妒]"用来指神明因嫉妒凡人的财富或幸福就无缘无故惩罚他们,那么,这种东西在《伊利亚特》中确实没有;但如果它指神明对那种试图超越凡人界限的家伙怀有敌意,那在《伊利亚特》中就有。多兹在《奥德赛》卡吕普索(Calypso)的话语中,找到了能清楚说明这一点的例子,当时卡吕普索斥责神明阻挠女神与凡人的结合(Dodds, GI, 30)。也许神明会反驳说,他们这样做不是出于卑鄙的嫉妒,而是因为这样的结合破坏了宇宙的秩序。这是一个很典型的理由,很多时候,当凡人以为自己遭遇的是神明卑鄙的嫉妒,而执行宇宙法律的神明则不这么看时,神明给出的理由都是如此。[57]墨涅拉奥斯说,神明妒忌①他迟暮之年还能在好友奥德修斯的陪伴下得享欢乐(《奥德赛》4.181);佩涅洛佩对奥德修斯说,神明嫉妒他们能够白头到老(《奥德赛》23.210以下)。但诗人在这样写时,未必是把神明的动机归结为器量狭窄的怨恨。波塞冬妒忌费埃克斯人(Phaeacians)有能力载着任何人漂洋过海(《奥德赛》8.564以下;13.125以下),不过是在遏制那种他认为侵害自己特权的行为。我在两部史诗中发现很多例子,都涉及神明遏制凡人不要越过自己的界限这种意义上的"神明的phthonos[嫉妒]",没有一个例子是仅仅用那种让善男信女"敲木求吉"(touch wood)的原始迷信就能解释得通的。②

在赫西俄德那里,以及我在第二章所讨论的大部分诗人那里,情况似乎完全一样。多兹说,梭伦表现出相信"神明的phthonos[嫉妒]"(Dodds, GI, 30),我们能说,梭伦把这等同于神明的妒忌吗?梭伦最著名的诉歌(辑语1)开头就向缪斯祈祷,求缪斯赐予他成功

---

① Kraus反驳道,在这一类地方,"妒忌"只不过是比喻性的说法;但它肯定是众多用法中残留下来的一种。Macleod认为我应该提一下《伊利亚特》卷六中狄奥墨得斯的aristeia,它在柏勒罗丰(Bellerophontes)的故事中恰当地达到了高潮(尤参6.200–205,比较6.146–149)。恰恰因为一个人暂时获得了超人的力量,才正好说明他真正说来无非是一个虚弱的凡人,在任何意义上都绝不等于神明。

② See A. W. Gomme, *The Greek Attitude to Poetry and History* (1954), 82.

和名声,但前提是不能不义而得。梭伦解释说,成功和名声如果不靠正路获得,必然导致灾难,因为宙斯最终必然惩罚罪恶。梭伦还说,凡人耽于无谓的希望,因为每个人表现出来的样子,就好像只要运用了自己特殊的本领、有了技艺又坚持不懈,便会理所当然获得成功似的。其实,要是没有神明赐予的好运气,就算最有本事的凡人也不会昌盛。"命运"赐给人的既有好,也有坏,而且神明赐予的东西躲都没法躲。梭伦的这番论证整体上旨在表明那些富人的愚蠢,他们贪多不已,永不餍足。这是梭伦喜欢谈论的主题,我们也很容易察觉到,这个主题与他不得不应对的政治局面相关联。

梭伦说,凡人的任何努力都不可能保证成功,相反,人的成败取决于神明,他的意思并不是说,神明不分青红皂白地赐予善或恶。他的确很清楚地表明自己不那么认为,因为他明确说到宙斯要惩罚罪责。这与他在其他作品中的说法相当一致,他说,宙斯和雅典娜保护着雅典(辑语3;参辑语8和10),但雅典因[58]她自己邦民的贪婪而面临危险。因此,不能以这首诗作为证据,来证明梭伦认为神明是仅仅由于妒忌而嫉妒凡人的成功。梭伦与埃斯库罗斯一样,相信神明会惩罚hybris[肆心]或不义。

按照多兹的说法,有位作者在自己的著作中"最为突出地""让phthonos[嫉妒]这种观念成为一种让人心情沉重的恐吓",① 而且很多人也觉得,这位作者似乎认为神明仅仅因为凡人富裕或幸福就毁灭他们——这位作家就是希罗多德。很容易从他的著作中搜罗到一些段落,假如脱离其语境孤立地看,这些段落合起来无疑给人造成这样一种印象:他相信至高的力量对人满怀恶意。多兹写道:

---

① Dodds, *GI*, 30; cf. De Sanctis, *Storia dei Greci* (1939), II 216.

第三章　玷污与净化:希罗多德　95

希罗多德在那种突然降临到诸如某个坎道列斯(Candaules),或某个米尔提亚德斯(Miltiades)这样伟大君王和将军头上的命运中,既没有看到外在的偶然性,也没有看到人物性格的后果,而是看到了"不得不然"——坎道列斯命中注定要走向悲惨的结局。①

不管希罗多德受智术师的影响究竟多深多浅,人们通常都把他视作古风时代精神世界中的一员。② 维拉莫威茨(Wilamowitz-Moellendorff)在自己那本深受19世纪理性主义影响的早期著作中,发现希罗多德——

> 既没有政治理解力和历史感,也没有坚定而清晰的世界观,而是在理性主义和迷信之间摇摆不定,同时他对伊奥尼亚的科学尚一窍不通。③

---

① Dodds, *GI*, 42; cf. n. 55 on p. 56.

② 参 Dodds, *GI*, 50 以及此处所引文献。毫无疑问, A. Dihle, *Philologus*, 106(1962), 207f.[译按:即 *Herodot und die Sophistik*,《希罗多德与智术师》]正确地指出,希罗多德对 nomos 观念的讨论,以及他对大众道德所作的形式化处理,都反映出智术师的影响。但他思想在接触到那种影响之前就已经形成了,而且正如 Dihle 本人所指出的那样(尤其是该文页214以下),智术师们的大部分著作都是对普遍接受的信仰或观念所作的理性化和系统化处理。普罗塔戈拉和其他智术师都保存了很多古风世界的观点,胜于人们一般所认为的。关于这个论断,参本书下文页129。

③ 在"当代文化丛书"(*Die Kultur der Gegenwart*)中论希腊文学史的部分(P. Hinneberg 编,1907年,第二版),见58页,而在1912年第三版里,这个判断有所修正[译按:原书名为 *Die griechische und lateinische Literatur und Sprache*,《希腊拉丁文学与语言》];亦参 Wilamowitz, *Glaube*, II 205f.

在他看来，

> 希罗多德这个人几乎配不上他那本书给他赢得的名声，这种名声毋宁说属于总体上的这一类文体。

雅各比（Jacoby）在他写于第一次世界大战前夕的文章中表明，希罗多德无可救药地被他所继承的宗教观所拖累，他的伦理观和宗教信仰屡屡妨碍他对历史动机和历史关系作出正确的评估。① 但雅各比这种看法已不再流行，因为在长达几乎四十年的时间里，希罗多德享受到的尊敬，远远大于他从这两位杰出权威或其大多数同时代人那里所获得的。② 这不仅仅是因为最近的研究作出了大量努力来确认他笔下那些事实的准确性③、他所给的年谱的确切性，以及

---

① 见其论文第 30 节 "Herodot als Historiker"，即《保利古典学百科全书》"希罗多德" 词条，补编，卷二，页 467 以下。正因如此，Kraus 244 不考虑希罗多德笔下会有什么神学观念。Lloyd，*MRE* 29 f 仔细讨论了希罗多德对明显反常现象的态度后，写道："必须还有所怀疑的，是希罗多德在多大程度上把自然视为一个普遍的原则，并且把所有自然现象都视为好像是自然法则。"我在希罗多德笔下没有找到任何一处地方，说神明、精灵或他所称呼的任何神圣力量居然对 "自然" 都不可能产生效果的任何东西产生过任何影响。

② O. Regenbogen 的重要文章 "Herodot und sein Werk: Ein Versuch" 标志着一个转折点的来临。这篇文章最先发表在 *Die Antike*, 6, 1930, 202f，现收录于 *Kl. Schr.*, 57f，亦收录在 W. Marg 的 *Herodot: Eine Auswahl aus der neueren Forschung* (*Weg der Forschung*, 26; 2d ed., 1965, 57f.)，类似的观点还见于 M. Pohlenz 的 *Herodot, der erste Geschichtsschreiber des Abendlandes* (1937)，尤其在标题为 "Die Deutung des Geschehens" 那一章 (p. 91f.)，以及 H. R. Immerwahr 的 *Form and Thought in Herodotus* (1966)，第 1 章。

③ See in particular H. Strasburger, "Herodots Zeitrechnung," *Hictoria*, 5 (1956), 129f = Marg, *Herodot*, 688f.

他如何不受偏见所束缚,① 同时还因为,他[59]不只是历史事实的伟大采集者,而是伟大的史学家,这样的史学家不会把历史仅仅看作一堆乱七八糟的事件和谱系,而是看作一个进程,并且持续不断地尝试理解该进程的意义。希罗多德用来解释历史的工具,正是他那个地方和他那个时代受过教育的人都认同的人生观。他的著作中弥漫着古风希腊思想中的所有典型特征,尤为显眼的是笃信神明无所不能而凡人无足轻重,并相信神明维系着宇宙的正义秩序,不仅惩罚那些相互侵害的凡人,还惩罚那些在言行上侵犯只有神明才能享有的特权的凡人。

《原史》一开篇,希罗多德就允诺要说明导致希腊人和蛮夷相互开战的原因。这里的 αἰτίη 一词不大好翻译,最近的研究表明它暗含"罪责"之意。② 希罗多德首先用四位女主人公遭劫持的故事,给双方的战争动机作出了神话学的说明。然后,他又突然停下来说,自己不敢肯定以前这些故事的真实性,不过现在,他愿意来描绘那个据他所知最先对希腊人作出不义之举的人,阿吕亚特斯(Alyattes)之子克罗伊索斯(《原史》1.5.3)。既然希罗多德怀疑古代神话的真实性,为什么还要费神去讲那些故事?因为那些故

---

① 参 A. Momigliano, "The Place of Herodotus in the History of Historigraphy," *History*, 43 (1958), 1f = *Secondo Contributo alla Storia degli Studi Classici* (1960), 29f;德文版收录于 Marg 的 *Herodot*, 137f。另参同一作者的文章 "Erodoto e la Storia Moderna", *Aevum*, 31 (1957), 74f = *Secondo Contributo*, 45f. Cf. Strasburger, *op. cit.*, 5 = 579:"他的历史观念完全与早期希腊人相同,这个观点认为,我们的童年阶段中那些和现实相匹配的则是成熟完善的,而那些和预期不符合的,则是尚未成熟完善的。"

② See H. Erbse, *Festschrift B. Snell* (1956), 209f; cf. H. R. Immerwahr, *TAPA*, 87 (1956), 243–247; H. F. Bornitz, *Herodot-Studien* (1968), 139f.

事在其著作一开头就给他提供了一个讲述方式,来表现一条贯穿全书的原则:正义在于互惠互利。他必须在一开头就摆出并强调这条正义原则,正如他必须坚持人世命运变化无常的观念——这一观念对早期史诗和早期抒情诗作者的世界观而言可谓具有根本的意义。此外,希罗多德引述古代logioi[善言者]所讲的那些故事,其实只是为了摈弃那些故事,然后径直转到第一位历史人物上,此人的地位在他的叙事中十分关键。用这种方式,希罗多德既能够表明由连续不断的侵略和报复构成的无限漫长和复杂的原因链条,同时又能区分两个不同的时代,一个是诗人们歌咏的遥远古代,一个是他自己所处理的那个历史时期,[60]其方式不像他的先驱赫卡泰俄斯(Hecataeus)那么影响广泛,但在稳妥可靠方面丝毫不让前者。

从希罗多德本人的叙述来看,克罗伊索斯还不是真正第一个侵略希腊的人,因为在他之前的迈尔姆纳德(Mermnad)王朝的历代君王们都已经干过此事。但叙史的模式要求真正意义上的叙事从这位伟大人物开始,这位伟大人物的生涯设计得如此完美,是为了阐述史家本人对人类生活的看法。有些学者谈到所谓的"波斯线",即讲述波斯的历史,认为此乃《原史》构架的中心线索。但讲"吕底亚-波斯线"(Lydo-Persian line)更有意义,因为在希罗多德所讲述的希腊人与蛮夷相互斗争的这个阶段,最先对希腊在伊奥尼亚的城邦发动侵略的就是吕底亚人。波斯在打败克罗伊索斯后,正是接续了吕底亚人征服希腊城邦的政策,也接续了与此相连的罪恶。这本身就保证了这场叙事所赋予克罗伊索斯的重要意义,但克罗伊索斯在此处还有更深入的用意,那就是,任何故事都不如他的故事更适合引入这本书的高潮部分,这个高潮就是公元前480至前479年的战斗故事及薛西斯(Xerxes)的战败。

冯弗里茨(Kurt von Fritz)在其研究希腊史撰的里程碑著作的第一卷中,[①] 回过头来尝试去详细追寻这位史家的思想发展历程——雅各比1913年发表在《保利古典学百科全书》(Pauly-Wissowa)上的重要文章也已经作出过这种尝试,但这个领域的大多数研究者自那以后都放弃了这种努力。冯弗里茨与雅各比一样,也与离他更近的拉特(Latte)一样,[②] 相信希罗多德在成为史学家以前乃是地理学家和民族志研究者。他还相信,在希罗多德撰写《原史》中能够严格定义为"历史"部分的那段时期,他的思想发展轨迹是我们可以探查到的。冯弗里茨认为,"克罗伊索斯叙事"(Croesus-logos)所表现出的宗教观,与最后三卷中"薛西斯叙事"(Xerxes-logos)所表达的宗教观泾渭分明。[③] 他认为"克罗伊索斯叙事"是一个很好的例子,表明报应性正义在起作用。克罗伊索斯尽管非常虔诚,[61]还是因先祖巨吉斯所犯的罪孽而遭到惩罚,就算阿波罗出面调停,亦不过把他命中注定的大灾难延后了三年而已。不能因为阿波罗那个模棱两可的神谕,就去理直气壮地责怪阿波罗。神谕告诉克罗伊索斯,如果他越过了哈吕斯河(Halys),一个伟大的帝国就会轰然倒

[①] Kurt von Fritz, *GG*.

[②] K. Latte, "Die Anfange der griechischen Geschichtsschreibung," in *Entretiens de la Fondation Hardt*, IV(1956), 1f.

[③] 要适当地评价他那些论点,就该仔细审查他这本书中讨论希罗多德的整个部分,尤其是以下这些部分,"Lydische Geschichten und Geschichte"(208f.), "Geschichte und Geschichten in den drei letzten Büchern des Werkes Herodots"(243f.), "Die Entstehung des Herodoteischen Geschichteswerkes und die Entwicklung Herodots zum und als Historiker"(442f.)。

塌，但神谕并没有告诉他倒塌的将是谁的帝国。既然克罗伊索斯注定要因祖先的罪孽而遭报应，那么，用荷马史诗中的话来说，某位神明会夺去他的才智就已不可避免。

冯弗里茨主张，另一个阵营的薛西斯则没有犯下这样的判断失误。薛西斯先是宣布了入侵希腊的决定，但后来又让他的谋士们前来讨论该决定。① 他的叔父阿尔塔巴诺斯（Artabanus）表示反对（7.10a以下），这位大王最先很生气，但后来还是采纳了叔父的意见，并且他也留意到一次睡梦中的警示，因此打算取消自己的决定。但后来薛西斯又做了同样的梦，加之阿尔塔巴诺斯也做了这个梦，因此薛西斯最终还是决定发动远征。

大多数学者认为，这个故事暗示，尽管薛西斯本人的确曾明智地深思熟虑，但神明已经决心让他遭难，因此迫使他采取了行动。冯弗里茨则更愿意对薛西斯的梦境作出政治学的和心理学的解释（247f.）。梦中人物警告薛西斯说，如果他放弃远征，就会变得与他声名显赫以前一样微不足道，冯弗里茨认为，这意味着薛西斯若在这个阶段改变主意，不可能不声名扫地。这种看法与他本人的另一个看法一脉相承，他说，我们发现"薛西斯叙事"的风格比之前的历史阶段的言辞更现实、更具体、更少形而上学味道。但一般说来，梦境、预兆和灾异在这部史书中的用法，与它们在早期诗歌中的用法几乎差不多。

在我看来——当然大多数学者也都这么看——希罗多德似乎认为，这个梦境明显影射了《伊利亚特》第二卷中宙斯给阿伽门托的那个欺骗性的梦，两个梦都是神明故意托来的，目的是欺骗领

---

① 7.8f; see Von Fritz, 244f.

受这梦的人,让其成为牺牲品。薛西斯灾难性的决定,实际上极其类似于克罗伊索斯灾难性地决定跨过哈吕斯河去迎战居鲁士。① 两位君王[62]都不是匆忙草率做决定,为了确保决策正确,他们都用尽了所有手段,但两人的情况都是神明决心让他们做出错误决定。唯一的区别仅在于,克罗伊索斯与《伊利亚特》中的阿喀琉斯和阿伽门农一样,都是独自做出决定,脑子里无疑都有 Ate[迷狂祸害]在作怪;但就薛西斯而言,则是神明直接插手让他做出错误的决定,就像在《伊利亚特》中,阿芙洛狄忒亲自出面消除了海伦的懊悔自责之心,强迫她钻进帕里斯的被窝。

因此,后来薛西斯与阿尔塔巴诺斯的商谈也是如此。后者建言要慎之又慎,并指出远征的危险和困难,这位君王却回答说,假如先祖们都畏首畏尾,帝国绝不可能成就如此辉煌的伟业(《原史》7.46以下,特别是7.50以下)。薛西斯仔细考虑了问题的每一个方面,但最后还是做出了错误的决定,他之所以决策错误,是因为神明想要惩罚他,就像想要惩罚克罗伊索斯一样。

这本史书所叙述的其他致命的决定都采用了这个模式。有人劝居鲁士在马撒格特俄斯人(Massagetae)自己的国土上同他们决战,居鲁士虽然经过了极为细心的权衡,但最终还是听从克罗伊索斯的建议,并因此丢了命(《原史》1.206以下)——尽管克罗伊索斯从自己的苦难中已然获得了智慧,而且读者到现在为止都习惯

---

① I,53f。Devereux写道:"薛西斯的梦是一个愿望得实现的梦,在心理学上好像很有道理,因为雪马拉松之耻是他的责任,通过雪耻做ума超越他的父亲则是一种强迫性冲动。从这个意义上来说,那个梦境就类似于埃斯库罗斯《波斯人》中王后的梦。阿尔塔巴诺斯做的梦与薛西斯在王宫龙床上做的梦一模一样,证明了后者作为波斯王在此事上别无选择。"

于把他看作最稳健的谋士。还有薛西斯，他率众商议是否要在萨拉米斯之战（Salamis）后班师回朝（8.67以下），这时马尔多尼俄斯（Mardonius），这位邪恶透顶的军师，提出一个灾难性建议，并且得到了阿尔特弥西娅（Artemisia）的支持——尽管读者多半以为这个阿尔特弥西娅最终会证明是个完全可靠的谋士。在希罗多德以及我谈到过的其他作家看来，凡人的审慎商议再怎么明智和谨慎，总是难免出错，凡人的所有冒险行动，其结局归根结底都只掌握在神明手里。

如果"薛西斯叙事"在我们看来比克罗伊索斯的故事更具体而客观，更少神话色彩且更不具有范式意义，那是因为它涉及的是更近的事情，而且那些事情是以更准确和更详细的方式来叙述的。"克罗伊索斯叙事"的特殊用意则是要起到一种范式作用，[63]因为它是该书最后三卷，即整部史书的高潮所述故事的导言。但这两个故事的宗教背景本质上完全相同。

克罗伊索斯、居鲁士、冈比西斯（Cambyses）、大流士（Darius）以及薛西斯，希罗多德笔下所有这些前后相续的东方统治者，都遭受了大灾大难。他们为什么遭难？克罗伊索斯据说是因巨吉斯的罪孽遭罚。但他的儿子阿提斯（Atys）却是出于不同的原因死于非命。他一直自认是——而非一直真是——最幸运的人，是以报应临到他。① 居鲁士在御前会议上决定跨过界河进入托米丽斯（Tomyris）治下的王国［译按：见《原史》1.205以下］，大流士在远征达提斯（Datis）很久之前就与王后阿托萨（Atossa）商讨（《原史》3.133以下），这些事表明他们都因Hybris[肆心]而成了Ate[迷狂祸害]的

---

① I, 34. I; Cf. Gomme, *op. cit.* (in n. 8), 110.

牺牲品。冈比西斯因为对埃及神明大不敬地夸海口，就遭到了典型的惩罚，也就是被变成了疯子（《原史》3.30, 33, 80）。

但薛西斯犯了什么罪呢？当然，他是被神明亲逼才执意决定入侵希腊的，但之所以出现这样的局面，也是因为他"狂傲而不虔敬"。① 一旦发动侵略，他就会占领赫勒海峡（Hellespont）[译按：即达达尼尔海峡]，毁掉雅典和其他地方的神庙，犯下各种野蛮暴行。诚然，神明绝不可能为他尚未犯下的罪行去惩罚他，即使他在犯这些罪行时必会展示出自己的天性。神明托梦给他，迫使他去侵略，是因为他从居鲁士及其先祖身上继承了"希腊侵略者"这一污名，居鲁士和那些先祖又是从克罗伊索斯继承了该污名。希罗多德在描述这个致命的决定时，仿效的不是《奥德赛》的作者，而是创作了《伊利亚特》的那位诗人。《奥德赛》中的神明不会亲自把错误的想法置入凡人头脑中，但凡人却会因为自己愚蠢的行为责怪神明（见上文页28[原书]）。而在《伊利亚特》中，每次当神明打定主意毁灭某个凡人时，诗人都会把毁灭视作那个凡人作出灾难性决定的结果，在希罗多德笔下亦复如是。但不论在《伊利亚特》中还是希罗多德笔下，神明毁灭凡人都不是没有正当理由的。

从神明在这部史书中所起的作用来看，史书作者的宗教观与早期诗人的宗教观相似。[64]他关于宗教事务的那些说法同样会让人得出如此结论。尽管作者提到了波斯人对希腊人的人神同形论的批评（《原史》1.131），尽管他解释说，神明的雅号、性质和类型为荷马和赫西俄德所底定（《原史》2.53），那也不能证明他是一个怀疑

---

① 无论如何，忒弥斯托克勒斯（Themistocles）就是这样说他的（8.109.3）。

主义者。我们必须把后面这段文本[译按：即2.53]与前面紧邻的段落紧密联系起来，前面段落讲到神灵名字的埃及起源。而且，就算作者频繁地用诸如 ὁ θεός[神]、τὸ θεῖον[神圣之物]、ὁ δαίμων[精灵]和 τὸ δαιμόνιον[精灵般的东西]之类的抽象词汇，把神的力量说成是一种历史作用，① 那也并不能证明他不相信民间传说中那些位格性的神明。克罗伊索斯在一个地方说，是"神明"把他本人送给居鲁士的(1.89)，而在另一个地方又说，是宙斯把他本人交到居鲁士手上的(1.207)。史诗诗人可以告诉读者是哪位神明挑起了一件特定的事情，但在现实生活中则不可能如此具体。即便在荷马笔下，主人公有时也会用 δαίμων[精灵]之类的词来指某件事情背后不可知的超自然力量。这在后来的作家那里更为常见，比如希罗多德即是如此。的确，就算知道事情应由哪位神明负责，甚至在有时按普遍看法那位神明只能是宙斯的情况下，作家们也还是出于尊敬而使用上述这些词语。

尽管希罗多德说过，谁如果相信地震是波塞冬造成的，谁就会相信彭内俄斯河(Peneius)所流经的腾佩峡谷(Vale of Tempe)也是波塞冬造就的，② 那也并不能证明希罗多德本人不相信这个说法，因为他把阻止波斯人占领波提黛俄斯(Potidaea)的那个浪潮归因于波塞冬(8.129)。他告诉我们，普拉泰亚(Plataea)和米卡勒(Mycale)

---

① See I. M. Linforth, "Named and Unnamed Gods in Herodotus," *Univ. Calif. Publ. Class. Philol.*, vol. 9, no. 7, 201f, especially p. 218f; cf G. Francçis, "Le polythéisme et l'emploi au singulier des mots θεός, δαίμων," *Bibl. de la fac. de phil. et lettres*, Liège, 147 (1957).

② 7. 129; see also Linforth, *op. cit.*, 217.

这两个地方的战斗都发生在埃琉西斯的德墨忒尔(Eleusinian Demeter)的圣坛附近，在普拉泰亚战斗中，虽有很多人死在神庙周围，但波斯人谁也未能成功占领圣殿，希罗多德把这事与波斯人毁坏了埃琉西斯的神庙联系起来(9.101)。希腊人的习惯不是否认其他宗教神明的存在，而是把其他宗教的神明与希腊的神明等同。希罗多德的确表现出对波斯宗教和埃及宗教的尊敬和宽容，也相信神明会以不同的方式对不同的民族显圣，但这与他信仰本民族传统宗教并不抵牾。

[65]希罗多德完全就像任何一位早期诗人一样，在这部史书中通篇都强调凡人命运无常、凡人的幸福瞬息即逝。凡人唯一的出路，就在于不要做出招致神明愤怒的行动，如果办不到，就必须忍耐。诗性语言 τλάω[忍耐]及其同根词在《奥德赛》中以及在阿基洛科斯那里虽然那么重要，却没有出现在希罗多德笔下，除了引述诗歌时。但忍耐本身在他的史书中至关重要。我们常常听说，这部史书中两个主要的对比就是"希腊人与蛮夷"和"自由与专制"，诚然；但还有一个根本得多的对比。

希罗多德很清楚希腊人和自由的弱点，也很了解蛮夷及其专制的长处，他甚至不承认波斯人必然倾向于专制政府。① 在所有的对

---

① 3.80f。希罗多德并没有就像一般所认为的那样，说希腊人很久以来就没有蛮族人那么愚蠢(1.60)，他说的恰恰相反。参 Walter Burkert *Rh. Mus.*, 106(1963),97–98（[译按]杂志名称即 *Rheinisches Museum für Philologie*，这篇文章名为"Iranisches bei Anaximandros"，即《阿那克西曼德思想中的伊朗因素》）。亦参此前的 Rosa Lamacchia, *Atene e Roma*, 4(1954), 87f。埃德尔斯坦(L. Edelstein)死后出版的作品中仍然还有这种旧错误，见 *The Idea of Progress in Classical Antiquity*(1967), 47–48。

比中,最重要的是温软与坚硬、忍耐、坚韧的对比。① 波斯人起初是吃苦耐劳的山地人,正是这种坚韧顽强的精神让他们最先战胜了米底亚人(Medes),后来又战胜了吕底亚人。吕底亚人被居鲁士征服后很快就反叛了,所以居鲁士打算狠狠地惩治他们,但被克罗伊索斯拦住了。克罗伊索斯说:主公不妨反过来鼓励这帮人变得温软。这个政策施行下去后取得了巨大的成功(1.155以下)。生活在风调雨顺环境里的伊奥尼亚人也是性格温软,由于不愿屈服于福西斯人狄俄尼西俄斯(Dionysius of Phocaea)强加的苛政,他们被剥夺了自由(6.11以下)。希腊跟伊朗的山区一样,都是生活条件恶劣之地,居民世代贫穷(7.102.1),生活在希腊大陆的人,尤其是斯巴达人,相应地就非常坚韧。到薛西斯入侵之时,波斯人原有的坚韧已丧失殆尽,薛西斯与逃亡的斯巴达国王德玛拉托斯(Demaratus)的交谈,以及他们于普拉泰亚战役后在马尔多尼俄斯帐篷中发现的锦衣玉食的证据,都清楚地说明了这一点。②

这部史书的结尾写了一连串插曲式的故事——这些故事一度被认为足以明确地证实这本书本来就没有完成,但这些故事的意义直到不久前才开始为人所理解。

最先是一桩宫廷阴谋,[66]该阴谋导致薛西斯兄弟马西斯特斯(Masistes)的妻子惨遭野蛮的身体摧残,这事是薛西斯的王后

---

① 希罗多德极有可能熟悉气候学理论,这种理论流传到我们手中的就是希波克拉底的《论气、水与地方》(περὶ ἀέρων ὑδάτων τόπων)以及其他早期著作。参Wilhelm Nestle, *Vom Mythos zum Logos*, 2d ed., 225。

② 比如说,可以看看如下这个故事(9.82f.):普拉泰亚战役之后,泡萨尼阿斯(Pausanias)让人准备一桌波斯风味的菜肴,就像以前为马尔多尼俄斯准备的那样,好让斯巴达人比较一下波斯的吃法与他们自己的有什么不同。

阿美斯特里斯（Amestris）下令干的，但得到了薛西斯的赦免。阴谋还导致后来马西斯特斯和他的儿子们死于非命。① 这件事很可能为十四年后薛西斯被自己的儿子大流士谋杀埋下了种子，因大流士娶了马西斯特斯的女儿；而且，阴谋本身也证实了薛西斯"狂傲而不虔敬"。

希罗多德接下来讲述了波斯人阿尔泰克特斯（Artayctes）如何在塞斯托斯（Sestos）附近的英雄普罗特西拉奥斯（Protesilaus）② 的圣殿中撒野胡来，这个阿尔泰克特斯后来遭到伯利克勒斯之父雅典将军克桑提珀斯（Xanthippus）的惩处（9.114以下）。接下来希罗多德的话似乎有点跑题了，他叙述说，这位阿尔泰克特斯的祖先很久以前便向居鲁士建议过，波斯人应该离开山上的家园，在征服之地中占领一块富庶的土地。当时居鲁士回答说：

> 好倒是好，但那样一来，你们就必须做好准备去当臣属，而不是统治者，因为温软的土地养育温软的人。（9.122；[译按] 很多译本此处为间接引语）

希罗多德没有在任何地方暗示过温软必定就是专制君王或"东方人"臣僚的特质。希罗多德也许热爱希腊人胜过青睐蛮夷，但他不偏不倚揭示了双方的长处和劣势，似乎他虽然更偏袒雅典人，但

---

① 9.108f; see Erwin Wolf, "Das Weib des Masistes," *Hermes*, 92 (1964), 51f = Marg, *Herodot*, 668f; also H. Bischoff, "Der Warner bei Herodot," Diss. Marburg, 1932, 78f = Marg. *Herodot*, 681f.

② [译按] 普罗特西拉奥斯，特洛亚战争中牺牲的第一位希腊人，见《伊利亚特》2.698以下。

绝没有成为盲目推崇雅典的人。① 希罗多德笔下世界的残酷丝毫不亚于修昔底德所描述的世界：权力都是神明所赐，但只赐给那些硬汉，也就是那些能够忍受的人。人们常说，希罗多德的著作受到了阿提卡肃剧的影响，二者在很多方面看法一致。但我们没有必要非要认为阿提卡肃剧影响了他，倒不如说希罗多德、埃斯库罗斯和索福克勒斯等人都共同受惠于荷马史诗，而且，希罗多德在来到雅典之前的写作成型期必定已经很熟悉荷马史诗了。

我们是否在希罗多德那里发现了那种"新的绝望腔调"，那种"对于凡人总是白费心思的新出现的苦涩的强调"呢？多兹认为这是古风时代的典型特征（Dodds, *GI*, 30）。我们先来看看"克罗伊索斯叙事"，它在全书开头的地方为贯穿整部著作的观点提供了一个完整的概要。克罗伊索斯问梭伦，在他看来，谁是[67]最幸运②的人（1.30以下）。梭伦最先提出雅典人特洛斯（Tellus），此人生前亲眼见到儿子们长大成人，又在一场战斗中为国捐躯，还得到公共葬礼之尊荣，可谓一生幸福。梭伦第二个举出的是克列欧毕斯和庇顿这两位年轻的阿尔戈斯人，他们的母亲向赫拉祈祷，希望女神在力所能及的范围内赐给儿子们最好的礼物，结果他们就安详地睡着了，再也没有醒来。

在希罗多德笔下，第二个故事中体现出来的悲观主义调子不断

---

① 见 H. Strsburger, "Herodot und das perikleische Athen," *Historia*, 4(1955), 1f = Marg, *Herodot*, 574f。Friedrich Solmsen 说："希罗多德一说起波斯人，就会想到'神罚'和 hybris[肆心]。但他转而谈希腊人时，却极力赞扬他们的 aretai[德性]和成功。"见 *Class. Philol.*, 40(1945), 123。

② [译按]一般译作"最幸福"。原文是 ὀλβιώτατον，兼有 happy 和 blest 之意，Loeb 本即译作 blest。本书作者此处用的是 most fortunate。

深化。薛西斯目送麾下大军跨过赫勒海峡,一想到士兵们那么快就都会丧命,不禁潸然泪下;阿尔塔巴诺斯则说,几乎没有几个人不是常常盼望着死亡(7.46)。当明涅尔摩斯巴不得能够早死时,梭伦予以反驳,并认为一种成功的生活更为可取(Solon fr. 22)。这也是希罗多德的态度,因为他让梭伦极为看重特洛斯。凡人绝对不能掌管成功,因为不管他计划得多么周密,成败只取决于神明,神明也许会因着凡人无法觉察的罪罚之链而惩罚凡人,叫他所望落空。尽管如此,凡人仍值得尽其所能,作出最大限度的努力,即便在面对毫无取胜希望的事情时,也要展示勇气以赢得荣誉。

多兹在那些段落中找到了证据,认为希罗多德相信神明对凡人怀有敌意,而且这在其史书中并不鲜见,比如书中说坎道列斯、米尔提亚德斯和其他人"注定不会有好结果"。[1] 但书中从未暗示说,这是由于某种纯属任性武断的决定所造成的,我们在任何地方也都没有理由认为,我们所讨论的角色的命运乃是不公正地分派到他们头上的。正如拉特所指出的,希罗多德笔下常见的情况是,人们能够观察到因果链的一部分,但这条因果链的开端却不在其中。[2] 这也许是因为这位史学家无法讲出来,或者,也许是因为他觉得没有必要讲出来。但是书中完整交代了如此多的罪罚因果链,因此要说希罗多德认为那个开端并不存在,这样的结论不大靠得住。对他以及

---

[1] Dodds, *GI*, 42。另参 Eduard Meyer 的说法:"一个问题,为什么命运要完全排除陷入不幸之人有道德缺陷的可能性。"(*Forschungen zur alten Geschichte* II, 1899, 260)

[2] *Loc. Cit.*, (n. 21;[译按]原文如此)。另参 Strasburger, *op. cit.*, 17 = 598:"对希罗多德来说,大部分历史现象都在宣告和晓谕神的意志,他认为这些现象神秘且不详,至少在某一特定的命运之链的终端尚未显现时是如此。"

对早期诗人而言,神意难测,有时,尤其是对一个回顾往事并且追溯很长一段时间的人来说,[68]也许他能感知到罪孽和报应这条链上的每一个节点,但其范围内的大部分内容却常常不是凡人的理解力所能明白的。

人们也许会问,史书中多次出现了"神明的phthonos[嫉妒]",不就可以驳倒这种信仰吗?梭伦警告克罗伊索斯,"神圣者"总是嫉妒成性,并且惯于制造麻烦(1.32.1)。阿马西斯(Amasis)告诉他的朋友珀吕克拉特斯(Polycrates),后者过度的繁荣昌盛让人感到忧心忡忡,"要知道神明嫉妒成性啊"(3.40以下)。阿尔塔巴诺斯警告薛西斯,木秀于林,风必摧之,物高于常,雷易击之,还说一支庞大的军队比小股部队更有可能因神明的妒忌而受到惩罚(7.10E)。阿尔塔巴诺斯后来说,神明让我们品尝到生存的甜蜜,仅仅是为了证明他们妒忌我们的生活(7.46.4)。忒米斯托克勒斯(Themistocles)没有把波斯人的灾难归因于希腊人,而是算在神明和英雄们头上,因为后者一直妒忌一个人竟然可以统治亚欧两个大洲(8.109.3)。

梭伦告诉克罗伊索斯说,人完全是 συμφορή (1.32.4),该词的基本意思是"情况的汇集",但常常指"灾难",而在希罗多德那里,富人和当权者比其他人更易于遭受突如其来的灾难,这显然不仅仅是因为他们有钱有势,而是因为他们的财富和权力本身就是一种诱惑,不仅诱使他们懒惰和软弱,而且还会导致骄傲和虚夸。"报应"落到克罗伊索斯头上,让他遭受丧子之痛,不是因为他有钱有势,而是由于他把自己想象成最幸运的人(1.34.1)。阿尔塔巴诺斯对薛西斯说,伟大的君王和庞大的军队都易于遭到危险,因为"神明不允许任何凡人思考最伟大的问题,唯神明能之"(7.10E末尾)。神明和英雄一直妒忌一个人竟然可以统治亚欧两个大洲,"更何况这个人还狂傲而不虔敬"(8.109.3)。

正如神明因斯巴达人格劳科斯打算干一件不义之事而惩罚他(6.86),又因克列奥墨涅斯(Cleomenes)阴谋对付德玛拉托斯而让他发疯(6.84.3),也因斯巴达人谋害波斯使者,就通过他们自己挑选的使团惩罚了斯巴达人,① 同样,神明也因薛西斯的 hybris[肆心]而惩罚了薛西斯。"神圣的正义应该制服 Hybris[肆心之神]的儿子、勇力过人的 Koros[傲慢神]",[69]雅典人在萨拉米斯战役前得到的第二个神谕如是说(8.77)。"神明的 phthonos[嫉妒]"②这一信仰起源于古代,而且确然无疑起源于原始的恐惧,即害怕某种超自然的存在会对人怀有恶意,这种信仰仍然存在于地中海周边对"邪恶之眼"的迷信中,也存在于盎格鲁-撒克逊地区"敲木求吉"这一做法中。但在诸如品达和希罗多德这样的作家那里,这类信仰已经发展成为一种相对发达的神学观念。

古风时代其他作家身上发生的事情证明了这一点。品达祈祷希波克勒阿斯(Hippocleas)的好运道不要因神明的嫉妒而逆转(《皮托凯歌》10.20),也不要有来自神明的 phthonos[嫉妒],打破他庆祝斯特瑞普西亚达斯(Strepsiadas)的胜利时的宁静氛围(《伊斯特米凯歌》7.38)。这样的语言并没有暗示,神明如果竟然"嫉妒"上述胜利者的成功,就会出于恶意而干出那些事,把这样一种情感栽赃到神明头上并不像品达的为人。

① 7. 133f; cf. Thuc. 2.67.
② "嫉妒"观是 H. Schoeck 特别研究的对象, *Der Neid: Eine Theorie der Gesellschaft* (1966);英译本为 M. Glenny and B. Ross, *Envy: A Theory of Social Behaviour* (1969)。

《波斯人》中的信使报告说,薛西斯驶入了萨拉米斯湾,"既不明白希腊人的阴谋,也不明白神明的妒忌",波伦茨认为,信使是在角色中作为一个普通人以大众迷信的用语说话。① 毋宁说,在埃斯库罗斯那里,就如同在希罗多德和品达那里一样,神明善妒这一原始观念已经经历了提炼。阿伽门农的妻子诱导他踏着紫色花毯凯旋回宫,这个礼仪通常只有神明才能享用,阿伽门农害怕这样的行为会给自己招来phthonos[嫉妒]。② 阿伽门农的行为乃是由于没能抵挡住妻子的诱导,在评判他究竟该当何罪时,这当然算不得有多严重,但仍然是hybris[肆心]之举,而花毯这个场景事实上象征着阿伽门农灭亡的原因。③ 由这种行为所激发的神明之phthonos[嫉妒]并非不义,反而是正义的,那位给提厄斯特斯摆下人肉宴(Thyestean feast)的家伙,他自己的儿子④很快遭到惩罚也同样是正义的。

欧里庇得斯的《伊菲格涅亚在奥利斯》(*Iphigenia in Aulis*)中的歌队哀悼道德标准崩溃时,找到了那种崩溃的最终证据[70]就

---

① Aeschylus, *Persae*, 361; Pohlenz, *Herodot*, p. 111.

② Aeschylus, *Agamemnon*, 921, 946–947.

③ 见Lloyd-Jones, "The Guilt of Agamemnon," *CQ*. N.s. XII (1962), 187f。N. G. L. Hammomd认为我的意思是在说"阿伽门农被视为一个木偶,而提线握在宙斯手里"(*JHS*, 85[1965], 42f.),我都不知道这是否算我的错。在埃斯库罗斯笔下,就如同在荷马史诗里一样,即便凡人的行为受到了神明的怂恿,此人也要对此负责。

④ [译按]指阿伽门农。据传说,阿伽门农的叔父提厄斯特斯勾引了自己的嫂子,也就是阿伽门农的母亲。阿伽门农的父亲阿特柔斯知道后,就杀死了提厄斯特斯的三个儿子,并做成菜肴款待提厄斯特斯。

在于,事实上"人们普遍不再打算躲避神明的phthonos[嫉妒]"。①我们对此不必感到惊讶,因为在希腊人的观念中,phthonos[嫉妒]实际上是正义的组成部分。

多兹特别强调的古风时代的另一个一般特征,就是"对玷污(miasma)及其相关物的普遍恐惧,并普遍渴望仪式上的净化(catharsis)"(Dodds, GI, 35)。自从罗德的巨著《灵魂论》1890年问世以来,学者们一直在反复讨论一个问题:为什么玷污在荷马史诗中只起到了最低限度的作用,而在早期肃剧中却如此突出?多兹沿着罗德的思路,注意到在《伊利亚特》开篇的瘟疫过后,阿开奥斯人沐浴洁身,并把脏水倒进海里,还注意到《奥德赛》中奥德修斯杀完求婚者后,吩咐欧律克勒亚取来硫磺,净熏厅堂。② 除此之外,多兹在史诗中再没发现有意义的净化行为。预言者忒奥克吕墨诺斯(Theoclymenus)请求特勒马科斯(Telemachus)用船带他去伊塔卡,他解释说,自己因为杀了一个人而被迫离开自己的国家,特勒马科斯毫无不犹豫就带上了他。然而,在公元前5世纪,谋杀案中的被告可以把自己乘船安全到达一个港口当作自己无罪的证据。③ 多兹写道:

① Euripides, *IA* 1089–1097;比较Dodds, *GI*, 31。参Dover, *GPM* 271f。在希罗多德笔下,就如同在其他传世作家笔下,神圣的phthonos[嫉妒]在很大程度上已经被道德化了。但在早期,这种认为神明会对任何干预自然秩序的行为妒火中烧的观念,必定只是逐渐获得了道德的意义,而在希罗多德笔下,这种道德意义似乎还常常极为稀薄。

② Dodds, *GI*, 54, n. 39。[译按]故事分别见《伊利亚特》1.314f 和《奥德赛》22.480f。

③ *Od.* 15.256f; Antiphon, *de caede Herodis*, 82f; see Dodds, *GI*, 36, and n. 40, on p. 55.

> 荷马史诗中丝毫见不到这样的信仰:"玷污"要么具有传染性,要么会遗祸子孙。(Dodds, *GI*, 36)

他还说:

> 在我们看来,埃斯库罗斯笔下人物所生活的那种让人备受折磨的压抑氛围,要比《伊利亚特》中凡人和神明所享有的清爽气氛古老得多。(Dodds, *GI*, 36)

我们当然应该认为,对玷污的信念乃是某种古代的东西,比任何现存文献都要古老得多,也许甚至比不管什么文献都要古老。难道我们必须像很多学者一样,真的认为那种信仰是在史诗时代之后的转折期才开始出现,或至少才获得情感上的强烈认同,就像埃斯库罗斯和索福克勒斯似乎体现出的那样?① 多兹正确地对如下看法表示了不满:公元前7世纪的经济危机和公元前6世纪的政治危机之后,多利斯人的入侵所造成的麻烦"激发了传统文化模式的再次出现,[71]而普罗大众从来没有完全忘却那种文化模式",因而也就强化了对神怪(daemons)的信仰,加速了巫术的普及(Dodds, *GI*, 44f.)。

多兹尽一切可能小心地对这种现象提出了心理学的解释,不是从整个社会开始,而是以家庭为开端(Dodds, *GI*, 45f.)。他认为,只要家庭团结的旧有观念还在延续,古老的信仰就不会动摇,一旦家庭的纽带变得松散,儿子与父亲之间就会发生越来越多的冲突,还会引发让人不安的罪恶感。多兹写道:

---

① Lloyd, *MRE* 5似乎丝毫没有考虑到我这个观点。

> 心理学家教导我们，造成罪恶感的那个起因，潜在地就是一种未被承认的欲望在精神上的压力……这些欲望被排除在意识之外，而存在于睡梦或白日梦中，却能够在自我之中产生一种深刻的道德不安感。

如此一来，人们就开始把奇奇怪怪的混合着对凡人看法的情感投射到天父宙斯身上，结果宙斯看起来就像是：

> 善恶两种天赐礼物的神秘难测之源泉，像嫉妒的大神，会因孩子们心中的欲望而妒忌他们，并最终看上去像一位令人畏惧的法官，虽然公正却太严厉，他冷酷无情地惩罚着那种自以为是的死罪，也就是hybris[肆心]之罪。（Dodds, *GI*, 45f.）

即便一个人毫不质疑地接受了这种弗洛伊德式的论证，视之为完全可信，他也必然会追问，在这样短暂的时间范围内，如此宏大的文化转变多久发生一次。人们还会问，就算这种变化的确发生了，那它们又多久向反动方向运转一次。在家庭纽带松弛之前很久的时间里，儿子必定一直在跟父亲吵架。这很可能影响了人们从前形成的宙斯观，但这件事为什么就应该发生在希腊民族演进过程中如此晚近的阶段呢？这个疑问也许可以促使我们去想一想罗德对此提出的另一种解释路线，这条路线迄今为止似乎还没有得到太多的研究。

有没有可能说，玷污和净化的观念在荷马史诗中作用甚微，不是因为这些观念在早期阶段并不重要，而是因为诗人故意不让它们在自己诗歌所描绘的世界中占据任何显著地位？[72]缪勒（Karl

Otfried Müller)早在1833年就在其《欧墨尼得斯》中提出了这一观点,① 但没有任何详细论证作为支撑,而且常常为人忽略。

虽然荷马仅仅提到了对污垢、血液或疾病这些基本类型的净化,但后来有很多证据表明,其他类型的净化在非常早的时候就已为人所知。在《伊利亚特》中,预言者、歌手和巫师已经形成三个不同的阶层,然而我们有充分理由认为,这三个跟阿波罗有关的职业最初乃是集于同一人之身,正如在有史可考的时期里由厄庇墨尼德斯(Epimenides)和恩培多克勒(Empedocles)将它们结合在一起一样。② 我们也有理由认为,就像在埃斯库罗斯笔下一样,这种结合从一开始便暗含在仪式性净化行为之中。③ 甚至在荷马史诗中,这三种职业原本一体的痕迹也还留存在这些从业者所采用的法门中。阿斯克勒庇俄斯(Asclepius)的儿子马卡昂和波达利里俄斯(Podalirius)在特洛亚战争之前就是希腊的医师,他们既用咒语,也采取净化的方式。他们是从清理伤口开始,但若据此假设他们严格区分了卫生性的清洗和仪式性的清洗,那可不大稳妥。在《伊利亚特》最后一卷赫克托尔的葬礼上,为他恸哭的不仅有家族的妇女们,还有职业哭丧人(《伊利亚特》24.718以下)。

布尔克特(Walter Burkert)在那篇重要的论文中已经指出,巫师或巫医(medicine-men)——现在的时髦名称把他们叫做"萨满",而古希腊最先把他们叫做 γόητες[念咒施术者],后来又叫做 μάγοι[巫师]——的"恸哭"常常针对的是死者的灵魂,该文还颇

---

① K. O. Müller, *Eumenides* (1833), 136–137.

② See Giuliana Lanata, *Medicina magica e Religione Popolare in Grecia fino all' Età di Ippocrate*, Rome (1967), 40f.

③ Aeschylus, *Eum.*, 62–63.

为谨慎地认为,那些"开始号哭"的特洛亚人有可能就是这种巫医。① γόητες[念咒施术者]一词最先出现在一部名为《弗罗尼斯》(Phoronis)的早期史诗中,② 而厄庇墨尼德斯和那些像他那样的人在英雄传说中也并非没有先行者。

《奥德赛》中提到过一位预言者墨兰波斯(Melampus),后来,赫西俄德的《列女传》,以及名为《墨兰波斯之歌》(Melampodia)的史诗,还讲述了他为阿尔戈斯君王普罗伊托斯(Proetus)的女儿治疗疯病(《奥德赛》15.225以下),或治好令人作呕的皮肤病,或者同时治好这两种不适之疾的事。③ [73]这些并不能证明净化早在荷马时代就已用于这些目的,然而还有间接方面的证据能够让我们得出更进一步的结论。

在有史可考的时代,人们常常以净化手段来提防神明的愤怒危及共同体。古风时代这类事务公认的权威就是德尔斐神谕,神谕

---

① W. Burkert, *Rh. Mus.*, 105(1962), 36f; Dodds 不认可 Burkert 的说法。他写道:"εἰ καὶ τότε γε, '即便到了如此晚近的时候',这个表达给了希罗多德理由把这种诡计称为愚蠢透顶。在我看来,至关重要的是 ἀπεχρίσθη 一词。希罗多德认为外族人是最古老的民族(2.2):因此他可能说的是希腊民族是从外族人(barbarian)那里'分离出来的',而不是相反——我是这么认为的。"即便这个说法是对的,希罗多德对许多"外族人的"宗教和制度深表敬意也是无可置疑的事实。[译按]文章即"ΓΟΗΣ: zum griechischen Shamanismus"(《巫师:论希腊萨满教》)。

② Kinkel, *Epicorum Graecorum Fragmenta*, p. 211; see Burkert, *op. cit.*, 39, with n. 14.

③ See Hesiod fr. 37 Merkelbach-West; cf. Fr. 261 *ibid.*; for the Melampodia, see Kinkel, *op. cit.*, p. 151f. and Ingrid Löffler, *Die Melampodie: Versuch einer Rekonstruktion des Inhalts*, Beiträge zur klassischen Philologie, ed. R. Merkelbach, Meisenheim am Glan, Heft 7(1963).

常常会指示某种恰当的仪式,或者会向求神问卜者推荐可信的专业人士。在伊奥尼亚众多城邦中,很早以来就在实行一年一度用替罪羊,也就是所谓的pharmakoi,来转嫁共同体罪孽的仪式,尽管我们最先是从公元前6世纪的希波纳克斯(Hipponax)那里知道这种仪式的,但它很可能在更古的时候就有了。① 有几个地方审判谋杀案时所用的司法程序似乎就假定,共同体若没能履行替受害者的近亲获取赔偿的义务,就会处于受害者魂灵的威胁中。② 在荷马史诗的社会中,凶手有死亡的危险,除非对方接受他的赔偿,或者他自己流亡。他一旦离开自己的国家,就变成了乞援人,而且,似乎人们还必须接纳这样的人。

我们从很多神话中获知,这样的乞援人在后来的传说中还接受过净化的仪式。在《埃提奥匹亚》(Aethiopis)中,阿喀琉斯因杀死了忒尔西特斯而接受奥德修斯的净化。③ 在赫西俄德的《列女传》

---

① 见 G. Murray, *The Rise of the Greek Epic* (1907, 3d ed. 1926), 12f, 317f; Nilsson, *GGR* I², 107f; V. Gebhard, "Die Pharmakoi in Ionien und die Sybakchoi in Athen," Diss. Amberg, 1926 and in R.-E. s. vv. "Pharmakos" and "Thargelia";参 O. Masson on Hipponax, frs. 5–10。[译按]Sybakchoi,查不到。Thargelia,指阿提卡历法中的十一月(也就是塔尔格利翁月,相当于公历的5月上旬到6月上旬)为阿波罗和阿尔忒弥斯举办的节日。

② Rohde, *Psyche*, 174f.

③ 参Proclus对该诗篇内容的概述(Allen, *Homeri Opera* V, pp. 105–106; Bethe, *Der Troische Epenkreis*, pp.167–168; pp. 19–22 of the 1966 reprint)。[译按]Epenkreis,英语Epic Cycle,即"英雄诗系",指多部史诗围绕某个事件而在内容上形成一个整体或系列。在古希腊主要有两个系列,一个围绕忒拜战争,一个围绕特洛亚战争。文中的《埃提奥匹亚》即属后者,本意指古希腊人所理解的"埃提奥斯人的故事",与今天所谓"埃塞俄比亚"不尽相同。参《英雄诗系笺释》,崔嵬、程志敏译,前揭,2011。

里,涅琉斯拒绝为杀了伊菲托斯(Iphitus)的赫拉克勒斯施以净化。① 一部较早的史诗很可能提到过,宙斯给伊克西翁(Ixion)施以净化,因为后者杀死了自己的岳父。② 而在《后生们》(Epigonoi)中,卡德摩斯人为克法洛斯(Cephalus)施以净化,因为他杀死了自己的妻子普洛克丽斯(Procris)。③ 阿波罗本人也因皮同(Python)的血污而受到净化,后来变成德尔斐一年一度的纪念仪式。④ 阿波罗还亲自净化过奥瑞斯特斯(Orestes)、科罗伊波斯(Coroebos)和其他很多人。⑤

有人会反驳说,所有这些证据仅仅表明,为杀人者施行净化仪式在荷马之后的时代成了史诗的一个要素,但没有哪一条证据能够实实在在支撑尼尔森的观点,即:我们必须假设,就忒奥克吕墨诺斯的情况而言,当时必定施行过净化仪式,[74]尽管诗人没有提到此事。我们且来看看荷马史诗中是否提出过什么证据,有利于证明这样一种假设。

就在《伊利亚特》开篇不久(《伊利亚特》1.11以下),阿伽门农抢走了克律塞斯(Chryses)的女儿,而克律塞斯是侍奉阿波罗的祭司,毋宁说就是"诅咒者"。克律塞斯向他的神明阿波罗祈祷,阿波罗也听到了,便带上弯弓从奥林波斯山下来,把携带瘟疫的致命神

---

① ΣD on *Il.* 2, 336(Dindorf I, p. 102;但版本绝佳的厄尔普赛[Erbse]编本此处并没有收录,而默克尔巴赫和韦斯特编的《赫西俄德辑语》[*Fragmenta Hesiodea*, pp. 22–23]也没有完全收录)。

② See Aeschylus fr. 314(b)and(c)Mette(p. 113).

③ Fr. 2 Allen(Homeri Opera V, p. 115).

④ H. W. Parke and D. E. W. Wormell, *History of the Delphic Oracle*, 2d ed., I 8.

⑤ *Ibid.*, 346。如果读者毫无偏见地解释Aeschylus, *Eum.* 280–283和1038–1039,那么, R. R. Dyer, *JHS*, 89(1969), 38f 很难说服他们相信阿波罗给奥瑞斯特斯施洁净礼不可能是在德尔斐,其他任何地方皆有可能。

箭射向阿开奥斯人的军营。希腊人直到阿喀琉斯召集大会并询问先知卡尔卡斯（Calcas）时，才知道瘟疫的原因。索福克勒斯《俄狄浦斯王》（*Oedipus Tyrannus*）开头也出现过类似的情况：忒拜人也是不明白瘟疫的原因，直到克瑞翁（Creon）从德尔斐返回，以及随后他的话为特瑞西阿斯证实后，他们才明白究竟什么原因导致了瘟疫；但是，观众仍然要到很后来才会完全得知阿波罗愤怒的种种原因。肃剧的原则要求过往历史只能慢慢展示，但既然神明的世界与凡人的世界一样都向史诗诗人敞开，因此瘟疫的源头在诗人而言就没有同样神秘的光环围绕。

但这两场瘟疫背后的信念是相同的：共同体中某一位成员犯罪，会给所有人招来神秘的惩罚。① 此时当然必须采取净化措施，但是，只有当恰当的措施让怒不可遏的受害者满意后，才能抚慰神明，麻烦也才会消除。《伊利亚特》第一卷中根本没有出现"污染"之类的字眼，但事情明摆着就是那么一回事。就"污染"最重要的方面来说，污染明显存在；即便就其不那么重要的方面而言，"污染"这个专门概念也存在，阿伽门农命令阿开奥斯人沐浴洁身并把脏水倒进海里，就已表明了这一点。②

一个共同体因为其中某位成员的行为而面临遭受神明惩罚的危险，这方面更著名的例子是特洛亚人：他们必须为帕里斯的罪行遭难。所有人都知道这份罪责必然的结果是什么，那就是特洛亚及其居民尽都被毁灭。同样地，《奥德赛》中奥德修斯的同伴因屠杀

---

① Devereux 写道："法律上的集体责任在巫术上就是玷污，或者说有玷污的危险，也就是道德意义上的'罪过'。"

② 同上，311–316。［译按：原文如此］

了太阳神的牛而在劫难逃,求婚人也因恶贯满盈的hybris[肆心]而注定丧命。[75]诚然,诗人说到特洛亚人、奥德修斯的同伴以及求婚人的罪行时,并不是从身体污染这一观念上来说的,不过,《奥德赛》中那些预示罪犯毁灭的超自然警示却似乎表明,他们所犯的罪正是按身体污染的方式来理解的。

不过,这种观念此时必定早已存在。赫克托尔对帕里斯说:你真该遭受石刑(《伊利亚特》3.56–57)。这种刑罚的主要目的是让共同体的每一个成员都能参与执行罪犯的死刑,以此祛除自己所担负的那一份集体性罪孽。① 在英雄诗系《洗劫伊利昂》(*Iliou Persis*)中,奥德修斯希望阿开奥斯人对洛克里斯人埃阿斯施以石刑,因为他奸污了卡珊德拉。假如奥德修斯说服了阿开奥斯人这么做,那么在他们穿过爱琴海返回时,风暴就不会袭击他们的船队了。②

埃斯库罗斯笔下有一种非常原始的办法,凶手可以用它来逃避受害者魂灵的追索,那就是吮吸一些受害者的血,然后再吐出来,③或者如何在尸体上实施所谓maschalismos[腋下术]的恐怖断肢残

---

① 参R. Hirzel, "Die Strafe der Steinigung",收录于*Abhl*, *Leipzig*, 27(1909), 25f.[译按]即《萨克森皇家科学院语文历史所学报》(*Abhandlungen der Philologisch-Historischen Klasse der Königlich-Sächsischen Gesellschaft der Wissenschaften*)。

② 参Lloyd-Jones, *GRBS*, 9(1968), 137;另参C. M. Robertson, *BSA*, 62(1967), 11,我是在拙作付梓后才看到该文的。对埃阿斯誓言的性质,我仍坚持自己的看法。在拙作注释13所引权威文献外,我要再加上R. Hirzel, *Der Eid: Ein Beitrag zu seiner Geschichte*(1904), 41f, K. Latte, *Heiliges Recht*(1920, repr. 1964; see his index s. v. "Eid")以及L. Geret, *Anthropologie de la Grèce Antique*, 1968, 245。Robertson教授告诉我,他现在会接受我对誓言性质的看法。

③ Fr. 354 Mette;更多证据见R. Muth, *Träger der Lebenskraft*(1954), 31。

体行为。① 难道这些观念只是在荷马之后的时代才形成的？上述手段预设了一种信仰：灵魂存在于坟墓中，可以从坟墓中出来向凶手实施报复行动。在《奠酒人》(Choephori)中，阿伽门农的魂灵在某种意义上已成为多余的东西，因为宙斯和"正义"已足够强大，完全能够保证奥瑞斯特斯打败埃吉斯托斯(Aegisthus)。但对魂灵的信仰如此根深蒂固，以至于埃斯库罗斯不得不设计一场念咒作法的戏；在荷马史诗中，人们对魂灵会报复的信仰已经升华为报复神厄里倪厄斯(Erinyes)的观念。

埃斯库罗斯笔下的报复神说，厄里倪厄斯们在她们的地下居所里被称为"诅咒"(《欧墨尼得斯》行417)，② 我同意罗德的说法，即她们起初乃是冤死鬼的人格化的魂灵，或人格化了的后来的诅咒。③ 在荷马史诗中，她们已经变成了宇宙秩序意义上的正义捍卫

---

① 见 Rohde, *Psyche*, 582f。[译按] maschalismos，来自 maschalē，本意是"腋窝"，动词 maschalizo 即"放在腋下"。古希腊人相信，杀人之后把死者突出的部分如鼻子和耳朵等[《古希腊语汉语词典》作"四肢"]砍下来捆成一堆，把捆绳绕过颈子，放在死者腋下，就能避免死者(的魂灵)以后寻仇。

② [译按] 此处原文是 Curses。希腊文是 ἀραί，意思是诅咒，引申为毁灭和报复的女神，王焕生意译作"复仇女神"。

③ 参 Nilsson, *GGR* I², 100f; Dodds, *GI*, 20, n. 33; Otto, *GG*³, 193–194。Dodds, *GI*, 21, n. 37 驳斥了罗德关于厄里倪厄斯原先就是魂灵的说法，部分原因就在于，在荷马史诗所有例子中，除了一个之外(*Od*. 11.279f.)，厄里倪厄斯所支持的主张都是活人提出来的。我认为，这仅仅表明，厄里倪厄斯的观念到荷马史诗时代已经以某种方式有所演化，不再是原来的含义，这在其他情况下也很常见。在克诺索斯的一块石板上，Erinys 就是以单数形式出现的(KN Gg 705 Doc. no. 206)，这让我想起阿卡迪亚的德墨忒尔神庙中也是 Erinys，而不是复数形式的复仇者。亦见 Burkert, *Die griechische Religion der archaischen und klassische Epoche* (1977), 85。但在该书页281，Burkert 又把 Erinyes 说成是"诅咒的化身"(der

者,不仅惩罚那些冒犯父亲(《伊利亚特》9.454)、母亲①或兄长的人(《伊利亚特》15.204),还追捕背誓的人(《伊利亚特》19.259以下),神马克珊托斯(Xanthus)居然开口讲话打破了万物的秩序,也是她们让他闭嘴的。② 的确,史诗中提到她们时只有一次[76]与暴死相牵连,当时她们乃是在惩罚一宗孩子冒犯母亲的罪过(《伊利亚特》9.566以下)。此时她们的功能,早已远离了那必定是她们原始功能的东西。

Ate[迷狂祸害]与作为正义执事的厄里倪厄斯(复仇女神)相连。正是厄里倪厄斯,当然还有宙斯以及他掌控的命数,把Ate[迷狂祸害]遣往阿伽门农思想中,才导致他与阿喀琉斯的争吵(《伊利亚特》19.87)。甚至神明自己都免不了着Ate[迷狂祸害]的道。波塞冬必定害怕兄长宙斯的厄里倪厄斯(《伊利亚特》15.204),阿瑞斯也怕母亲赫拉的诅咒报复(《伊利亚特》21.412),甚至乞丐都有自己的厄里倪厄斯,至少在《奥德赛》中是如此(17.475)。相信某些人可能遭到诅咒,与相信厄里倪厄斯、相信Ate[迷狂祸害]是她所施加的惩罚密切相关。如果罪犯竟然没有受到惩罚,Ate[迷狂祸害]就会攻击整个共同体。人们常说,在荷马的世界里,只有被害人的亲属才会费力去寻求赔偿。告发凶手之责在被害人的亲属,他们若选择接受"血酬"(blood-money),那他们也有权利这样做;而如果他们的赔偿要求遭到拒绝,整个共同体便处于危险中。"往往一个坏人

---

verkörperte Fluch)。一位阴曹地府的女神,她的名字很可能起初属于一种拟人化的诅咒。

① 《伊利亚特》9.571,21.412;《奥德赛》2.135。

② 《伊利亚特》19.418。这段史诗本身就足以表明,"厄里倪厄斯"的本义到荷马时代已经发生了多么大的变化。

祸及整个城邦",赫西俄德如是说(《劳作与时日》行240-241)。

我们有详尽的证据,可以很有把握地说,对玷污的信仰在荷马之前很久就已很坚定了。从其他印欧文化中可以找到对照性的证据来支持这一点,且不说那种证据究竟有多了不起的价值。① 荷马史诗本身也有大量迹象支持上述说法。古风时代见证了德尔斐和埃琉西斯的兴起以及"俄耳甫斯"诗歌的开始,这个时代与净化有着千丝万缕的关系,② 然而,我极度怀疑古风时代的人是否真比此前的"史诗"年代更坚信这种东西。《伊利亚特》和《奥德赛》都不是生活的文学再现,而是诗性的虚构,作者可以随心所欲、自由自在地凸显或拒绝任何信仰或做法,可令人惊讶的是,随便从哪个角度来看,荷马史诗中都完全没有描写宗教的黑暗、神怪和神奇的一面。但我们在《劳作与时日》尤其是"时日"部分,以及在《德墨忒尔颂》中发现了这些,那么我们是否要认为,它们是自荷马时代以来突然迸发出来的呢?

[77]荷马史诗中之所以没有那一点,可以提出不止一种原因。首先,既然神明的世界——更不用说凡人的世界了——直接是由诗人描写出来的,那么,神明的行为在某种程度上必定看上去不那么

---

① 罗德已指出了这一点,他说:"荷马史诗中根本就没有对那种导致血污的人所实施的净化。然而,与希腊人结盟的那些民族也搞了类似的宗教上的净化,这就让人几乎不可能怀疑,与神秘力量打过交道的人在宗教上不洁净这种观念在希腊人那里也非常古老而原始。只不过在荷马史诗中,那种观念只能被压下来,正如那种观念阻止了使用赔偿法。"(*Psyche*, 180)

② 参 Dodds, *GI*, ch. V *passim*;"俄耳甫斯主义"与罪恶和惩罚之间的关系,参 Latte, *ARW*, 20(1920/21), 281f = *Kl. Schr*, 23f。Kraus 244 承认《伊利亚特》提到了"净化",但补充说,"然而这里并没有提到面对 agos 时的恐惧"。难道荷马不愿意强调某个东西,就证明那个东西不存在吗?

神秘。此外,我们可以认为,荷马史诗的作者们很可能已经觉得,宗教在他们那个时代之前、之中和之后的特定表现形式,跟他们所描述的想象性现实画卷可能会有不符。①

而另一方面,早期肃剧作家却有着艺术上的便利,来强调高高在上的力量的这些黑暗维度。② 比如说,一个作家如果就某个连续主题撰写三部曲,那么,让人弄明白某个家庭所遭受的诅咒究竟从何而来,就会是一个绝妙的话题。而且为了造成悬念,不在一开头就交代这样一道诅咒的来历,也是完全可取的。③ 在肃剧中神明一般不亲自现身,解释自己对凡人角色的行为及其命运的态度。诗人可以利用歌队让人想起剧情所要表达的神学真理,但只有剧情的结局本身才能揭示这种真理的发生方式。

必须注意到,即便在早期肃剧中,身体上的玷污尽管可以用来达成引人瞩目的戏剧效果,却也常常不是一部剧作的情节所必需的

---

① Murray 在《希腊史诗的兴起》(*The Rise of the Greek Epic*, 120f.) 中推进了荷马传统中的"洁净"观念;参见 F. Dirlmeier (cited in n. 24 on p. 172)。我们在 Rohde, *Pysche*, 180 中已找到与此相似的内容。Latte 在谈到"玷污"时说:"这个概念不适用于荷马传统中那些以人的形象显现的诸神,所以可能完全被有意识地回避了。因为毫无疑问,这是一个复杂的观念综合体,其原始特性可回溯到最古老的时代,尽管希腊宗教史的这一时期模模糊糊,使我们无法获取更加清晰的知识。"(*ARW*, 20 [1920/21], 260.f = *Kl. Schr.* 7f.)

② 另参 Burkert, *Rh. Mus.*, 105(1962), 52, 他说:"尽管荷马的世界确实由诸神构成,但是这些神已经大大丧失了令人恐惧及崇敬的特征,他们的形象欠缺令人畏惧的神秘。与此相似,死者的世界也大为褪色,得墨忒耳、狄奥尼索斯和复仇三女神的名字仅仅是附带着在书中出现而已,且作用只在表明这些黑暗势力的存在。史诗世界的这一方面非常复杂难解。"另参 G. Lanata, *op. cit.* (n. 27), 27f.

③ 拙文 "The Guilt of Agamemnon", *CQ*. n.s. 12 (1962), 187f 试图指出这种笔法如何运用在埃斯库罗斯《阿伽门农》中提厄斯特斯的诅咒上。

东西。① 正如我曾说过的,魂灵在《奠酒人》中就并不是非有不可,而在《欧墨尼得斯》中,奥瑞斯特斯身体上的玷污很快就被阿波罗的净化仪式去除了,但安抚厄里倪厄斯这一真正重要的工作却还没有完成。那么,在《俄狄浦斯王》里,仪式上的玷污这件事究竟有多重要,俄狄浦斯亲口对杀害拉伊俄斯(Laius)的人所发出的诅咒又有多重要呢?②

尽管史诗诗人们极为高效地利用了种种原始信仰,但他们也小心翼翼不让那些信仰与那种以宙斯掌管正义为基础的神学相冲突,后者为史诗设置了核心的背景。这种神学的所有重要方面都已出现在《伊利亚特》中,后者乃是阿提卡肃剧的原型和源泉。③ 如果在我们看来,神明的敌意和身体的玷污在早期肃剧中比在史诗中显得更突出,[78] 如果古风晚期比史诗世界显得更多受到罪孽的折磨和压抑,那基本上都是出于偶然的原因。希腊史诗时代和古风时代的信仰和态度基本上完全相同,希腊人对那些信仰和态度的情感反应在漫长的岁月里总体说来也几乎没有什么变化,这着实让人吃惊。此外,有证据表明,公元前5世纪对玷污的信仰绝不比史诗时代的更为强烈,反而在明显减弱。对于一个怀着开放心态着手从事这项研究的人,以上说法十有八九正是他将会被引向的结论。

---

① 颇为有趣的是,Mary Douglas 对玷污观念的最新科学研究,比其他很多人都更趋向于把玷污与伦理联系起来;参氏著 *Purity and Danger: An Analysis of Concepts of Pollution and Taboo*(1966;Pelican ed.,1970),尤其参第8章。

② 关于古代的玷污信念与更为成熟的"罪"这一概念之间的关系,参 Latte, *ARW*, 20(1920/21),278f = *Kl. Schr*,21f。肃剧中有时也怀疑玷污这种说法,参同上,283f = 24f。

③ 《伊利亚特》在某种意义上已有肃剧味道,参 Erwin Wolff 对 B. Snell's *Aischylos und Handeln im Drama in Gnomon* 5(1929),386f 的评论。

第四章

前苏格拉底思想家和埃斯库罗斯

[79]现在,学者通常会强调诗人与其哲学或准哲学上的最初继承者之间在早期宇宙生成论上的连贯性。① 荷马把奥克阿诺斯(Oceanus,绕地长河)说成是"神明的起源",严格来说似乎与泰勒斯(Thales)认为万物皆起源于水这一说法相关。② 然而,泰勒斯假定了一个初始的创造行为,这种行为不是用神话语言来表达的,因此似乎与诗人有所区别。泰勒斯认为万物中皆有神,这里的神不同于神话故事中的神明。由于泰勒斯假定了一个创始过程,而这个过程又可以"神圣"名之,因此他到处都能发现神圣的力量。③ 我们还记得,在荷马笔下,每一件事情既是由神意决定,也是由自然所决定。但泰勒斯的宇宙既然假定神圣的力量在起作用,那么就必定有个单一的起源。

---

① 见 F. M. Cornford, *Form Religion to Philosophy* (1912, repr. 1957);参 *Principium Sapientiae* (1952, repr.1965)。耶格尔(Jaeger)在其 *Theology of the Early Greek Philosophers* (1947)中表达了同样的观点,但这观点对于英语世界的读者而言绝不像他和莱斯基(*History of Greek Literature*, 162, n. 8)明显以为的那样新鲜。参 W. Hamilton, *Cl. Rev.*, 64 (1950), 106f。

② See U. Hölscher, *Anfängliches Fragen*, (1968), 40f; cf. Kirk and Raven, *The Presocratic Philosophers*, 90–91.

③ See Kirk and Raven, *op. cit.*, 95; G. E. R. Lloyd, *Polarity and Analogy: Two Types of Argumentation in Early Greek Thought* (1966), 233–234.

泰勒斯的继承人阿那克西曼德（Anaximander）也持同样的观点，他说，创造的动力来自毫无差别的原初实体本身。"阿派朗"（apeiron，"无定者"）本身是不朽和不死的，而"不朽"和"不死"乃是奥林波斯神明的标准雅号，因而"阿派朗"本身也就是"神圣者"。① 这种形式的宇宙生成论意味着要走向一神论，并且是一种非人格化的一神论。

然而，阿那克西曼德仍然用 Dike[正义]之类的字眼来谈论宇宙秩序。他写道：

> 存在物毁灭的原因[80]与它们存在的原因完全相同，那都是按照必然性而来。因为存在物根据时间的评估而相互为对方的不义施加惩罚和报复。②

我们已经说过，在希罗多德这样的作家看来，宙斯会因为凡人相互冒犯而惩罚他们，这个道理就意味着，凡人身上前后相续的罪与罚必定会形成一种范式，这种范式往往太过复杂，凡夫俗子在大多数情况下都搞不清楚。的确，即便在荷马史诗中，宙斯对凡人有何意图实在隐微难测，就已经是一个板上钉钉的事实。阿那克西曼德则把这种错综复杂的罪罚范式，从人的命运扩展到宇宙内万物的命运上。

[原为脚注]德弗罗（Devereux）是想到了 Durkheim 的观点，即人们对于世

---

① See 12 VS frs. 2–3.
② 12 VS fr. 1。[译按]现有中文本译作："对于诸存在物生成出自于其中的，也就有毁灭归于它们，按照必然性；因为它们向彼此交付不正义的赔付和补偿，按照时间的安排。"见《前苏格拉底哲人》，聂敏里译，上海：华东师范大学出版社，2014，页163–164。

界和超自然存在的看法,其实是他所在社会以及自我意象的投射。劳埃德(G. E. R. Lloyd)在《归向与类比:早期希腊思想中的两种论证方式》(页213)中写道:

> 阿那克西曼德所说的不是乾纲独断的君王(比如在荷马和赫西俄德那里就是宙斯)的"至高权力",而是"律法之治"(rule of law),它用以规范"所有地位都相等"的一些人。

我不明白劳埃德怎么知道这些人"所有地位都相等"。在我看来,有些人就比另外的人似乎拥有更多time[荣誉]。而且我也没有看出来,他怎么就知道"时间"这位"评估者"被比作"礼法",而不是被比作执行礼法的君主。劳埃德在其著作的第四章对社会意象和政治意象的用途作了有趣的讨论,但在我看来,他似乎过度利用了"一位任性统治者的武断决定"(例如宙斯;参见页224)与后来的无人格性正义这一政治概念之间的区别。例如,劳埃德写道:"公元前6世纪的社会剧变,当然反映在赫拉克利特关于战争与冲突极为普遍这一观念中。"但我一直以为,战争和冲突在人类生活的所有阶段都非常普遍,因而赫拉克利特自己那个时代的背景并没有什么特殊的相关性。即便在《伊利亚特》中,宙斯的权力虽然以至高无上的强力为基础,但他也是按照某种礼法来统治。

Lloyd, *MRE* 33写到,阿那克西曼德的辑语"可以很一般性地,当然也肯定正确地解释为,通过正义的司法隐喻,以及因错误行为而赔偿,传达出一种世界秩序的观念。而如果那是正确的,阿那克西曼德对自然现象也许已经有了这样的观念:自然现象整体上从属于确定性的自然原因"。Lloyd在同一页的注释112还引用了更多讨论该辑语的二手文献。

宙斯在时间中惩罚人对他人所行的所有不义。梭伦吁求大地之神亲自"在时间的法庭上"为他的公道作证时,心里所想的就是这样的观念。① 阿那克西曼德也认为时间就是法官,它以宇宙大法

---

① Fr. 24.3。耶格尔认为,梭伦强调神圣的正义通过自然程序起作用,而不是通过神明对自然进程的干预起作用,这一点很重要,*S. B. Berlin* (1926), 78f = *Scripta Minora* (1960), I 315f = *Five Essays* (1966), 77f。另参G. Vlastos, *Cl.*

来决定人们相互应受的惩罚。①

阿那克西曼德认为宇宙受Dike[正义]统治,其首要的意义在于它意味着宇宙万物都受因果律支配,② 前苏格拉底时期的所有哲人都追随他而采纳了这一信念。我们所说的这个信念绝非普遍认可的,即便晚至公元前5世纪下半叶也不是公认的信念。那时有人写了一本希波克拉底式的小册子,讲所谓"神圣的疾病",认为有必要警惕所有从事巫术的人以及搞幻术的人。③ 该作者坚决认为,并没有哪一种疾病比另一种疾病更加神圣或更不神圣,这其实是在坚

Phil., 41(1946), 65f. 然而,早期作家根本就没有区分过自然进程和这样的"干预"与诸如瘟疫和饥荒之类的自然过程。诚然,梭伦和后来的作家越来越强调神圣的正义通过凡人自己的行为起作用,但这种强调不过推进了史诗中早已有之的倾向而已,根本就不像这些作家所假定的那样,涉及到与过去的如此彻底的决裂。前苏格拉底哲人所使用的"政治意象"不是取材于当时的政治现实,而毋宁说来自宗教,后者从非常早的时候就在使用某种政治意象(参上文页6–7)。

① Vlastos, *Cl. Phil.*, 42(1947), 174 认为,阿那克西曼德及其继承者已经把正义作了自然化处理。他写道:"正义不再是难以捉摸的moira[命份],受制于武断的强力,产生不可预料的结果,正义也不再是Dike[正义女神],足够道德、足够理性却虚弱而靠不住。相反,她现在是那种自身也有无法逃避的自然法则的东西了。"在我看来,Moira[命运女神]在早期并不像弗拉斯托斯说的那样神秘难测,而Dike[正义女神]也不像他所以为的那样脆弱不堪,其中的变化也相应地不是那么突然。

② C. H. Kahn很好地说明了这一点, *Anaximander and the Origins of Greek Cosmology* (1960)。

③ 尤见2–4章(W. H. S. Jones, *Hippocrates* II, Loeb Library, 140f.);参Giuliana Lanata, "Medicina Magica e Religione Popolare in Grecia fino all' Età de Ippocrate," 1967。该书中"神圣"一词的含义,参H. W. Miller, *TAPA*, 84(1958), 2, n. 4。

称同一位 Dike［正义］统治着整个宇宙。^① 这一点可由希波克拉底学派早期著作所用的术语得到证实：肢体的正常状态就是"它的正义本性",^② 把扭曲的肢体恢复到正常状态的手术就是"正义的手术",^③ 还有,正确的处置方法"像正义法律那样确定无疑"。^④

公元前5世纪后期的医生们要捍卫这条原则——该原则对于医学和其他科学的发展至关重要——以对抗那些专门玩弄奇迹的对手,所以就沿用了从公元前6世纪伊奥尼亚哲人那里继承而来的学说。但这种学说的源头［81］可以追溯到荷马史诗。诚然,史诗中仍有巫术活动,尤其有医师所为,但我们发现史诗中也有某种检查机制,使诗中避免提到巫术、玷污以及荷马史诗之后很久还被人广为信奉的其他原始信仰。在荷马史诗中,每件事情都同时靠神明的作用和凡人的作用来决定,就此而言,荷马笔下的宇宙是个一元化的宇宙,由同一个处在宙斯麾下的 Dike［正义］所掌管。史诗诗人倾向于消除怪力乱神,这表明他们已经意识到这个原则,^⑤ 而后来的哲人和医生则有意识地掌握并清楚阐述了这一原则。

克塞诺芬尼(Xenophanes)比阿那克西曼德年轻,但显然是同

---

① Wilhelm Nestle, *Hermes*, 73(1938), 8 = *Griechische Studien*(1948), 526 指出,"对他来说,神圣者就是自然过程本身"。因而对于《论气、水与地方》(*περὶ ἀέρων ὑδάτων τόπων*) 的作者来说,所有的 *πάϑεα*［苦痛、遭遇］都同样是属人的,也都同样是神圣的(74.14f.);参 H. Diller, *Philologus*, Suppl. 26, Heft 3(1934), 55, 另参 G. Vlastos, *Phil. Rev.*, 54(1945), 581。

② *περὶ ἀγμῶν* ch. 1 (Jones, *op. cit.*, III, 94); cf. ch. 37 (*op. cit.*, 182).

③ *περὶ ἀγμῶν* ch. 7 (Jones, *op. cit.*, 112); cf. *περὶ ἀγμῶν* ch. 62 (Jones, *op. cit.*, 350).

④ *περὶ ἀγμῶν* ch. 7.

⑤ 见 Jaspers Griffin, *Homer on Life and Death* (1980), 165f。

代人,他最先指出了早期宇宙论思想中的一神论含义。最近有人指出,阿那克西曼德的体系中不乏伊朗人影响的痕迹,① 而克塞诺芬尼是在波斯统治下的小亚细亚地区长大,也许与希罗多德一样,对波斯的一神论有着良好的印象。克塞诺芬尼相信"一位伟大的神明……在外形上或思想上都与凡夫俗子不同",这位神明"完全不动,以自己的心智统管万物"。② 亚里士多德认为这位神明被想象成在范围上与宇宙相同,就像后来的帕默尼德(Parmenides,又译"巴门尼德")及其后继者所认为的那样,③ 但这种看法几乎不可能正确。④ 像阿那克西曼德那样的宇宙生成论一旦出现,想象出这样一种神明是很自然的事。克塞诺芬尼嘲讽习俗中对神明的表述,指出蛮夷的神明长得就像蛮夷,而动物的神明——如果动物也有神明的话——就会像动物一样。⑤ 一个抽象而独一的神明必然已获得完满性(辑语23–26),而具备这种完满性后也就丧失了个体性。人们

---

① 参Burkert, *Rh. Mus.*, 106(1961)([译按]没有查到此文,年份、卷号和页码都对不上,作者在其他杂志上发表的文章也与此不符);但请注意,霍尔谢(Hölscher)对此有所保留,参氏著《起源问题》, *op. cit.*, 85, n. 244。

② 21 *VS* fr. 23, fr. 25。[译按]聂敏里译作:"一神,在神和人中是最伟大的,在身体和思想上都不类似于有死者。总是待在同一个地方不运动,对于他在不同时候不同地方来回并不适合,而是远离辛劳以心思摇动万物。"见《前苏格拉底哲人》,前揭,页253。

③ 颇为重要的是,帕默尼德把Dike以及Ananke这样的名称赋予那位掌管白昼和黑夜之路的钥匙的女神,而且这位女神在他的诸神体系中具有核心地位;参28 *VS* 1 B, 9f;另参同前, fr. 37 A以及在那里引用的其他辑语。W. Burkert, *Pronesis* 14(1969), 1f 已指出,帕默尼德在自己的诗歌中用上了标准的神话,没有私下杜撰什么东西;尤其见页10–11以及Guthrie, *HGP* II, 346。

④ See Kirk and Raven, *op. cit.*, 171–172.

⑤ 21 *VS* fr. 15, fr. 16.

再也无法理解那种古老的信仰,即,神明过的日子也要受某种规则统管,只不过那种规则与管理人的规则不同。① 所以,克塞诺芬尼发现,荷马与赫西俄德所讲述的大量神话都不适合展现神明的尊严,因而他抱怨神明都被说成了窃贼、通奸者和骗子。②

我丝毫无意否认克塞诺芬尼可能受过琐罗亚斯德教(Zoroastrian)[82]的影响,但即便有这样的影响,其神学的诸多特征在荷马史诗中也已开始萌芽。诚然,在荷马史诗中,神明对凡间事物的影响主要通过身体行为,或者通过对有死者发布命令,尽管更多的时候是把某种想法灌输到有死者的心灵中。然而,宙斯高踞于其他神明之上,也就是占据着比其他神明更高的地位,在战斗中,其他所有的神联手也远不是宙斯的对手。③ 尽管其他神明想方设法挫败宙斯,甚至偶尔也能得逞,但一般来说宙斯总会胜出。哪怕在《伊利亚特》中,宙斯也与其他所有神明都不可相提并论,一般说来都是他在决定着事物的进程。《伊利亚特》一开头就告知我们,宙斯的目的和意图都实现了(《伊利亚特》1.5)。阿喀琉斯与阿伽门农和解后,发现了宙斯在所发生之事上的影响,这是对的,因为宙斯已经事先吩咐过赫拉要如何完成他自己的目的。宙斯这种压倒一切的权力,不仅仅在于他压倒性的身体力量,诗人尽管没有直接表达那个相对而言更为复杂的"全能"观念,但他实际上已表明他知道

---

① 参Otto, GG^3, 237–239; cf. idem, Gestalt und Sein, 124。德弗罗写道:"神明具备完满性,因而就失去了所有的个体性,而另一种把完满性赋予神明的做法,实际上就是另一个通向无神论的步骤。"参氏著, "Mad Gods" in Studi e Materiali di Storia delle Religioni。

② 21 VS fr. 11.

③ 尤参宙斯在《伊利亚特》8.18–19的话。

这个观念。

当然,宙斯的很多行为都符合古代神人同形说的套路,但宙斯与其他神明不同的地方在于,他不必离开宝座就能控制事情。[1] 就像克塞诺芬尼笔下的神明一样,宙斯可说是用自己头脑中的思想来统管万物。《奥德赛》中的宙斯则更加强大有力,雅典娜就是以宙斯的名义,并借助宙斯的力量掌控了史诗情节的整体发展。西蒙尼德斯的一首诗开篇如下,"孩子啊,宙斯有权力决定任何事情,还可随心所欲处置它们"(辑语1.1以下),他笔下的宙斯丝毫没有超越荷马笔下的宙斯。

赫西俄德说,宙斯眼观万物,洞悉一切,但他又说,三万个负责观察凡人的精灵向他汇报凡人的恶行(《劳作与时日》行266,255以下)。这是两种不同的描述方式,但都赋予宙斯以遍察万物的能力,这种能力是全能者的共同特性。赫西俄德在某一处可以说宙斯如何被普罗米修斯所欺骗,而在另一处又可以说宙斯绝不会上当受骗。[2] 有人争辩说,这首史诗的两个不同层面为两个不同的作者所写,理解宙斯的方式必然不同,[83]但这并没有解决掉这个明显的矛盾。不如说,早期希腊的宙斯观赋予宙斯以超越凡人之外的其他行为和性质,同时又赋予他很多凡人才有的行为和性质,而在早期时代,这个明显的矛盾刚刚开始引起了人的迷惑。

赫拉克利特永恒的"火"等同于"智慧的一"(the one wise),[3] 同时存在于世界之内和世界之外。它等同于"逻格斯"(Logos),后

---

[1] 参上文第一章。

[2] *Works and Days*, 48;相反的说法见 *Works and Days*, 105, *Theogony*, 613。

[3] See G. S. Kirk, *Heraclitus: The Cosmic Fragments* (1954), 392f.

者把世界的各个组成部分凝成一体(同上,307f.),但内在于世界中的那种"火"仅仅是神火的一小部分,而神火属于以太(aither)。如此,赫拉克利特对"神圣"的看法,就与多神论和神人同形论不同,所以他常常批评与这些态度相联系的古传信仰。这种倾向解释了他为什么蔑视早期诗人和思想家。[①] 赫拉克利特认为,通过流更多的血来净化流血事件,太荒谬无理(5=86)。他说,人们以一种不神圣的方式来行奥秘之事(14=87)。他批评当时普遍接受的厚葬观念(96=76)、批评梦境的所谓真实、[②] 批评偶像崇拜(5=86)。他对从事巫术活动的人毫不客气,[③] 对他那个世纪盛行的狄俄尼索斯崇拜冷嘲热讽(15=50)。从这个意义上来说,赫拉克利特可以视作对所谓的"希腊启蒙运动"大有贡献的人,但这么评价绝未充分体现他思想态度中的所有方面。

赫拉克利特似乎丝毫不反对宗教仪程,"智慧的一,既愿意又不愿人以宙斯之名称之"(32=84)。他的神明与宙斯一样,超绝于万物之上,靠暴力来统治,"每一种动物都要靠重击才能牧养"(11=80),所有东西都要靠雷电才能掌控(64=79),而雷电在传统上乃是宙斯的标志。赫拉克利特仅有一次提到德尔斐神谕,看上去还算恭敬(93=14)。Dike[正义]正如在阿那克西曼德笔下一样,代表"世界秩序",也如同在荷马那里一样,正义女神受厄里倪厄斯(复仇女神)保护(52=94)。如同在《伊利亚特》中厄里倪厄斯制止神马克珊托

---

① 例如,对荷马的蔑视(22 *VS* 42-=30 Marcovich),对赫西俄德的蔑视(40=16,57=43),对阿基洛科斯的蔑视(40=30),对毕达哥拉斯的蔑视(40=16,81=18,129=17),对克塞诺芬尼和赫卡泰奥斯的蔑视(40=16)。

② See Kirk, *op. cit.*, 44.

③ 22 *VS* 14 A;但这条辑语很可能是伪作(参 Marcovich, p. 465)。

斯开口说人话,在赫拉克利特笔下,厄里倪厄斯也制止"太阳"偏离自己的正道。赫拉克利特与赫西俄德正好相反,他把Dike[正义]等同于纷争,即Eris女神(80=28),她靠相反东西的永恒冲突而得以维系。我们已经碰到了[84]很多复杂链条的观念,这些链条把早期的不义与后来的报复连接起来。而赫拉克利特说,对人而言,有的东西似乎不义,而有的似乎正义,但对神明来说,一切都是公平而正义的(102=91)。必须扑灭Hybris[肆心],甚于扑灭一场大火(43=102;另参31=85),Hybris[肆心]当然就是Dike[正义]的对立面。人法受神法养育(114=23),就好比在荷马史诗中,themistes[神法]由宙斯赋予君王。

赫拉克利特与早期诗人一样,常常强调人的无知。凡人天生就缺乏gnomai[判断标准]——这是一种关于对错的知识,可以命令人们做出正确的行为;神明则天生就不缺乏这种东西(78=90)。凡人因激情而盲目;凡人很难与自己的thymos[心]相抗争,因为thymos[心]若要想得到什么,会拼上全部的生命力量。① 所有这些说法完全适用于《伊利亚特》。但赫拉克利特写到,各人的性格就是他的daimon[命相神灵],即某种神明或他命运的分派者(119=94),如此看来,他不是一位引人注目的创新者吗?但即便在《伊利亚特》中,daimon这种对凡人产生影响的神明,也是通过人的思想和感情来行事,人也被认为要对自己的决定负责。在赫拉克利特看来,凡人犯错是因为他们没有能力领会逻格斯(Logos),② 逻

---

① 85=70。《伊利亚特》中的阿伽门农"顺从自己的thymos",所以犯错,涅斯托尔如是说(9.109–110);阿喀琉斯也是如此(《伊利亚特》9.496、629、636–637)。

② 1=1(see Kirk, *op. cit.*, 43f.); 2=23(see *ibid.*, 57f.)。

格斯掌握着通向Dike[正义]的钥匙,后者既是正义也是宇宙秩序。这个Logos在某种意义上则等同于宙斯。① 当然,我的意思并不是说,Logos在赫拉克利特那里就比Dike更低,因为Logos在他那里乃是核心概念。

很显然,这位最早的哲人在处理伦理学和政治时,采用了一种与荷马非常接近的神圣正义观以及凡人有错论。相应地,他的价值观念也是荷马式的。最杰出之士(aristoi)选择追求一样东西胜于其他所有东西,那就是在有死者中享有永恒的名声,而大众则像野兽一样耽于自我满足(29=95)。在赫拉克利特看来,一个优秀的人抵得上万夫。神明和凡人都尊荣那些死在战场上的人(24=96)。大众皆坏,好人几稀(104=101)。无论赫拉克利特对传统神学持多强烈的批判态度,他都坚定地固守着传统的社会价值。

曾经有一种老生常谈,说埃斯库罗斯肃剧中的宙斯观,受到了我们此处正在讨论的早期哲人一神论倾向的实质性影响。有些学者认为,[85]一旦承认埃斯库罗斯对宙斯的刻画不完全是神人同形论,并承认他笔下的宙斯无需劳动身体就能对事件产生影响,就会得出这样的结论:他笔下的宙斯与早期作家笔下的宙斯有着根本性的区别。② 然而我已经指出,宙斯的这些特征都能够在早至《伊利亚特》的著作中找到。

据称,在埃斯库罗斯笔下,宙斯比在任何早期诗人那里都更具有对其他神明的支配地位。当然,埃斯库罗斯笔下的宙斯决定着事务的总体进程,当然,在埃斯库罗斯这位作者笔下,宙斯作为正义之

---

① See Kirk, *op. cit.*, 188f.

② L. Golden, *In Praise of Prometheus* (1966), ch. v *passim*。作者极为看重这个论点。

法的保护者具有特殊的重要性,但是,早在《伊利亚特》中,宙斯也已经在决定着事务的进程了。宙斯在赫西俄德笔下作为正义的保护者显然至为重要,但宙斯在《奥德赛》中具有同样的意义也差不多是显而易见的事。在《伊利亚特》中宙斯这方面的意义虽不那么明显,但仍然是很确定的。同样足够清楚的是,在埃斯库罗斯笔下,其他神明也像宙斯那样在故事情节中起到了有效的作用。"达那奥斯之女三部曲"(Danaid trilogy)中的阿芙洛狄忒,"忒拜三部曲"和《奥瑞斯特亚》(按即"奥瑞斯特斯的故事",或"奥瑞斯特斯三部曲")中的阿波罗,《欧墨尼得斯》中的雅典娜,以及《吕库尔戈斯之歌》(Lycurgeia)中的阿波罗和狄俄尼索斯,对情节发展的影响也都绝对不小。

对于那些相信埃斯库罗斯开创了某种新型一神论,并提出以上两条论据的人,我们就谈到这里。关于一些不重要的论据还要说上一两句。《阿伽门农》歌队在进场歌中如此咏道:

> 不管宙斯究竟是谁,只要他喜欢被人叫成这个名字,我就用这个名字来称呼他。(160 以下)

我们很久以前就知道,人在向神明祈求时,会确保自己不因称错了神的名而得罪神明或吸引不到神明的注意,此乃相当久远的宗教习俗,上面的表述就是这样来的。[①] 在上述这段引文的背景下,使用这种呼求还有更进一步的效果,那就是强调正在向之祈求的那位无所不能的大神具有神秘莫测的特性,并以此给神留下一种谦卑的

[①] 参见弗伦克尔(Eduard Fraenkel)的解释,见他对该处的注疏(II 99f.);另参 Eduard Norden, *Agnostos Theos*, 144f。

印象。没有任何东西强迫我们去认为,这里是要叫我们想起赫拉克利特的那句也许正呼应了上面引文的表达——赫拉克利特在那句名言中表示了怀疑:"宙斯"究竟是不是他自己体系中那位独一之神的恰当名称(32=84)。此外,歌队接下来依次列举古代继承神话,即人们从赫西俄德那里知道的关于[86]乌拉诺斯(Uranus)、克洛诺斯和宙斯的继承神话,其方式也绝不表示是要我们想到现代人的种种推测。亚历山大里亚的克雷芒(Clement of Alexandria)过分强调了这条从埃斯库罗斯《太阳神的女儿们》(*Heliades*)中引用的著名"泛神论"辑语:

> 宙斯就是以太,宙斯是地,宙斯是天;我要说,宙斯就是万物,而且无论是啥,都比这些东西高级。(辑语105,梅特编本)①

在帕默尼德以及后来的作家那里,这位至高无上的大神都内在于万物之中,但若认为这一教义在此处受到质疑,就太过草率了。在埃斯库罗斯那里,正如在荷马笔下一样,宙斯比所有其他神明地位都高,因此,埃斯库罗斯在表达这一点的时候,说到宙斯在其自身位格上相当于高高的气、地和天,就算不得反常。地和天是宇宙三个部分中的两个,而据荷马和赫西俄德,宇宙三分恰恰是宙斯和他的两位兄长所为。不过这里强调的是宙斯的至高无上,正如"更高"(ὑπέρτερον)一词明白所示。

我们几乎不必费神,就能注意到那些古人在努力运用语词上微妙的相似性,比如埃斯库罗斯说,"智慧者就是那种具备有用知识而

---

① See W. Burkert, *Die griechische Religion der archaischen und klassische Epoche* (1977), 27.

非拥有很多知识的人"(辑语667,梅特编本),而赫拉克利特则说,博学并不使人理智。① 有些人认为,重要的是要意识到埃斯库罗斯和赫拉克利特都对矛盾和词源很感兴趣,因为他们的同时代人对这些东西也感兴趣,对这些人我们也不必回答。如果说埃斯库罗斯了解诸如克塞诺芬尼和赫拉克利特之类的新潮思想家,那他也坚决不让自己用这方面的知识去搅扰他的观众。真正对他产生过重要影响的作家,同时也对他的同胞梭伦产生过影响的作家,乃是荷马和赫西俄德。

埃斯库罗斯从赫西俄德那里继承了关于宙斯和Dike[正义]的学说,该学说虽然是在赫西俄德那里充分铺展开来的,但在《伊利亚特》中已现端倪,并在《奥德赛》中清楚展现。② 这种学说也能在梭伦那里找到,而埃斯库罗斯必定知道梭伦的著作。考虑到埃斯库罗斯的著作传到我们手上的实在太少了——他的九十部剧作传到我们这里时只有七部了,其中两部还残缺不全,实在令人扼腕,另外还有大量的辑语——我们必须时时小心,不要太过自负地作什么概括。但我还是相信,从这些传世作品中,可以拼凑出一种或多或少首尾一贯的神学来。拦阻这一信念的主要障碍[87]在于《普罗米修斯》三部曲,本章余下部分主要来讨论它。

---

① 22 *VS* fr. 40=16。M. B. Gladigow发现这些作者之间有紧密的联系,见氏著"Aischylos und Heraklit", *Archiv für Geschichte der Philosophie*, n.s. 44(1962), 225f。用他这种方法就可以证明一切。即便W. Rösler, *Reflexe vorsokratischen Denkens bei Aischylos*(Beiträge zur klassischen Philologie, ed. R. Merkelbach, Heft 37, 1970)论证得极为谨慎,也没能说服我相信有任何确定的证据说明埃斯库罗斯受到哲人们深刻的影响。

② See Friedrich Solmsen, *Hesiod and Aeschylus* (1949).

宇宙中至高无上的神明就是宙斯，其他神明虽然强大，但一般说来都是宙斯在决定着事务的方式。宙斯是Dike[正义]的保护者，而后者乃是宇宙的秩序。首先，这意味着宙斯会捍卫自己的统治，防止其他神明的任何挑战。普罗米修斯提到宙斯时说"Dike[正义]操控在他手中"，①这个语气与赫西俄德说Dike[正义]端坐在宙斯宝座旁边(《劳作与时日》行159)有所区别。其次，上述信条还意味着宙斯维护着凡间的正义。如果凡人挑战宙斯的规条，宙斯就会惩罚他们。但宙斯赋予凡人"强行赐予的恩典"(《阿伽门农》行183)，这主要体现在他对凡人相互行不义的惩罚上。如果一个人侵害了另一个人，宙斯的女儿就会把此事记录在她们父亲的账簿上，②宙斯迟早肯定会惩罚此人，要么惩罚他本人，要么惩罚他的后人。这种信仰还提到冥府中对罪孽的惩罚，我们先不要认为这一说法很可能是受了"俄耳甫斯教"的影响，而应该先想到，《伊利亚特》中也表达了同样的信仰。③

埃斯库罗斯坚决认为，宙斯不会惩罚无辜者(《阿伽门农》行750以下)。虽然惩罚更多的时候落在有权有势之人头上，而不是落在贫贱之辈身上，但那是因为大人先生们更容易受到诱惑，因为权势和财富本身并不会招致神明的妒忌。在《尼奥柏》(*Niobe*)中有一个发言人说，宙斯如果全心全意要毁灭一个家庭，就会在有死

---

① *P. V.*, 187。[译按]罗念生译作"法律又操在他手中"，王焕生译作"认为自己的意志就是法律"。

② Fr. 530 Mette; see p. 99 below.

③ *Il.* 3.278f. 19.250f; see Dodds, *GI*, 137, n. 10, p. 158 and Nilsson, *GGR* I², 677, n. 4.

者身上引发罪孽,① 但这并不意味着宙斯是随心所欲作出这样的决定。毋宁说,宙斯之所以毁掉一个家庭,仅仅是因为这个家庭的某些成员已经犯下了滔天罪行。

人们观察到宙斯的律法真在起作用时,也许就学会了慎思明辨(sophronein)或思考(phronein,《阿伽门农》行180)。只有这种观察者而非受害者才能从教训中获益。埃斯库罗斯的这种观点,与赫拉克利特所谓"每一种动物都要靠重击才能牧养"(11=80)十分相似,有些人认为这似乎就是证据,说明埃斯库罗斯走向了赫拉克利特。[88]但毋宁说,那只是表明两人都拥有同一种信念,而这种信念在他们之前的荷马和赫西俄德那里已经有了。宙斯的目的对有死者来说太过高深莫测,所以人们只能根据经验来思考过去,并找出正义的法律如何起作用的蛛丝马迹。

我们现在来考察一下,埃斯库罗斯究竟采用了什么样的方式,让自己所讲的故事去符合刚才所描述的神学。在埃斯库罗斯的戏剧中,最能表明他把宙斯的正义法则运用到某个特定故事中去的,就是他流传下来的最早的肃剧《波斯人》。这部剧作是他传到我们手上唯一独立成篇的肃剧;而且,虽然我们不知道佛律尼科斯(Phrynichus)以前是如何处理同样素材的,但在这里,我们却并不像在其他作品的情况下那样,由于不知以前的人是如何处理同一材料的,就在理解上受到那么大妨碍。诗人在这部剧作中讲述了最近历史上发生的事情,而且用自己的宇宙观所提供的光谱去洞察该事

---

① Fr. 273.15–16。由于能够读到这处引文的原文语境,所以我们可以知道柏拉图对埃斯库罗斯有多么不公平(《王制》380a)。弗伦克尔说,"但柏拉图从来就没有想过要公正对待埃斯库罗斯",参 Fraenkel, *Proc. Brit. Acad.*, 28 (1941), 5。

件。强行让材料去适应媒介会造成扭曲,而这种扭曲恰恰能够说明该媒介的性质。①

埃斯库罗斯与希罗多德一样,都把薛西斯的失败视为宙斯和Dike[正义]对他Hybris[肆心]的惩罚。② 希罗多德也许知道《波斯人》,我们大可以想象他也受了《波斯人》的影响,但只有那种以为没有"影响"就什么也不可能产生的人,才会坚持认为两人在叙述上的相似性必定是因为模仿。他们两人都用那个时代共有的宗教观来看待公元前480/479年的这场战斗,岂非再自然不过?

埃斯库罗斯从一开始就强调波斯的巨大权势与财富。这是宙斯亲自赐给波斯人的东西,只有宙斯高兴,这些东西才保得住(行94以下;另参762以下)。假如宙斯打算从他们夺去这些,那么没有哪个凡夫俗子足够强大,可以挡住神明的欺骗,躲过Ate[迷狂祸害]在他前进道路上铺开的网罟(109以下)。波斯人的勇气也如他们的权势一样,得到了充分的强调,其目的是着重突出Hybris[肆心]的后果。尽管埃斯库罗斯特别强调波斯人在赫勒海峡架桥以及毁掉神庙(745,809–811),但这些事本身并不是为了解释Hybris[肆心]的后果而对肆心的充分展现。埃斯库罗斯觉得有责任把波斯人[89]对希腊的入侵,表现成是侵犯了神明为有死者制定的界限。为了达到这种效果,他让这位国王已逝父亲的鬼魂苦口婆心地解释了宙斯会确定势力范围这个道理,也是大流士亲口命令薛西斯要服从的道理(尤参782以下和790以下)。埃斯库罗斯的观众中至少有

---

① 我欣喜地发现R. P. Winnington-Ingram, *JHS* 93(1973)210f 对《波斯人》的处理与我极为相似。

② 在《波斯人》中,鬼魂的最后言辞把这一点表达得很清楚,821–822;另参808、827以下。

一些人必定晓得历史事实并非如此,因为大流士本人发动了(对希腊的)远征,并在马拉松战役中被打败,而据希罗多德所载,大流士一直对此耿耿于怀,从来没有放弃复仇的念头。但此处为了情节所需,大流士必须扮演明智忠告者的角色,后来的事情足可证明这一点;他的智慧必须与其儿子的愚蠢形成对照。

薛西斯的失败,就是Ate[迷狂祸害]功能的典型表现,而我们在早至《伊利亚特》的文献中已然知道这一点。不管诗人是否想盛赞忒米斯托克勒斯,他派西金诺斯(Sicinnus)给薛西斯送去灾难性的建议,让后者驶进萨拉米斯湾,这个情节是绝妙地考虑过的,是为了服务于埃斯库罗斯的目的。这个故事也可以视作报仇神(alastor)或某个邪恶精灵的显圣(《波斯人》行353以下),就像在《奥瑞斯特亚》中,海伦和她的姐妹克吕泰墨涅斯特拉(Clytemnestra)被说成宙斯派到人间的工具,要实现宙斯毁灭人的目的。这里的情节还要求极度夸大波斯人的溃败程度。① 正如失败者的力量往往被夸大其词,类似地,这里的情节设计必定也有部分是出于爱国情感。第三合唱歌对雅典帝国转弯抹角的赞颂无疑证实了这一点,② 但它的作用还在于加强戏剧效果,突出它所蕴含的教训。

我们现在来考察正义在埃斯库罗斯其他剧作中的作用,我们已经为这一讨论做好准备了。埃斯库罗斯喜欢以戏剧化的方式来表现个人之间、人神之间或原则之间的冲突,他倾向于选择那些包含

---

① H. D. Broadhead在注释《波斯人》时没有用上拉提摩尔(Richmond Lattimore)对这个问题的重要讨论,所以需要特别强调一下这个事实,见 *Classical Studies in Honor of W. A. Oldfather*, Univ. of Illinois(1943),82f。

② 852f; see A. H. Coxon, *Cl. Quart.*, 8(1958),50.

了这类冲突的主题。

埃斯库罗斯在与阿喀琉斯相关的三部曲里,并不惮于去碰触《伊利亚特》中的核心主题,接下来我们甚至会看到,他也不惮于用一种与荷马非常相似的方式来呈现这个道德问题。[①] 就算埃斯库罗斯并没有像阿忒奈俄斯(Athenaeus)断言的那样,把自己的肃剧说成是"荷马伟大盛宴的残羹冷炙",[②] [90] 他笔下的故事也揭示了真实。在这个三部曲中,埃斯库罗斯讲述了忒拉克国王吕库尔戈斯为什么拒绝引入狄俄尼索斯崇拜,因而被神明惩罚的故事,这似乎让新的狄俄尼索斯崇拜与传统的阿波罗崇拜之间产生了戏剧化的冲突。我们可以想象,这两兄弟都是宙斯的儿子,因此两种崇拜所产生的冲突最终必定会得到调停。[③] 在《乞援人》中,达那奥斯的女儿们宣布正义在她们这一方,而且她们相信,宙斯作为她们的祖先,必定会实现她们所祈祷的事情。似乎可以肯定,她们讨厌自己那些堂兄,也就是埃吉普托斯的儿子们(Aegyptiads),但这不能证明她们就有理由厌恶一般而言的所有婚姻,她们杀掉林扣斯(Lynceus)之外的所有堂兄弟,这必须有所偿还。

忒拜三部曲以关于拉伊俄斯即俄狄浦斯父亲的一部戏为开端。在埃斯库罗斯笔下,宙斯从来没有惩罚过无罪的人,而且正如我后面要论证的,拉伊俄斯必定曾干过伤天害理的事情,所以阿波罗才警告他说,他只有断子绝孙才能保住他的城邦。三部曲中的第二部

---

① 见 Schadewaldt, *Hermes*, 71(1936), 25f.([译按]疑为《论萨福》,但页码对不上,很可能是作者此处页码录入有误)= *Hellas und Hesperien*[2] (1970), I 308f.

② Athenaeus VIII (Δειπνοσοφισταί, *Deipnosophistae*), 8.347 E.

③ See Deichgräer, *GGN* (1938/39), 231f.

《俄狄浦斯王》,必定讲明了俄狄浦斯如何从其父那里继承了那个诅咒,而他又亲口诅咒了自己的两个儿子。第三部也是唯一幸存下来的剧作充分利用了厄特俄克勒斯(Eteocles)双重身份之间的对比,他一方面是自己母邦英雄般的守卫者,抗击他邪恶的哥哥引来的阿尔戈斯敌人,另一方面又是俄狄浦斯的儿子,注定要受到父亲的诅咒,一点也不亚于哥哥波吕涅克斯(Polynices,[译按]又作Polyneices)。两兄弟最终都命丧黄泉,没有一丝慰藉的光线来照亮那围绕着俄狄浦斯全家被灭绝的幽暗。

阿伽门农的命运在故事情节展开之前很久,就已被施加于乃父阿特柔斯的诅咒所决定了。① 阿特柔斯惩罚了提厄斯特斯(Thyestes),用提厄斯特斯自己儿子的肉来招待他,就因为提厄斯特斯不满他占据阿尔戈斯的王位。这部剧的前三分之二都没有直接提到这件事情,但又不断地暗示这个王室过去有某种不祥的秘密,该秘密最终被外国人卡珊德拉捅穿了,一开始克吕泰墨涅斯特拉还以为这个卡珊德拉不懂希腊语。阿伽门农发动伟大的远征以惩罚有罪的特洛亚人,却在[91]一开始就碰到了可怕的困境。阿尔忒弥斯也是站在特洛亚那方的神明,对注定要洗劫特洛亚的那支军队满怀敌意,她送来大风,滞留住奥利斯港内的舰队,除非阿伽门农拿自己的女儿来献祭。② 阿伽门农几乎无法拒绝这种牺牲,因为远征航行乃是宙斯的意志,而只有奉上了那个祭品,远征大军才

---

① 见Lloyd-Jones, "The Guilt of Agamemnon," *Cl. Quart.*, 12(1962), 187f。我很久以前就撤回了自己在 *CQ* 9(1959), 87f 中说的话;参L. Golden. *In Praise of Prometheus* (1966), 59, n. 25。

② 我对阿尔忒弥斯的作用有所修正,见拙文"Artemis and Iphigeneia", *JHS* 103(1983)。见Macleod的文章 "Politics and the Oresteia", *JHS* 102(1982) 210f。

能起航,但这种献祭却是令人恐怖的大罪。宙斯为什么要让阿伽门农,这位对特洛亚人实施正义报复的统帅,面临如此选择呢?就因为阿伽门农是罪人阿特柔斯的儿子。阿伽门农杀掉了自己的女儿,招来妻子欲置之死地的仇恨,妻子就把提厄斯特斯幸存的儿子搞成了自己的情人,阿伽门农从特罗亚归来后,这两人就对他实施了复仇行动。

克吕泰墨涅斯特拉和埃吉斯托斯都被刻画成冷酷无情的狠角色。阿伽门农本人与厄特俄克勒斯一样都有两面性:一方面必须把他看成高贵的国王和勇士,另一方面,又必须看到他也是受诅咒的阿特柔斯的儿子。因为有了那个诅咒,Ate[迷狂祸害]完全可以夺走阿伽门农的判断力,就好像他决定牺牲自己女儿的时候,以及他允许残忍屠杀特洛亚人并毁掉他们的神庙时Ate所做的那样。所以,阿伽门农遭人谋杀这件事并非不义,但凶手也必须想到,这个家族的诅咒可谓风水轮流转,最终他们自己也会遭到毁灭。在《阿伽门农》结尾处以及整部《奠酒人》中,奥瑞斯特斯将像他们对待阿伽门农那样,来对待他的母亲及其情夫,此事确定无疑。

与忒拜三部曲的相似之处也许足可表明,奥瑞斯特斯也应该死去,但民间传说却让他活了下来。奥瑞斯特斯与雅典之间的联系,也让埃斯库罗斯能够赋予自己三部曲中的最后这部剧作以自己城邦的特殊意义。奥瑞斯特斯曾碰到一个根本无法解开的难题,绝不比芝诺悖论更好解决:如果他没能为父亲报仇,厄里倪厄斯就会因其失败而追捕他;[1] 等他为父亲报了仇,厄里倪厄斯又会因为他弑母而追捕他。埃斯库罗斯在这里就把德尔斐与该故事的联系带进

---

[1] 阿波罗亲自警告过奥瑞斯特斯这一点,参《奠酒人》271以下。

来了,[92]这种联系在他那个时代肯定就已经存在了。① 奥瑞斯特斯曾经求问过阿波罗的神谕,阿波罗不仅给他提出了建议,还答应保护他。他在阿波罗的帮助下动身去雅典,在那里,他和厄里倪厄斯的官司被交给雅典娜和战神山法庭(Areopagus)来判决。投票终成平局时,雅典娜投出了决定性的一票,她这样做的原因与正在审的这件案子毫无关系。她的这一举动至关重要,因为涉案双方都没有错,双方都并非必须被打败。

厄里倪厄斯对判决结果火冒三丈,威胁说要向雅典人复仇。但雅典娜软硬兼施,巧妙地又是威胁又是贿赂,让她们很有面子,最终安抚住了她们。这些让人害怕而又不祥的家伙,一直掌控着前两部剧的故事情节,在《阿伽门农》中,只有卡珊德拉看得到她们,在《奠酒人》中,只有奥瑞斯特斯看得见她们,而在第三部剧作中,在这部剧的结尾处,她们终于以恐怖的形象现身了。她们至此才转变调子,开始为城邦唱诵起庄严的赐福圣歌;她们刚才还威胁要毁掉这个城邦,现在则乐于在城邦里笑纳非同寻常的尊荣了。

三部曲中最后这部剧同诗人自己的共同体颇为相关,而厄里倪厄斯这种让人吃惊的转变也与此有紧密联系。就在审判开始前一刻,厄里倪厄斯唱起了第二合唱歌。② 她们开头这样唱道:

> 如果这位弑母者靠哀求和恶行获胜,新法规就完蛋了。

这里的法规乃雅典娜为她的新法庭而设。如果奥瑞斯特斯得

---

① See Stesichorus fr. 40 Page.

② 《欧墨尼得斯》490f;对开头几句话的正确解释,参K. J. Dover, *JHS*, 77 (1957), 230f.

以无罪开释,有死者就会肆意违犯厄里倪厄斯所守护的神圣禁令,即骨肉亲人不得流血杀戮。她们坚持认为,

> 在有一个地方,畏惧是好事情,它必须安然端坐,看管人们的心灵。在约束之中学会保持头脑清醒,这是于人有益的。(《欧墨尼得斯》行517以下)

我们清楚看到,这话典出《阿伽门农》进场歌中赞颂宙斯时所说的"强行赐予的恩典"。厄里倪厄斯问道:"如果心中无所畏惧,……哪里还会有人或城邦[93]会敬重Dike?"(523以下)继而她们又唱到,不受管束的生活和专制社会的生活都不值得赞颂,"神明赋予所有中道以力量"。诚然,每个人,无论他的观点在其他人看起来多么极端,在他自己眼里都显得恰到好处;但在这里,厄里倪厄斯肯定是在赞颂介于无政府主义与专制社会之间的中道。①

我们无法不把这首颂歌与雅典娜的宣判场景联系起来,因为她在投票前向战神山法庭发布的命令,明显是在效仿这首颂歌中的语言。她说,在那个法庭上,"邦民们的崇敬之心和他们天生的畏惧之情,能够让他们日日夜夜都谨行而不作恶"(690以下)。后来她还说:

> 我忠告邦民们,要敬重那既非无政府又非专制的状态,不要把畏惧心从城邦彻底赶走,因为有死者中有哪个什么都不怕的人会变得正义?

这席话毫无疑问是第二合唱歌的回响。厄里倪厄斯在那首颂

---

① Dover的观点没有那么简单化(*op. cit.*, 233)。

歌中唱到她们自己以及她们的作用，雅典娜在向战神山法庭发布命令时，谈的则是那个法庭。我们几乎免不了得出结论，这里其实是在指明厄里倪厄斯与战神山法庭之间的相似之处：同样作为正义的帮手，厄里倪厄斯处在宇宙之中，战神山法庭则在雅典政治制度之内。在这部剧的开头，观众们对厄里倪厄斯们的可怕长相的恐惧和厌恶，丝毫不亚于德尔斐阿波罗神庙那位女祭司对她们的恐惧和厌恶；厄里倪厄斯们的年龄远远长于雅典娜和阿波罗，她们住在地下，用爪子撕碎受害人，吸干他们身上最后一滴血。然而，到了这部剧的结尾处，这些丑陋而不祥的家伙却受到雅典娜的颂扬和尊荣，还靠着雅典娜的命令受到了她的邦民的赞美和尊重。她们绝没有让自己的传统功能被剥夺——她们自己害怕这样，有些学者因自己的自由主义立场也轻率地认为是这样——相反，她们还在雅典的尊荣榜上得到了特殊的地位，这在很大程度上得益于她们与人类比邻而居。她们随便在哪里出现，都会带来物质上的好处，就如同在赫西俄德笔下，[94]一旦城邦中有了厄里倪厄斯所保护的那位女神，Dike[正义]，同时也就会有物质上的福利。①

---

① Christian Meier, *Die Entstehung des Politischen bei den Griechen* (1980) 144f，尤其197-198坚持认为欧墨尼得斯们(Eumenides，按即"报仇神")改变了自己的特质，从残忍和无情变得仁慈了。但即便在她们与雅典娜达成和解之前，厄里倪厄斯就已指出，她们的残忍和无情给所有凡人带来福分，而不是给她们穷追不舍终于抓住的那些杀害亲属的人带来好处(尤参490以下)。正如雅典娜亲口所说(950-955)，她们与其他地下女神(chthonic goddess)一样，任何时候都既有能力诅咒，也有能力赐福。如果厄里倪厄斯将来在雅典要通过战神山法庭起作用，那并不意味着她们就不再起作用了，就好像在早期的王国中，她们是通过国王们所执行的正义来实现自己的作用。就阿特柔斯家而言，现存的保障正义的机制出于明显的原因而没有起作用。

第四章　前苏格拉底思想家和埃斯库罗斯

那场由厄菲阿尔忒斯（Ephialtes）所执行的战神山法庭的改革,埃斯库罗斯究竟是赞成还是反对,或者说,埃斯库罗斯是否如维拉莫维茨（Wilamowitz）所认为的那样两边不靠,[①] 这着实是一个困难得让人绝望的问题,但我目前还不打算讨论它。就目前的主旨来说,最重要的是要认识到,埃斯库罗斯毫无疑问是在极力强调,在一般而言的宇宙统管以及在雅典城邦的管理上,惩罚性要素都很有价值。要是没有"强行赐予的恩典",要是没有埃斯库罗斯称为"畏惧"的那种要素,宇宙秩序和雅典的国家秩序都会消解在无政府状态中。对埃斯库罗斯来说,人法由神法滋养,正如赫拉克利特和荷马也都这么认为。

埃斯库罗斯的政治学是其神学的延伸。在荷马史诗的城邦中,国王在臣民中维护正义时所凭靠的那种themistes[神法]来自宙斯,[②] 同样,在埃斯库罗斯笔下,宙斯也是通过阿伽门农而让有死者知道自己的意志。埃吉斯托斯绝非合适的替补者,奥瑞斯特斯除了肩负起为父亲报仇的职责外,还对阿尔戈斯人负有一项义务,就是取代篡位者的位置,从而宣示自己的权利。[③] 在雅典这个国家,正义来自战神山法庭,该法庭的权利为宙斯的女儿所授。我们

[①] *Aristoteles und Athen* (1893), II 329f。M. Gagarin, *Aeschylean Drama* (1976) 203认为,我在为自己翻译的《欧墨尼得斯》(1979年第二版)所加的附录中,说了埃斯库罗斯既反对战神山法庭的改革,又认同阿尔戈斯同盟。如果有人倾向于认同他对此的看法,我希望他去看看我实际上究竟写了些什么。见Macleod, "Politics and the Oresteia", *JHS* 102 (1982), 124f。

[②] See Dodds, "Morals and Politics in the Oresteia," *Proc. Cambridge Phil. Soc.* (1960), 19f。

[③] 《奠酒人》258以下、302以下。篡位者就是僭主:《阿伽门农》1365、1635以下、1664以下。

一辈子都反复听到这样的陈词滥调,说《欧墨尼得斯》描写了从血亲复仇到法治的转变,这完全是误导。即便在《伊利亚特》中,血海深仇也由宙斯的正义来规范,并最终由君王来执行。即便在公元前5世纪雅典城邦的法律中,血仇和厄里倪厄斯也都有各自规定好的位置。① 厄里倪厄斯变成了"欧墨尼得斯",但这丝毫谈不上她们放弃自己功能的问题。一直有人要我们相信,假如她们放弃了自己原来的功能,国家和宇宙的管理就都完蛋了。

不过,法律和国家在"奥瑞斯特亚三部曲"的前两部剧作中的确不太突出。因为就如《伊利亚特》中阿喀琉斯与阿伽门农争吵时的情形一样,如果国王本人恰好是争议中的一方,[95]就不能靠现有的司法机制来解决纠纷,所以,惩罚谋杀阿伽门农的这两位凶手的责任,就移交到了他儿子奥瑞斯特斯头上。欧里庇得斯在其《奥瑞斯特斯》中让廷达瑞俄斯(Tyndareus)问奥瑞斯特斯,他为什么不在法庭上控诉那些谋害他父亲的人,② 这说明欧里庇得斯搞错了年代,设想的是一种与英雄时代毫无关系的情景。如果雅典娜此时选择组建一个新的法庭,那么这个法庭并不是为了取代厄里倪厄斯,而是要襄助她们。

我们现在转到"普罗米修斯三部曲",在通常认为是埃斯库罗斯所关注的神学事务上,这个三部曲可能表现出了在连贯一致原

---

① 另参Rohde, *Psyche*, 178:"诚然,国家以不违背共同体法律的制度性渠道,来规定如何让死者亲属所要求的血仇得报,但这样做绝没有打算废除古代家族血亲复仇的正义这一基本观念。"参D. M. MacDowell, *Athenian Homicide Law in the Age of the Orators*,尤其前两章。

② Eur., Or. 491f. See K. von Fritz, *Die Antike und Moderne Tragödie*, 1960, 113f.

则上令人吃惊的例外。其中那部流传至今讲述普罗米修斯故事的剧作,在好些方面都明显与埃斯库罗斯的其他著作不相同。但是,尽管它在语言、风格和戏剧技巧上大大有别于埃斯库罗斯的其他剧作,我仍然认为,这本身还不至于让人去质疑它的真实性。对这部著作的绝大多数怀疑都由它的神学所引起。

让很多读者大为震惊和疑惑的是,《被缚的普罗米修斯》(*Prometheus Bound*)从完全不同的角度表现宙斯的性格。这位大神在埃斯库罗斯其他著作中是正义的守护者,而在这部剧作中却似乎变成了一个野蛮而冷酷的僭主,对人类的保护者和教育者横加迫害。很多学者否认这部剧作的真实性,其中以施密德(Wilhelm Schmid)最为著名,他认为《被缚的普罗米修斯》肯定是公元前5世纪最后25年中某位智术师的作品。

[原为脚注] "Untersuchungen zum gefesselten Prometheus," *Tübinger Beiträge zur Altertumswissenschaft* 9 (1929); cf. Schmid-Stählin, *Griechische Literaturgeschichte* I ii 193, 281f. 我从未自诩我关于"普罗米修斯三部曲"的理论并不仅仅只是一种猜测。但它也同样不会像最近某些批评者所想的那样,轻轻松松就能推翻。我曾说,人们对这部剧的真实性的怀疑多由其神学引起,当然,这种说法并不适用于1977年以来学者们的讨论。那一年Mark Griffith出版了 *The Authenticity of the Prometheus Bound*,这本书是迄今对这部剧的语言、文体、音韵和戏剧技术做过的最仔细的研究。我的说法也应该做相应的修正。Griffith对于一个因材料不足而难以做出决定的问题,明智地拒绝提出肯定性的说法,并正确地认为,这部剧与埃斯库罗斯其他传世剧作的差异就是一个颇有分量的理由,表明我们不能肯定它一定出于埃斯库罗斯之手。M. L. West走得相当远,甚至宣布说,不支持埃斯库罗斯对此拥有著作权的证据乃是"无可辩驳的",*JHS* 99 (1979), 130, cf. *Greek Metre* (1982) 81。

Oliver Taplin, *The Stagecraft of Aeschylus* (1977), 460f, 其观点也得到了West上引文章(131n.5)的认可。Taplin认为如果我的理论是正确的,那么,"普罗米修斯三部曲"还真不大像我们所知埃斯库罗斯的任何另外的三部曲。而既然我们手上只有埃斯库罗斯一套完整的三部曲，并且它没有配套的萨提尔剧，那么，Taplin这种说法对我们就没有多大帮助。在那套幸存的三部曲中，第一部剧中的一个角色也出现在了第三部中，而她仅仅是作为一个鬼魂出现的。假如只有《阿伽门农》和《奠酒人》这两部剧传下来了，那也不会有谁认为这套三部曲中的第三部剧会主要讲雅典的事情。Taplin觉得，我"在神学上和道德上对赫拉克勒斯模糊游历路线的处理"对埃斯库罗斯来说太抽象了。但伊娥在《被缚的普罗米修斯》中戏份相当足，不单单因为她是宙斯在凡间的牺牲品，还因为她是那个注定要释放普罗米修斯的人的先祖。正如West在上引文章中所说，赫拉克勒斯在《解放了的普罗米修斯》中的游历，正好平衡了他的先祖在《被缚的普罗米修斯》中的游历。

Griffith在 *Dionysiaca* (1978) 105f已指出，《被缚的普罗米修斯》中所谓能够表明"西西里影响"的证据加在一起也少得可怜。然而，该剧描写了埃特纳山下的提丰，乍看上去与主要情节没有明显的紧密联系，倒是与品达第一首《皮托凯歌》有着突出的关联。R. Kassel, *ZPE* 42 (1981) 11f 汇集了大量的例子，说明诗人们故意化用其他诗人的作品而成自己的典故。这就让我们不那么有必要假设品达和埃斯库罗斯是跟着人们通常假定的那个共同的史诗源头往下走的 (see *JZ* 191n.28)，埃斯库罗斯很可能是在一首关乎相同情景的诗歌中以这种方式利用了品达的作品。Taplin认为，如果《被缚的普罗米修斯》是为西西里而作，"希耶隆可不会喜欢这部剧明显反僭主制的政治观念"。难道希耶隆认为自己就是一名僭主？而且我们能肯定这套三部曲末尾的宙斯完全就是一开始就出现的那位宙斯吗？

我说的是"这套三部曲末尾"，但West（上引文章，页131）以令人吃惊的自信宣布，"《点火者普罗米修斯》(*Pyrphoros*)当然就是第一部剧。"他也承认，"常有人主张，在《被缚的普罗米修斯》中，以前的事情都充分地相互关联，这表明不大可能还有一部在它之前的剧"。而且自从R. Westphal在他1869年的 *Prolegomena zu Aischylos* 中提出这个观点以来，它已对大多数学者产生了重大的影响。但West认为，"并非所有事件都必须属于《点火者普罗米修斯》的范围"，他认为，作者总是喜欢重复说一些话，而普罗米修斯的身份直到1.66才确定，"假如他之前已经出现过，那么我们本可以指望早点看到他被确定身份的"。但假如这套三部曲的规划就是West所认为的那样，那么，如果这里描述的事件竟然没有在第一部剧中详细处理过，那就太奇怪了；而且，作者绝不可能如此"话痨",竟然如此详细地把那些事再从头到尾详细讲述一遍,就像我们在《被缚的普罗米修斯》199–236中看到的那样。

任何一个熟悉该神话的人,都会在1.18中认出普罗米修斯来。尽管我乐于同意,《被缚的普罗米修斯》行94古注中的说法,即《点火者普罗米修》的作者说普罗米修斯被缚了三万年,很可能是基于剧中一个将来时态的陈述,但我也不能信服West的论点,他认为《点火者普罗米修斯》必定是这套三部曲中的第一部剧,我更不相信他能还原这部剧作的内容。West颇为信心满满地表达自己的看法,这提醒我们想到他已达到人生的巅峰(hebdomad of life),就如梭伦所说 πάντα καταρτύεται νόος ἀνδρός[完全按照理智来安排的人]([译按]王扬译作"他的一言一行多半由头脑指挥",见《古希腊抒情诗集》,上海人民出版社,2018,册1,页65。梭伦把人生分为若干个"七年",到第六个七年的时候,就已经很成熟了);而我提出自己的看法时极为谨慎,这种谨慎与那些已进入老年却 ἔτι μὲν δύναται, μαλακώτερα δ' αὑτοῦ | σοφίῃ [尽管还有能力,智慧却已更弱的人]相称。然而,无论是他还是Taplin, πρὸς μεγάλην ἀρετήν γλῶσσά[在更大的言谈能力方面],都无法说服我。在我看来,我那推测性的假设有一个好处,就是提醒人们还有这样的可能性:这套三部曲的第三部名称中并没有出现"普罗米修斯"字样。

顺便说一下,West 131驳斥Taplin如下观点的时候,肯定做得对,Taplin认为,既然把此前已用过的同一个名称给另一部剧作对那时的剧作家而言无关紧要,那么,给一部剧加上分词作限定形容词,以便把它与另一部同名的戏剧区分开来,最先必定就是亚历山大里亚的学者所为。如果埃斯库罗斯,或任何其他人,创作了一套三部曲,包含《被缚的普罗米修斯》和《解放了的普罗米修斯》在内,难道这个世界还要等待亚历山大里亚的学者们找到一种办法来区分这两部剧?

为了克服这个困难,上个世纪末有些学者就认为,"普罗米修斯三部曲"中已佚的另外两部剧作必定展示了宙斯性格上的道德发展。那些学者说,宙斯从年轻时代篡位开始,必定已经变成一位成熟而仁慈的统治者,自觉自愿释放了他那位高贵的敌手[按指普罗米修斯]。这种观点一直到第二次世界大战后不久还得到广泛认同，但后来便遭到学者中超过四分之一的人质疑。① 这种观点的极端形式是现代自由和进步观的产物，与我们所了解的古代世界完全格格不入。[96] 不过就算宙斯的性格没有什么发展，他的态度肯定是有所改变的。② 我们有某种证据足可说明这种改变，而那些相信发展论的人似乎忽视了这个证据。

我们从这部现存的戏剧可知，普罗米修斯从他母亲那里知道了一个秘密：宙斯终有一天注定要受他摆布。③ 宙斯对无数女性满怀欲念，他注定有一天会对某个女性下手，而这个女性注定要生下一个比父亲更强大的孩子。如果她给宙斯生下一个儿子，那么这个儿子对待宙斯，必定会用上宙斯对待自己父亲克洛诺斯的那一套。普罗

---

① Reinhardt, *Aischylos als Regisseur und Theologe* (1949), 27f; Lloyd-Jones, *JHS*, 76 (1956), 55f. At p. 65 (1.7f.)，我现在想删除从 numerous 到 Kratos 的这段文字，因为这段话显得没能在神明以及寓言中所见到的人格化抽象之间作出区分。而且，我现在也不会像那时一样在文章中说《欧墨尼得斯》"戏剧手法幼稚"。埃斯库罗斯的戏剧有其自身的准则，与后来的肃剧不一样。诗歌可以是简单而古朴的，却并非就不深刻了。另参 *L'Antiquité Classique*, 33 (1964), 373。诗人的"思想"与其诗作的关系，再也没有比艾略特（T. S. Eliot）在其《莎士比亚与塞内卡的廊下派思想》("Shakespeare and the Stoicism of Seneca", *Selected Essays*, p. 126f.) 中说得更好的了。艾略特说 (p. 136)，"我看不出有任何理由认为但丁和莎士比亚从事过任何自己的思考"，这并不是说但丁或莎士比亚就愚不可及。

② 另参 Rose Unterberger, "Der gefesselte Prometheus des Aischylos," *Tübinger Beiträge zur Altertumswissenschaft*, 45 (1968), 138："他通过普罗米修斯的形象担负起这一职责：将宙斯对世界统治的构建描写为一种有正义起源的统治的构建。他并不试图为宙斯辩护，这一点也是后世的研究者们必须避免的。宙斯改变了他的统治术，不多也不少。"

③ 参 168 以下；516 以下、755 以下、907 以下。品达也讲过忒提斯（Thetis）的故事（*Isthm.* 8.26f.），在此处，忒弥斯（Themis）亲口讲出了那个预言。

米修斯知道这个女性是谁,除非他主动公开这个秘密,否则宙斯注定要下台。宙斯老早就听说过普罗米修斯因为晓得这个秘密而到处吹牛,就派赫耳墨斯跟他讨价还价。普罗米修斯拒绝交出这个秘密,就被扔进塔尔塔洛斯(Tartarus),在那里忍受成千上万年的折磨。

故事中的宙斯并没有丢掉王位。普罗米修斯说出了这个秘密,于是忒提斯嫁给了佩琉斯,生下了阿喀琉斯。宙斯与其头号敌人最终和解,这事我们多多少少知道一些。赫拉克勒斯是宙斯与凡间女子所生的儿子,也就是在现存这部剧作中拜访过普罗米修斯的那位伊娥(Io)的子嗣。赫拉克勒斯在去西方带回革律翁牛群的途中,碰到了被俘获的普罗米修斯。赫拉克勒斯射死了宙斯派去在白天叼食普罗米修斯肝脏的那只老鹰(辑语332-333,Mette编本),但一开始还不敢放了普罗米修斯,害怕得罪宙斯。①但赫拉克勒斯最终还是协商解决了这件事。

在这部幸存下来的剧作中,赫耳墨斯警告普罗米修斯,他绝不可能得到释放,除非有位神明愿意亲身替他承受痛苦,并去哈得斯和塔尔塔洛斯生活(1026以下)。看起来似乎宙斯对他的敌人作出了死刑判决,但普罗米修斯本身是不死的,因而那个判决无法执行,结果宙斯被迫采取尽可能与此相近的判罚。这一点剧本并没有明

---

① Probus *ad Verg.*, *Ecl.* 6.43:赫拉克勒斯杀死了这只老鹰,解放了普罗米修斯。但他还是担心触怒天父宙斯。后来,普罗米修斯阻止了宙斯与忒提斯交合——因为他宣称,他们所生者将来会比神更强大。由于这份好处,宙斯就放过了普罗米修斯。然而,他仍未免于惩罚——宙斯给他戴上了铁环和锁链。D. S. Robertson, *JHS*,71(1951)154说,"薇依(Weil)把 *P. Solutus* 的情节与这段文字联系起来,毫无疑问是正确的",这个说法肯定是对的。[译按]Probus全名Marcus Valerius Probus,尼禄时期的罗马文法学家。

确告诉我们,但普罗米修斯夸口说宙斯绝不可能弄死他,用的不是常见表示"杀"的词汇,而是极不常见的动词[97]θανατόω(1053),意为"弄死";而且,这段诗句似乎也可以证实我们的推测。

究竟是哪位大神放弃了自己的永生,从而让普罗米修斯得以释放?一直到晚近时期,人们都认为那位神明就是马人喀戎(centaur Chiron)。喀戎偶然为赫拉克勒斯的箭所伤,许德拉(Hydra)的毒血让他痛不欲生,所以他自愿放弃永生。神话编纂者阿波罗多洛斯(Apollodorus)似乎清楚讲到过此事,而他完全可能是因袭了埃斯库罗斯。但阿波罗多洛斯在另一处地方讲述这件交易时,似乎说喀戎的死是因"普罗米修斯向宙斯献上了一个人来代替[喀戎]变得不死"。① 罗伯特森(D. S. Robertson)在1951年的时候就已指出,如果那句翻译靠谱的话,那么,喀戎放弃自己的永恒就不是为了普罗米修斯,而是为了赫拉克勒斯。但这句话无疑还可译作"因为普罗米修斯向宙斯献上了一个可以代替他——即他自己——的人",所以我们没有必要放弃传统的说法,即喀戎满足了宙斯开出的条件,也就是放弃他自己的永生,换取普罗米修斯获释。②

宙斯与普罗米修斯显然协商和解了,正如在《欧墨尼得斯》末尾,宙斯的女儿雅典娜也与厄里倪厄斯协商和解了。但普罗米修斯在和解中除了自身获释以外,就一无所获了吗?在这部幸存下来的剧作中,我们听到很多关于人类命运的说法,说普罗米修斯为此命

---

① F. Stoessl, *R.-E.* 23, 1(1957), 679 认为这里的文本应该是 Προμηθέ(α Ἡρακλέ)ως。我才发现我对这个问题的解决方案已有先行者,那就是 Gustav Grossmann,见氏著 Promethie und Orestie (1970), 63 n. 84。

② γίγνεσθαι 带的分词短语,诸如 γίγνεσθαι ἀντί τινός, 表示"代替某人",这在希腊化时期并不鲜见。参 Robertson *op. cit.*, 150f。

运做了很多努力，也受了太多苦。因此，我们所说的这场和解必定在某种程度上把人类纳入了考虑之中。不幸的是，我们对已失传的另外两部剧作的了解，很难让我们得出进一步的看法。但这个问题对于目前讨论的主题来说太重要了，所以我虽然充分意识到自己不过是在推测，却仍然希望对三部曲失传的部分以及神明对凡人作出的决定提出一些猜想。

[原为脚注]在探讨这套三部曲的问题时，最好不要自我欺骗，说什么根据音韵和文体上的统计就可以确定《普罗米修斯》的可靠日期。关于埃斯库罗斯，我们没有足够的材料基于这些方法去作什么猜测并要求人们的同意，《乞援人》这个例子应该已经让我们所有人都明白这一点了。维拉莫维茨的 *Aischylos: Interpretationen* (1914), 242, 以及 Pohlenz *Die griechische Tragödie* II² (1961), 35, 都把《乞援人》的创作时间确定在埃斯库罗斯第一次访问西西里之后——因为剧中解释了埃特纳火山（Etna）的爆发，且在创作于公元前467年的《斯芬克斯》(*Sphinx*)之前——因为辑语235（Nauck）提到了普罗米修斯，并且也在索福克勒斯创作于公元前468年的 *Triptolemus* 之前——因为据说该剧是对《普罗米修斯》的模仿。所以维拉莫维茨和波伦茨把《普罗米修斯》的创作日期定在公元前469年。这一结论似乎可以符合我自己的看法，但我对其附录第五部分（页215）的论证仍有疑虑。C. J. Herington《〈被缚的普罗米修斯〉的作者》(*The Author of the "Prometheus Bound"*, 1970)是迄今对语言、文体和音韵最佳的分析。他倾向于认为那是诗人非常晚期的作品，但很明智地没有肯定地说出这个结论。

人们早已普遍同意，《被缚的普罗米修斯》必定是这套三部曲的第一部剧，① 该剧包含对过去之事的概述无疑已表明此判断正确无疑。② 人们还广泛认为，按顺序来说，第二部剧就是《解放了的普

---

① 始于R. Westphal出版 *Prolegomena zu Äeschylos' Tragödien* 的1869年。

② 请注意，*P. V.* 511的Σ注曰：ἐν γὰρ τῷ ἑξῆς δράματι λύεται[因为他在这部剧后面的部分就解放了]。

罗米修斯》(*Prometheus Loosed*)。[98]但第三部又是什么？绝大多数学者也许会说是《盗火者普罗米修斯》(*Prometheus Firebearer*)，但该标题仅仅在三个地方提到过，这个数字太小，颇为可疑，尤其当我们记得，现有的很多引语都出自《解放了的普罗米修斯》时，就更会觉得可疑。还有，美第奇(Medicean)抄本所记埃斯库罗斯剧作目录，也有一次提到《盗火者普罗米修斯》，① 但没有提到《点火者普罗米修斯》(*Prometheus Firekindler*)，这部萨提尔剧跟"普罗米修斯三部曲"毫无关系。显然，《盗火者普罗米修斯》也可能不过是《点火者普罗米修斯》的另一种说法。我们很难去猜测一部以此为题、故事明显是在普罗米修斯获释之后才开始的剧作究竟能讲些什么，这在某种程度上也强化了上述可能性。

一直以来也有人认为，三部曲中的第三部根本就没有写出来，因而埃斯库罗斯仅有这一次创作了两联剧(dilogy)。② 似乎没有人认为，三部曲中的第三部很可能标题中就没有"普罗米修斯"字样，但这种可能性在我看来还真值得考虑。类似的情况表明，虽然普罗米修斯在三部曲前两部剧作中都是主角，但这并不能保证他在第三部中也是核心人物，甚至不能保证他在第三部中一定出现。

柏拉图在其《普罗塔戈拉》(*Protagoras*)中，让一位哲人讲出了普罗米修斯神话(320d 以下)。普罗米修斯和他的弟弟厄庇米修斯(Epimetheus)接到一项任务：根据新创造的有死生物的不同种类，为

---

① 另外还有两处提到过，一是 *P. V.* 94 的古注(参辑语 340–341, Mette,以及 Murray 编的牛津第二版，页 150–151；对于那个书目，请参该书页 375)，以及格利乌斯(Gellius)，《阿提卡之夜》13.19.4。

② 见 F. Focke, *Hermes*, 65(1930), 263–270。《阿伽门农》的众多角色只有一个出现在了《欧墨尼得斯》中，那就是一个鬼魂。

他们分配不同的天性。厄庇米修斯着手分配，让他的哥哥监督。他分配天性的原则就是要确保每一种生物都能活下去，但分派时的次序是人类排在最后，轮到人类时，所有的天性都用光了。普罗米修斯因此从负责匠作的神明赫菲斯托斯和雅典娜那里偷走了技术和火，把它们送给凡人。凡人现在有能力获得生计了，但还没有能力结为城邦，结果他们的命运便掌握在野兽手里。后来他们虽然团结起来对付野兽，却又相互之间争吵不休，[99]因此，宙斯为了确保他们能够活命，就派赫耳墨斯赐给他们Aidos[羞耻]和Dike[正义]（332c，另参323）。

有一部萨提尔剧《西绪福斯》(Sisyphus)，可能由雅典政治家克里提阿斯(Critias)所作，剧中一个角色按照犬儒主义套路改编的必定就是这个故事了。[①] 此人说，人们试图结束那种所有人反对所有人的自然状态：一开始他们是制定出法律，后来看到有些人还可以违法而不被察觉，就又虚构出神明来，并假定神明会惩罚那些甚至隐而不露的罪恶。后来，我们在希腊化时期的肃剧家莫斯喀翁(Moschion)的神话中听到了这一点的回响，此人如此描绘原初的自然状态："法律地位低下，但暴力却能与宙斯共享天下。"[②] 这位肃剧家说，"时间"最终会终结这种状态，"或借着普罗米修斯的规划，或借着岁月的流逝，'必然性'会亲自教导凡人"。德墨忒尔教人农耕，狄俄尼索斯给人带来美酒，人则为自己建造了房屋和城邦。

---

① 88 VS fr. 25 = fr. 1 Nauck (TGF, 2d ed., p. 770)。A. Dihle, Hermes 105 (1977) 28f 已指出，欧里庇得斯远比克里提阿斯更可能是《西绪福斯》的作者。另参本书页132。

② Fr. 6 Nauck (ibid., p. 813f.); see Dodds ap. Lloyd-Jones, JHS, 76 (1956), 57, n. 24.

普罗塔戈拉的神话虽然把普罗米修斯当成了一个角色,但 Aidos[羞耻]和 Dike[正义],连同可以获得它们的那种能力,都不是普罗米修斯而是宙斯赐给凡人的。在存世的这部剧作中,普罗米修斯表达了宙斯和 Dike[正义]的传统关系,说宙斯让正义女神随侍自己左右。① 难道作为宙斯与普罗米修斯和解的条件之一,宙斯后来也让凡夫俗子与他共同分享一份正义了?

《阿伽门农》的歌队表达了对宙斯的感激之情,因为有(他)"强行赐予的恩典",歌队认为这种恩典是宙斯赐给凡人最大的福祉。这种恩典主要在于保证了一个人对另一个人所行的不义最终会遭到宙斯的报复,要么报应在罪犯本人身上,要么报应在他的子孙头上。宙斯强行赐给凡人的这种恩典,难道也是宙斯与那位最伟大的凡人保护者[按即普罗米修斯]和解的内容之一吗?

我们手上有埃斯库罗斯剧作的一些辑语,Dike[正义]在其中高调地亲自出面。在罗贝尔(Lobel)1952年整理的一份莎草纸文献中,Dike[正义]亲自与这部剧的歌队交谈,[100]该歌队似乎由正义女神被派去的那个城邦的人所组成。② 正义女神说,宙斯推翻克洛诺斯,就给了她很大的面子,因为克洛诺斯在他们的争吵中乃是挑衅者,所以她 Dike[正义]站在了宙斯一方。正义女神还说,宙斯派她到他打算赐福的那些人那里去。在此处的轮流对白(stichomythia)开头处,正义女神讲出了自己的名字,还描述了自己的特权,她善待正义者、处罚不义者,还会把不义者的名字写进宙斯的账簿。

---

① Hesiod, *OP.* 255; *P. V.* 187.

② *P. Oxy.* 2256 fr. 9(A)也就是我为洛布丛书中埃斯库罗斯卷的附录所编的 fr. 282。ὁτιή 这个词(1.12)出现在欧里庇得斯《库克罗普斯人》行 643([译按]此处原文为 οἶδε),而没有出现在肃剧中,这绝不足以表明它就是一部萨提尔剧。

在另一处很可能来自同一剧作的辑语中,说话者赞美了 Eirene 即和平女神,因为她带给城邦繁荣。① Eirene[和平]跟 Eunomia [良法]都是 Dike[正义]的姐妹,三位女神共同构成了三位一体的 Horai[时序女神],她是宙斯战胜提丰之后所生。品达在第一首《皮托凯歌》中颂唱过这三位女神。这首凯歌旨在赞颂希耶隆建成新城埃特纳,此事发生在他打败埃特鲁斯坎人和迦太基人后不久。埃特纳城因火山而得名,该城附近住着提丰这位力大无比的巨人,他对宙斯的至高权力发起过最后也最严峻的挑战。赫西俄德早在其《神谱》中就说过,宙斯打败提丰后生下了 Dike[正义]、Eirene [和平]和 Eunomia[良法]。品达也同样希望打败了蛮夷就能带来繁荣昌盛——这在传统的说法中是 Horai[时序]女神带来的。

十五年前,弗伦克尔(Eduard Fraenkel)曾提出一种猜测:我们所讨论的上述埃斯库罗斯辑语,也许出自他为同一件事情所写的戏剧。② 据古代的埃斯库罗斯传记所记,他撰写《埃特纳的妇女》(*Women of Aetna*)这部剧"是为了给邦民们带来美好生活的吉兆",③

---

① Fr. 535 Mette = fr. 281 Lloyd-Jones([译按]参上一条注释)。罗贝尔现在认为 1.7 应为 ἐμβολαῖς。ἐμβολαί 指群山环绕的国家进出的关口,那里通常会设置 φρούρια[要塞],例如,见 Xenophon, *Hell.* 5,4,48 以及 *P. Oxy.* 2820, col. I, 11f。

② Eduard Fraenkel, "Vermutungen zum Aetna-Festspiel des Aeschylus," *Eranos*, 52, 1954, 61f = *Kleine Beiträge zur klassischen Philologie*, I, 249f。Fraenkel 的猜测得到了 Pohlenz(*Die griechische Tragödie* II² (1961), 223 和莱斯基(*History of Greek Literature*, 320)的支持。亦见 Q. Cataudella, "Tragedie di Eschilo nella Siracusa di Gernoe," *Atti del Congresso Internazionale sulla Storia della Sicilia Antica*(Kokalos X-XI, 371f.)。

③ Vita Aeschyli 9。Cataudella 认为这里指"(道德上)好的生活"(*op. cit.*, 386),他很可能是对的。

而他创作该剧时正在西西里拜访希耶隆。

德罗伊森(Droysen)早在1832年就已指出,埃斯库罗斯撰写"普罗米修斯三部曲"不是为了在雅典上演,而是为了在西西里上演。① 伯尔克(Bergk)1884年重提了德罗伊森的看法,② 福克(F. Focke)1930年以渊博的知识和独到的见解论证了德罗伊森的结论。③ 福克坚信,如果我们认为现存的《普罗米修斯》未必是在狄俄尼索斯剧场上演的,那么,想像该剧究竟如何搬上舞台绝不会那么难。[101]但无论这部剧在哪里演出,既然它基本上不可能是用任何现代自然主义的方法来创作的,那么,福克的这种论证就毫无力道可言。众所周知,这部剧的合唱抒情诗比埃斯库罗斯其他肃剧都要短,文体和语言也大不相同,④ 福克希望解释这一不同,便认为这些合唱抒情诗是由某个西西里的歌队为了演出所作,它并非为肃剧所作,而是为了演绎斯特西科洛斯(Stesichorus)和伊比科斯(Ibycus)这类诗人的合唱抒情诗。福克还认为,这部剧作之所以在语言上相对简明易懂,也许可以解释为它是为相对朴实的观众而作。

如果福克对这些难点所作的解释能够为其他更多的肯定性说法所证实,那当然值得欢迎。他在解释普罗米修斯如何被迫去执行

---

① Aischylos, *Die Tragödien und Fragmente* (1832; 2d. ed., 1842), II 311. Cf. E. J. Kiehl, *Mnemosyne*, 1 (1852), 365; Leopold Schmidt, *Quaestiones Epicharmeae*, 1 (1866), 55; A. O. F. Lorenz, *Leben und Schriften des Koers Epicharmos* (1864), 84.

② *Griechische Literaturgeschichte* (1884), III 311–312.

③ *Hermes*, 65 (1930), 259f.

④ D. S. Robertson, *Proc. Cambridge Philol. Soc.*, (1938), 9f 认为,埃斯库罗斯大概未完成这三部曲就去世了,其中一些颂诗可能由他的儿子欧弗里翁(Euphorion)和欧埃翁(Euaion),或其侄子斐洛克勒斯(Philocles)补作。

对提丰（Typhos 或 Typhoeus）的惩罚时，就找到了这样一种证据。我们知道，这种解释与第一首《皮托凯歌》对埃特纳火山喷发的解释极为相似。① 如果我们可以认为"普罗米修斯三部曲"的第三部剧作就是《埃特纳的妇女》，那么，我们可以毫不费力地猜到为何提丰和埃特纳会以这种方式被提到。

遗憾的是，《埃特纳的妇女》情节概述残缺不全，却碰巧出现在罗贝尔（Lobel）所出版的一条辑语中，这条辑语与我们此处讨论的这些辑语正好在同一卷书里。② 该剧的第一部分发生在埃特纳，第二部分发生在克苏提亚（Xuthia），第三部分再次发生在埃特纳，第四部分发生在列翁提尼（Leontini），第五部分发生在叙拉古。③ 我们知道这部剧曾提到过两位叫做帕利科斯（Palici）的当地神明，他们是宙斯与西西里的仙女塔利娅（Thalia）所生的儿子。塔利娅是赫菲斯托斯的女儿，据《被缚的普罗米修斯》说，这个赫菲斯托斯把他的冶炼炉设在埃特纳火山里，而且他与普罗米修斯还有些别的关系。④

---

① A. von Mess 认为，品达与埃斯库罗斯共同的来源都是史诗（Rh. Mus., 56［1901］, 167f.）；另参 O. Schroeder 和 R. W. B. Burton 对《皮托凯歌》的注疏，分别见 Schroeder, *Pindars Pythien. Erklärt von Otto Schroeder*, Leipzig, (1922), 6, 以及 Burton, *Pindar's Pythian Odes: Essays in Interpretation*, Oxford, (1962), 98。Focke, *Hermes*, (1930), 267 像维拉莫维茨和施密德一样，都认为埃斯库罗斯是在效仿品达，Wilamowitz, *Aischylos: Interpretationen* (1914), 121, n. 1 and Wilhelm Schmid *GLG*, I iii 292, n. 3。

② *P. Oxy.* 2257, fr. 1 = fr. 26 Mette = fr. 287 Lloyd-Jones。

③ 我们在翻译 μέρος 的时候要提防，不要以为埃斯库罗斯的戏剧好像可以按照常规分成很多"幕"，这种划分法最早直到"新谐剧"中才能见到。

④ Fr. 27 Mette; see Fraenkel, *op. cit.*, 62 = 249 and K. Ziegler, *R.-E.* XVIII iii (1949), 99f. (s.v. "Palikoi")。

我们无从知道帕利科斯们在这部剧作中究竟有什么意义,但认为他们俩是这部剧的主要角色,那也太大胆了。

我们能够猜测这部剧究竟讲了什么吗?[102]传说西西里很早的时候是两个野蛮部族即库克罗普斯人和莱斯特律戈涅斯人的家乡。① 莱斯特律戈涅斯人生活在富饶的列翁提尼。② 屠杀奥德修斯伙伴的那些人不过就是残存的莱斯特律戈涅斯人,这个种族绝大多数人在多年前就已丧命,为赫拉克勒斯所杀,当时赫拉克勒斯正带着格律翁的牛群从遥远的西方返回。③

假设在《解放了的普罗米修斯》中,作为双方和解的内容之一,宙斯答应把Dike[正义]派到人间去,那么,在这个世界上,没有哪个地方比希腊传说中这个最野蛮、最不友好的种族所居住的地方更需要Dike[正义]的关注。拒绝听从Dike[正义]的警告的人都遭到了宙斯的严惩,就像《奥德赛》中波吕斐摩斯受惩一样。赫拉克勒斯正是在去西方找寻革律翁牛群的路上,与普罗米修斯打了照面。再假设宙斯派Dike[正义]去莱斯特律戈涅斯人那里,并遭到

---

① 赫西俄德说莱斯特律戈涅斯人住在西西里,*Catalogues*, fr. 150, 26 Merkelbach-West and by Thucydides 6, 2。

② 忒俄鹏普斯(Theopompus)说到列翁提尼是莱斯特律戈涅斯人的故乡(115 FGH 225 ap. Polyb. 8, 11, 13,见Walbank的注疏, II 83);Strabo I, 20(另参 22. 40);Polyaenus, 5. 6;Pliny, N. H. 3, 89;Solinus, 2. 26;Σ Od. 10, 86;Eustathius 1640, 15 = Paraphr. ct Σ Lycophr. 659, 956;Silius Italicus 14, 33 and 125;Hesychius s.v. "Λεοντῖνοι"(II 566 Latte)。

③ Lycophron(662-663)将莱斯特律戈涅斯人称为"箭下余魂"(省略了"赫拉克勒斯的");行662的古注(ed. Scheer II, p. 220)说,赫拉克勒斯射杀了莱斯特律戈涅斯人,因为他在赶着革律翁的牛群往回走时,遭到了他们的攻击,还说他们的领地就是现在的列翁提尼。

了他们的藐视,那么,宙斯坐视赫拉克勒斯——这位法律和正义的伟大保护者以及野蛮人和怪兽的消灭者——横扫莱斯特律戈涅斯人的国土,也就再自然不过了! 赫拉克勒斯在西西里香火甚旺,而狄俄多儒斯(Diodorus)这位本地人颇为权威可信,他告诉我们说,赫拉克勒斯最先是在靠近列翁提尼的阿吉里翁(Agyrion)这个地方获得了神圣的荣耀。①

我提出"普罗米修斯三部曲"中的第三部就是《埃特纳的妇女》,而且整个三部曲都是为了在西西里上演而作,这些都无非猜测而已。在没有新证据的情况下,我们永远不知道这种猜测对不对。但不管我的猜测是对还是错,"普罗米修斯三部曲"都与埃斯库罗斯其他著作中的神学并不抵牾。宙斯并没有改变自己的本性,但他与普罗米修斯做了笔交易,结果宙斯把之前还属他私人财产的Dike[正义]派到了人间。凡人会因此受益,因为犯罪者要受到惩罚,罪行将由此得到防范,繁荣昌盛也会随之到来。但凡人不会像在赫西俄德笔下那样,享受克洛诺斯治下的黄金时代了。凡人在宇宙秩序中仅仅占据微不足道的地位,如果凡人千方百计企图超越这个位置,就会被消灭。Dike[正义]可以保护凡人免遭无政府和战争状

---

① Diodorus 4.23f. 赫拉克勒斯带着牛群回来的路上穿越了西西里,在叙拉古附近与西坎人(Sicans)打了一仗,并在列翁提尼受到尊荣。由此我们可以看出,西西里的爱国者狄俄多儒斯为什么宁可不提莱斯特律戈涅斯人与这个地方的关系。我同意卡陶德拉(Cataudella)的看法(*op. cit.*, 387f.),即 fr. 282, l. 31 的 παῖς μάργος[狂怒的家伙]很可能指阿瑞斯(另参 D. S. Robertson, *Cl. Rev.* n. s. 3, 1953, 79f.),而不大可能是赫拉克勒斯(Phanis Kakridis, *Eranos*, 60, 1962, 111f.)。不用像罗伯特森(D. S. Robertson)希望的那样把哈里罗提乌斯(Halirrhothius)受审的事扯进来,我们就很容易想像出阿瑞斯是如何被Dike[正义]制服的。

态,[103]但她也压制凡人,让他们臣服于不死的神明。①

普罗米修斯可以竭尽全力为他所庇护的人(protégés)扩张一些特权,但无论雪莱(Shelley)之类的自由派人士以慷慨的同情心引人们做出何种想象,普罗米修斯在希腊众神中都不过是一个小角色。宇宙的统治者不是他普罗米修斯,而是宙斯。

---

① See Otto, *GG*³, ch. VI, "*Gott und Mensch*".

第五章

索福克勒斯

[104]多兹在1966年4月号的《希腊与罗马》(Greece and Rome)上发表了一篇短文,①最清楚地讲出了在我看来是索福克勒斯解释中的一个核心问题。他上一次在牛津主考古希腊文学史,要求考生解释"《俄狄浦斯王》(Oedipus Rex)以什么样的方法,如果有的话,证明神对待人的方式是合理的"。绝大多数考生采用了被多兹视为异端邪说的三种观点。多兹对每一种观点都作了一番描述,并解释他为什么要抵制这些观点,然后简要地概述了自己对该问题的回答。多兹反对所有三种异端观点,这我当然同意,但他对该问题的回答跟我的回答却有所不同。

第一组也是最大的一批持异端邪说者认为,俄狄浦斯或伊俄卡斯忒(Iocaste)两人都是因为犯下了什么罪行才遭到惩罚。持这种观点的人再也不可能自称得到了亚里士多德的权威支持,因为现代学术似乎已有定论,②即亚里士多德所说的那种把肃剧英雄卷入不幸的 μεγάλη ἁμαρτία[大罪,大错],③ 其实不是"罪",而是

---

① Dodds, "On Misunderstanding the 'Oedipus Rex'", *Greece and Rome*, 13 (1966), 37f。该文收录于 *The Ancient Concept of Progress* (1973) 64f。

② O. Hey, *Philologus*, 83 (1927), 1f. and 137f, P. W. Harsh, *TAPA*, 76 (1945, 47f; K. von Fritz, *Antike und Moderne Tragödie*, 1f; R. D. Dawe, *HSCP*, 72 (1968), 89f. See now T. C. Stinton, *Cl. Quart.* 25 (1975), 221f; Suzanne Said, *La faute tragique* (1978).

③ *Poetics* 1453 B 28f. See now Suzanne Said, *La faute tragique* (1978).

"错"。但是,他们的论证不仅依赖权威,还依赖所谓的文本证据。他们为了反对俄狄浦斯,便抬出他在十字路口杀死拉伊俄斯及其随从这件事情,还抬出他在这部剧中对特瑞西阿斯和克瑞翁所做的事情。

对此唯一合理的反驳是:俄狄浦斯在这两个情况下的行动,还不至于给他招来某种罪责,使他该当罹受[105]那后来击垮他的可怕命运。① 赫拉克勒斯、忒修斯(Theseus)以及人类的其他恩人,他们一生中都满是杀死拉伊俄斯及其随从之类的事情,而无论法律还是理智的意见都不会把俄狄浦斯的行为视为严重的罪行。俄狄浦斯对特瑞西阿斯和克瑞翁的所作所为也都是如此。先知特瑞西阿斯拒绝回答俄狄浦斯的那些重要问题,促使后者怒火中烧,断定特瑞西阿斯在搞阴谋,好让克瑞翁取代他当王,正是这个克瑞翁建议俄狄浦斯派人去向特瑞西阿斯求问神意的。特瑞西阿斯实际上很不情愿讲出预言,他不愿意把俄狄浦斯的罪行公之于众,他是怒不可遏时才道出关于俄狄浦斯的秘密。同样,俄狄浦斯怒火中烧在当时情况下也是再自然不过。

这并不是说那些力主俄狄浦斯有罪的论点就完全没有道理。俄狄浦斯与索福克勒斯笔下的其他英雄人物一样,都鲁莽冲动且性格暴躁,借用希腊人的话来说,他很难控制自己的thymos[心]。Ate[迷狂祸害]的灾难特别容易落到这一类角色头上,我们马上就会回到这一点来。但尽管如此,俄狄浦斯对待特瑞西阿斯和克瑞翁的行为,甚或他在不知情的情况下杀掉拉伊俄斯,这些事情本身毫无疑问足以让他该当遭此厄运。

---

① See Von Fritz, *op. cit.*, 7.

很多学者认为伊俄卡斯忒也应该承担大部分罪责。[1] 伊俄卡斯忒发现俄狄浦斯因特瑞西阿斯的控告而闷闷不乐时,试图去安慰他,就以自己的亲身经历来证明先知和预言都可能出错(《俄狄浦斯王》707以下):阿波罗或他的祭司曾预言伊俄卡斯忒与拉伊俄斯所生的儿子会杀死父亲,然而预言并没有应验。后来,当俄狄浦斯虽然早就听说自己一直以为的父亲——科林多的波吕珀斯(Polybus)已经故去,却仍然害怕自己会娶墨洛珀(Merope)——波吕玻斯的寡妻时,伊俄卡斯忒再次表明自己不相信预言。她如此问道:

> 人为什么要害怕呢,既然命运掌管着一切,对任何事情都不可能有真正的先见之明?活着,就最好尽可能不要戴什么紧箍咒。(977以下)

在这番话之前不久,歌队在第二合唱歌的结尾处曾庄严宣告,如果针对拉伊俄斯的古老预言结果证明是假的,所有的预言就都不可信了,神明们也就失去了自己的权力。伊俄卡斯忒不虔敬的怀疑主义是否激怒了神圣的正义?

但上述观点现在也已过时了。莱因哈特那本讲索福克勒斯的书在现代研究中堪称扛鼎之作,他在书中问道:谁若有过伊俄卡斯忒的经历,他怎么可能还会继续相信预言?急于安抚俄狄浦斯的她,怎么可能控制住自己不去用这个似乎是决定性的证据,来摧毁预言的可信性呢?无论如何,我们无法合理地想像,伊俄卡斯忒那

---

[1] Notably A. W. Schlegel, *Über dramatische Kunst und Literatur*, 1 (1809), 180; see Reinhardt, *Sophokles* (1933; 3d ed., 1947), 267.

一刻的行为居然还能参与决定那些很久以前就已注定的事情。

第一种异端邪说,即道德化的观点,就谈到这里。第二种类型的异端看法更站不住脚,这种观点把俄狄浦斯视为"命运的悲剧",展示的是一个受预定命运支配的男人。多兹正确地指出,对索福克勒斯时代的希腊人来说,相信神明有先见之明,并不意味着相信所有事情都预先注定。事实上,哲学上的决定论观念在希腊化时代之前并不存在。① 公元前5世纪的希腊人相信神明通晓未来,还相信神明或至少宙斯以一种模糊和笼统的方式决定了已发生的事情,但他们同时也相信凡人要为自己的行为负责。如果我们用"命运的悲剧"来指某种基于机械决定论观念的悲剧,那么把《俄狄浦斯王》叫做"命运的悲剧"就不对。但如果我们的意思只是说,我们看到俄狄浦斯在这部剧中碰到了他无法摆脱的命运,那么这个词倒没有什么坏处,只是那样的话,它就几乎什么也没有告诉我们。

多兹眼里的第三种异端观点认为,这部剧没有传达任何特定的"意义"或"教益"(message),而只是在挖掘巧合所造成的恐怖结果。② 他说,与此相近的还有这样一种观点:索福克勒斯只不过讲了一个传统的故事,利用它来为戏剧目的服务,并没有提出任何宗教议题。多兹承认自己认同这种异端观点胜过其他两种。他正确地指出,有些人说得好像肃剧的本质总是可以归结为某种陈腐的"教益"似的,[107]那是很荒唐的;他还说,甚至当人用更夸张的反应来反对那种更粗糙的道德化解释时,我们也很自然地感到共鸣。尽

---

① Dodds, *op. cit.*, 42–44; Von Fritz, *op. cit.*, 67f; W. Schadewaldt, *Hellas und Hesperien*², I 466–467. Dover对anangke[必然]的讨论,见 *JHS* 93(1973)。

② Dodds, *op. cit.*, 44–47.

管如此,在这个方向上走得太远总归是错的。在早期合唱抒情诗中,讲述神话似乎都是为了阐述人神关系的某个普遍真理,而早期肃剧诗人很可能从抒情诗那里继承了同样这一观念。① 至少在早期肃剧中,劝诫性的要素具有实实在在的重要性,肃剧作者从某种神学提供的背景来看待凡人的行为,这种神学与大众信仰所提供的神学几无差别。

埃斯库罗斯的宗教虽然朴素,却未必就少了深刻;朴素并不意味着埃斯库罗斯没有思考的能力,也不意味着他的信仰就是愚蠢和迷信意义上的那种老套习俗。他的努力绝非为了灌输他自己的个人性的或"原创的"神学,他以神圣世界为不变的背景来看待凡人的生活,凡人及其子孙若要躲过灾难,就得遵守神圣世界的律法。凡人还得向神明献上他们应得的尊荣,如果有死者冒犯了某位特定的神明,像尼奥柏冒犯勒托或者卡珊德拉冒犯阿波罗,那么这位神明毁灭此人就并非不义。

至高无上的神明宙斯把这条原则扩展开来,惩罚那些冒犯坐在他宝座旁边的Dike[正义女神]的凡人:谁冒犯了Dike[正义女神],谁就会被视为拒绝向宙斯自己献上应有的尊荣。宙斯在Dike[正义女神]和厄里倪厄斯的辅佐下,在人间确立起一种严格的互惠性正义,这让人想起旧约而不是新约。人若违犯了宙斯的法律,自己和后代都要被灭掉。② 从现代的观点来看,这简直太不正义

---

① See H. Patzer, *Die Anfänge der griechischen Tragödie* (1962), 89f.
② Dodds(*GI*, 193)以赞许的口吻引用了Wilamowitz, *Glaube*, II 233的话:"我们不能认为,埃斯库罗斯或者欧里庇得斯会在乎去讨好一条神蛇(sacred snake)。"我相信埃斯库罗斯可能得到了太大的尊荣,我也非常怀疑欧里庇得斯对此是不是不大情愿。无论如何,把整个阿斯克勒庇俄斯(Asclepius)崇拜

了,但希腊人以及那些以相似的态度来看待亲属关系的民族,对此却有不同的看法。

索福克勒斯对神明的态度与埃斯库罗斯不同吗?多兹认为不同,而且是在一个最重要的方面不同。多兹在他那篇文章结尾处提出了自己对《俄狄浦斯王》问题的解决办法,他一上来就摆出两个关于索福克勒斯的命题。① 第二个命题说,索福克勒斯总是相信神明存在,相信凡人应该敬重神明。剧本本身确证了这一点,[108]关于索福克勒斯生平的大量证据也确证了这一点。索福克勒斯担任多个祭司职分;他在阿斯克勒庇俄斯崇拜引入雅典的过程中起到了极为重要的作用;他死后得到罕见的尊荣,被当成英雄来祭拜。这些事实不仅有助于证成多兹的第二个命题,还使他的第一个命题带上了令人惊讶的悖论味道,因为第一个命题的内容是:

> 索福克勒斯不相信——或不总是相信——神明在任何属人的意义上是"正义"的。

这种观点绝非多兹一人所有,它也为本世纪大多数最好的索福克勒斯研究者所认同。罗德在其巨著《灵魂论》中写道:

视为一场骗局而不加理会,等于没有充分地处理一个非常复杂的问题的一个方面。参 L. and E. J. Edelstein, *Asclepius: A Collection and Interpretation of the Testimonies* (1945),第三章,"Temple Medicine", II 138f。(在写下这条注释后,我发现Edelstein本人已经驳斥了那种对于埃斯库罗斯不友善的看法。见 *The Idea of Progress in Classical Antiquity*, 56, n. 1)。我并不是说Dodds把整个阿斯克勒庇俄斯崇拜当作骗局而不予理睬;参Dodds, *GI*, 112。See now Lloyd, *MRE* 37f, 40f.

① Dodds, *op. cit.*, p. 46.

索福克勒斯对于戏剧哲学中的大问题,即意志自由或强迫的问题,以及人的罪孽与命运的问题,采取了一种截然不同于他的伟大前辈的立场。他采取一种更成熟、更冷静的放弃自我的态度去观察生活及其困难,这就使得他不那么能够对复杂问题的简单而彻底的解决方案表示满意,反而找出了另外更多各式各样的理解模式……英雄身上的苦难和灾祸不是他本人有意识的决定,也不是因为他运用了自己的意志,而是来自命运的晦暗定数……神明的目的会把一个计划带向成熟,个人及其命运在此过程中只是工具。……纯然出于上天的意志,俄狄浦斯必须在不知情和无可指责的情况下杀父娶母,致使自己陷入最深沉最深刻的痛苦中……索福克勒斯放弃了所有的尝试,不再试图去调和凡人的价值和行为与他们在尘世的命运。(*Psyche*, 426f.)

六年后,维拉莫维茨提出了相似的看法。他说:

有死者脆弱不堪,被与他们自己相似的有生命的存在物所包围,但那些有生命的存在物远比他们强大,能够按照他们自己的天性或意愿来损害或扶助有死者。我们千万不要在这里把人类才有的那种不恰当的道德观念引进来,把他们叫做好(神)或坏(神)。①

在莱因哈特看来,《俄狄浦斯王》"并没有提出谁应该为所发生的事情负责这个问题,而这恰是欧里庇得斯或埃斯库罗斯[109]

---

① *Hermes*, 34(1899), 56.

可能不由自主去问的问题"。① 有一位学者甚至写道,"从戏剧本身来看,索福克勒斯似乎不大可能效忠于奥林波斯的神明",② 他还把索福克勒斯描述成"英雄人文主义者"(heroic humanist),认为索福克勒斯的无神论导致他把受苦的人性理想化。③ 多兹举出荷马作为这种作家的例子:荷马不相信神是正义的。但我在本书第一章已经质疑过这种说法。无论如何,赫西俄德热忱地相信神明是正义的,埃斯库罗斯也相信。进言之,从赫西俄德的时代到非基督教信仰的崩塌这段时期,一般说来谁相信神明存在,谁就相信神明是正义和公道的。如果虔敬的索福克勒斯居然拒绝这种信仰,那的确很不同寻常,需要详加解释。多兹引作证据来支持其观点的两部戏剧,分别是《特拉基斯少女》(*Women of Trachis*)和《俄狄浦斯王》。我后面会谈到《特拉基斯少女》,眼下集中讨论《俄狄浦斯王》。

那些拒绝对《俄狄浦斯王》这部戏剧作道德化阐释的人会同

---

① *Op. cit.*,146;cf. H. Funke, *Die sogenannte tragische Schuld* Diss. Cologne (1963),73f.

② C. H. Whitman, *Sophocles*: *A Study in Heroic Humanism*(1951),16。他在该书中写道:"索福克勒斯像他那个时代的所有人一样——也许欧里庇得斯除外——不再在宙斯或神明那里或一般意义上的无生命世界去寻找正义。他在人自己的心灵中找到了正义。"(p. 229)

③ 鲍勒爵士(Sir Maurice Bowra)在现代学者中堪称罕见的例外。他在 *Sophoclean Tragedy*,370写道:"索福克勒斯承认神明具有终极的正义和智慧。他与忒奥格尼斯一样,认为神明根据自己的计划行事,他还会补充说这些计划都是正义的。他并不总是把神明的理由讲得清清楚楚,但他假定神明总有理由。"对《俄狄浦斯王》第二合唱歌的详细讨论,见Winnington-Ingram, *Sophocles*: *An Interpretation* (1980) 185f。我很高兴地看到,尽管他和R. D. Dawe 采用了与我不同的解决办法,但他们(见其Teubner版索福克勒斯文本,1975;参本书页156)都同意我的观点,即1.872这一行残缺不全。

意,道德化的阐释之所以让人感到恐怖甚至愤怒,一个原因就在于,被如此骇人听闻的大灾难所打垮的这个人,本身完全无辜、不应受到谴责。此人勇敢、聪慧而又慷慨,是臣民伟大的统治者和无私的庇护者。然而,这部戏剧包含的一首合唱颂诗给大多数观众和读者留下了特别深刻的印象,该颂诗无论怎么诠释,罪孽问题都非常突出(863以下)——它就是第二合唱歌。在与克瑞翁争吵完了而与伊俄卡斯忒交谈的那一幕中,俄狄浦斯在思考特瑞西阿斯对他的控诉是否有道理,他问自己是否"全然不洁"(823)。歌队接过话头赞美了虔敬,并解释说,虔敬的意思就是人不会去犯那种因违反神明之法律而犯的罪孽。这些法律与安提戈涅捍卫的"不成文法"是一回事,① 埃斯库罗斯剧中欧墨尼得斯所保卫的那种法律也属此列。凡人绝不能对神明作恶,绝不能对主人或客人犯罪,绝不能忤逆父母,[110]因为这样的罪行就是玷污,会遭致可怕的惩罚。歌队接下来在第一曲次节中警告要提防Hybris[肆心],即傲慢自大。Hybris[肆心]如果再加上Koros[傲慢],就会导致灾祸。

[原为脚注]第一曲次节开头的话,ὕβρις φυτεύει τύραννον("肆心产生僭主";行873)表现了理解这一对称诗句的主要困难。这句话看起来就是直接在说俄狄浦斯,然而这种对君主制的攻击在该剧其他地方却罕有其匹。τύραννος[僭主]这个词在肃剧中一般指绝对统治者,丝毫没有贬损的含义。而且,直到最后仍忠于俄狄浦斯的由忒拜老者们组成的歌队,倘若在这个时刻指责俄狄浦斯Hybris[肆心],哪怕是哪怕转弯抹角地指责,也毫无道理。我认为,此处就是一个很好的例子,表明希腊人早期是如何普遍习惯性地以系谱学的形式来谈论Hybirs、Koros[傲慢]和其他相似的概念。尤请参看《阿伽门农》750f,以及对这一行的各种注疏,还要参考下一条注释所列文献。由此可见,ὕβρις φυτεύει

---

① 关于不成文法,参V. Ehrenberg的 *Sophocles and Pericles* 第二章。见Dover,*GPM* 255, n. 16。

τυραννον的意思就是"Hybris[肆心]的孩子就是一位僭主"。我曾与已故的弗伦克尔长期而愉快地讨论过这个问题,他同意此处的Hybris是在系谱学意义上来讲的,但他发现很难从这三个词目前的样子中引申出我们所需要的意义。他因此建议校订为 ὕβρις φυτεύει τύραννον ὕβριν,意思是"Hybris[肆心]生了一个当僭主的Hybris[肆心]",也就是要在 ὕβριν 后面打句号。[译按]罗念生译作"傲慢产生暴君",张竹明译作"傲慢养育暴君"。

这让我们想起,《阿伽门农》的歌队讲过老的Hybris[肆心]如何生下新的Hybris[肆心],即Ate[迷狂祸害]。埃斯库罗斯似乎回溯到了梭伦那里,后者曾说过,Koros[傲慢]生下了Hybris[肆心],而品达以及希罗多德所引用的一道神谕则把这种关系颠倒过来,让Hybris成了母辈,① 索福克勒斯亦如是。

歌队在下一曲首节诅咒了行动和言辞上的傲慢(883以下),这种傲慢表现在不惧怕Dike[正义],不敬重神明的居所(按即庙宇),不愿公平地赢取自己的好处,不愿弃绝不虔敬的行为,以及破坏圣物的神圣性。② 这些话直接让我们想起《阿伽门农》的歌队在谴责那些"践踏圣物荣光"的作恶者时所用的语言(369以下),歌队说那些话时似乎针对的是帕里斯和特洛亚人,但我们发现他们的话也越

---

① Solon fr. 3,7-9; Theognis 153; Pindar, *Ol.* 13,10f; Herodotus 8.77.1.
② 沙德瓦尔德(Schadewaldt)对这一曲节的标点,*op. cit.* (n. 10),288f,遭到了H. Friis Johansen和J. C. Kamerbeek的正确批评,见Johansen发表在*Lustrum*上的文章(*Lustrum*[1962/7]),243),以及Kamerbeek发表在*Wiener Studien*上的文章(79[1966],87]以及他对此处的注疏。沙德瓦尔德把这一曲节视为一个整体,由三个平行的"如果"从句构成,中间有两个插入语(889-890的 κακὰ...χλιδᾶς 和893-894的 τίς ἔτι ποτ'...ἀμύνειν)。但这种理解导致895行的 γὰρ 变得累赘,不仅如此,第二个插入语跟第一个插入语隔得如此近,也造成了结结巴巴的效果,读起来非常不舒服。

来越适合用在征服特洛亚的人身上。

《俄狄浦斯王》歌队继续唱道:这样一个人怎能在灵魂上躲得开"愤怒的箭"?① 我们记得埃斯库罗斯笔下那些作恶者受惩罚的形式,即Ate[迷狂祸害]夺走他的理智,让他干下莽撞的事情,并导致他的灭亡。歌队追问:"如果这个人的那种事情都要得到尊荣,我又何必在这里歌舞敬神呢?"(895)② 如最近阐释这首颂诗的学者所说,以歌舞来尊荣神明是希腊各地祭拜仪式的一部分,所以歌队不会突然由忒拜的长老变成雅典choreutai[歌队],学者通常认为这样变化会让人摸不着头脑。尽管如此,主要观点还是很清楚的,歌队唱道:如果罪犯逍遥法外,对宗教来说就太致命,正如厄里倪厄斯坚持认为的,如果奥瑞斯特斯跑掉了,就会毁掉宗教和道德。

对这首颂诗的研究汗牛充栋,大都集中在歌队究竟在说谁这个问题上。特瑞西阿斯、克瑞翁和拉伊俄斯都找得到拥护者,但最多人还是支持这里说的是俄狄浦斯、伊俄卡斯忒或同时在说两者。③

---

① 维拉莫维茨和Dain-Mazon都认为此处应该是 θυμοῦ;而沙德瓦尔德则力证是 θυμῶν (*op. cit.*, 479–483)。为 θυμοῦ 辩护的人则接受Musgrave对894行的校订,即把 ἕξεται 改为 εὕξεται。而莎德瓦尔德则改为更大不站得住脚的 ἔρξεται,他翻译为:"在这种情形下,最后谁还能够像一个成熟的人那样保持自制,谁能够抵挡来自灵魂的强烈激情、狂热、饥渴和狂野的欲望呢?"最好的释读为 θυμοῦ,并译作"傲慢"或"激情",因为Ate[迷狂祸害]是在 θυμός[心]上起作用的。关于《俄狄浦斯王》中的 θυμός,参M. Pohlenz, *Die griechische Tragödie* II², 141。

② Kamerbeek, *op. cit.*, 89以及他对此处的注疏。[译按]这里的希腊语原文只有"歌舞",并无"尊荣神明"(乃本书作者据文意所补)。

③ 这个问题的参考文献,参I. Errandonea, *Hermes*, 81 (1953), 130–131以及(更详尽的文献)*Univ. Nac. De la Cuid. Eva Peron Inst. De Leng. Clas.*, *Textos y Estudios*, La Plata, iii, 1952。尽管这位有独创性的学者在《俄狄浦斯王》上的观点与我大为不同,但我们仍然同意家庭诅咒的重要性。Macleod指出,歌队刚

[111]但我看不出有什么理由认为歌队刻意在说任何特定的人。歌队是在刻画传统上那种不义之人,也就是传统上Hybirs[肆心]、Koros[傲慢]和Ate[迷狂祸害]的受害者。歌队唱道:这样的人必须为拉伊俄斯之死负责,因此现在也要为城邦所受的玷污负责。有罪的人必须得到惩罚,否则宗教和法治就完蛋了。阿波罗是宙斯自己的发言人,他的神谕必须被证明为正确。

颂诗的言辞及其上下文都没有暗示罪犯是谁,但它的确证明了罪孽、不洁和玷污之类的观念在这部戏剧中起着重要作用。以这种埃斯库罗斯式的笔法来描述的罪责,即作为Hybirs[肆心]、Koros[傲慢]和Ate[迷狂祸害]的受害者所承受的罪责,同时也是那种不敬畏Dike并染指圣物之人所承受的罪责,它听起来不像是不知情而行动之人所犯下的那种无心之过。一个人在争吵中杀死挑衅他的旅人,还构不成这种罪,同样,俄狄浦斯对特瑞西阿斯和克瑞翁发出的那些威胁也构不成这种罪。然而,一个受到诅咒的人的确特别容易爆出一阵阵的情绪,致使他做出那些会带来灾难后果的事情。而俄狄浦斯被描写成老是容易爆发这样的情绪,他的行为正是那种在我们看来受到了诅咒的人才会有的行为。从过去继承而来的家族诅咒对于《俄狄浦斯王》的情节来说,难道不是比大多数学者所认为的更重要吗?

这是佩罗塔(Gennaro Perrotta)的观点,他在现代索福克勒斯

刚找到了一些可靠的理由,认为俄狄浦斯本人就是凶手(cf. Winnington-Ingram, *op. cit.*, 187)。这是对的,尽管歌队极为勉强地承认此事还需要调查。Macleod还写道:"我不总是弄得清楚,在这一部分中,什么时候诅咒是指 ἀρά[祈祷,诅咒],什么时候又指'世代相传的罪恶'。"

研究领域写出了一部最好的著作,① 他对这部戏剧的研究方法与我的非常相似。但最近很多批评者不承认家庭诅咒在索福克勒斯的肃剧中起到了任何作用。② 多兹不在他们之列,因为他承认这种诅咒在《安提戈涅》和关于俄狄浦斯的第二部剧作(按即《俄狄浦斯在科洛诺斯》)中颇为重要。③ 但我认为这种诅咒在《厄勒克特拉》(Electra)中也很重要,在《安提戈涅》中的意义也相当大,因此,我在回到第一部《俄狄浦斯王》之前,打算稍微转一下笔锋,来讨论它在这三部剧中的意义。④

索福克勒斯的《厄勒克特拉》呈现的是阿特柔斯家族史上单独的一幕,从而把焦点集中在[112]一个人物身上。哪怕稍微暗示一下将来对奥瑞斯特斯的追捕和开释,都会破坏诗人打算达到的特定效果,所以,这里没有强调超过三代人持续不断的谋杀和报复的因果链。尽管如此,宙斯和"正义"在这部剧中仍有其一席之地,并因此对阿特柔斯家族撒下了诅咒。在进场歌之前的抑扬格诗行中,厄勒克特拉祈求"哈得斯和佩尔塞福涅(Persephone)的家,地下的

---

① *Sofocle*, Messina and Florence(1935; repr. 1965).

② 例如以下几位就这么认为, T. B. L. Webster, *An Introduction to Sophocles* (1936),31(尽管Dodds, *GI*,53, n. 25已批评过,但Webster在1969年版本中仍然未改变观点); Lesky, *TDH*,123. 甚至包括Bowra也否认诅咒的重要性,尽管他对索福克勒斯正义观的看法与大多数现代人不同(*Sophoclean Tragedy* 88,163)。

③ Dodds, *Greece and Rome*, *l. c.* 41; see n. 33, above.

④ 参R. P. Winnington-Ingram, *Proc. Cambridge Philol. Soc.*,183(1954/5), 20f = *Sophokles*, ed. H. Diller, *Wege der Forschung*, 95(1967),400f; 另参Friis Johansen, *Classica et Mediaevalia*, 25(1964),8f. 我尽管强调了Dike[正义]在《厄勒克特拉》中的重要性,但我的意思当然不是说该剧有一个"大团圆式的结局",所有角色的困难都得到了解决;参H.-J. Newiger, *Arcadia*, 4(1969),143–150。

赫耳墨斯和灵验的诅咒之神,以及令人敬畏的众神之女厄里倪厄斯",来满足她的祈愿,向杀害她父亲的凶手复仇(110以下)。歌队在进场歌中则试图安慰厄勒克特拉,提醒她说,掌管万物的宙斯还在天上统治着呢,可以相信宙斯终有一天会满足她的愿望(173以下)。在进场歌最后,厄勒克特拉宣布,如果阿伽门农就这样躺在那里死去,变为尘土和虚无,而杀害他的人却逃脱了被杀的应得报应,Aidos[羞耻]就会从世间消失,全人类的虔敬也会消失(245–250)。

我们必须注意这首短歌具有鲜明的埃斯库罗斯特征,在这首短歌之前的那一幕中,厄勒克特拉强迫克律索特弥斯(Chrysothemis)扔掉她母亲向死者阿伽门农提供的祭品,并代之以更可接受的东西:

> 如果我不是什么疯狂的预言者,缺乏明智的判断力,那么,先知一样的"正义"必降临,手握正义的权力;她会来追捕他们的,孩子啊,用不了多久。(473以下)①

对句的第一节提到Dike[正义],第二节则对称性地提到厄里倪厄斯(489以下)。如果让克吕泰墨涅斯特拉陷入恐惧的那个警示之梦得不到应验,那么,梦和神谕中的所有预言就都是假的了(498以下)。接下来的一首颂诗追溯了阿特柔斯后人的伤心事,甚至越过阿特柔斯追溯到伯罗普斯(Pelops)的背信弃义。伯罗普斯战胜了可怕的俄伊诺马俄斯(Oenomaus),并抱得美人归,那可是十三位求婚人死也要娶到手的新娘。根据此处更可取的版本,伯罗普斯获

---

① 在我翻译的索福克勒斯《厄勒克特拉》472–476中,我把short误作long了。

胜,不是因为波塞冬借给他的那几匹马快得无与伦比,而是因为他对手的马车车夫故意把主人马车上的关键构件弄松了。伯罗普斯并没有向这个叫弥尔西洛斯(Myrsilus)的人打赏,反倒把他扔下悬崖,丢进了海里——还有一个故事说,伯罗普斯给他的奖赏就是他新妇的贞操。[113]诗人并未明确说这就是阿特柔斯家族所受诅咒的源头,而只是说这是阿特柔斯后人灾难的源头。

尽管如此,索福克勒斯在这里意在暗示欧里庇得斯在其《奥瑞斯特斯》中明确阐释的道理,倒是似无疑议(995以下)。克吕泰墨涅斯特拉在行凶时,歌队高声唱道:"诅咒实现了!"(1419)我怀疑歌队的意思是否仅仅在说被害人阿伽门农受到的诅咒。就戏剧作家索福克勒斯的目的而言,并不要求让神圣正义和凡人的诅咒这个框架在这部剧中受到在《奥瑞斯特亚》中那样的注意,然而这部剧依然有这个框架,剧中几处埃斯库罗斯的回声表明了这个框架的重要性。

我们现在转到《安提戈涅》。安提戈涅开篇就提醒妹妹"从俄狄浦斯传下来的灾难",于是她妹妹伊斯墨涅很快(49以下)想起了父母兄长的悲惨命运。她姐姐如果坚持做她心意已决的事情,也会分享同样的命运。安提戈涅被关进监牢时,歌队如此欢迎她:"不幸的人儿,不幸的父亲俄狄浦斯的女儿。"(379–380)后来,克瑞翁判安提戈涅死刑后,歌队唱了一首极为美妙的颂歌,歌中反思了拉布达科斯(Labdacus)家族的历史(583以下)。开头两个曲节的主导隐喻,就是把这个备受折磨的家庭比作海浪不断拍打的海岸,这个隐喻也曾出现在另一首伟大的颂诗里——在埃斯库罗斯的三部曲最后为拉布达科斯的后人盖棺论定的地方,《七将攻忒拜》(*Seven Against Thebes*)中的歌队也回顾了他们这家人的历史(720以下)。

《安提戈涅》的这首颂歌,其开篇措辞和思想都让人想起埃斯库罗斯。然后在第一曲次节的末尾(599–603),歌队把开头唱过的一般说法运用到目前的情况中:现在俄狄浦斯家里最后幸存的这两个女人都要被杀掉了。执行她们死刑的将是阿特神(Ate)通常的仆役,"思想上的愚蠢以及精神上的厄里倪厄斯"(603)。我们想起了《伊利亚特》第十九卷中阿伽门农的道歉;[①] 我们还想起了埃斯库罗斯对同样的毁灭性过程的解释,当时阿伽门农已打定主意拿女儿作牺牲。

歌队唱道:

狂妄的迷乱这个灾难的教唆者,[114]给人坏主意,把有死者变得肆无忌惮。[②]

Ate[迷狂祸害]是宙斯派来的,《安提戈涅》的歌队现在要继续尊荣的是宙斯的权力(604以下)。歌队肯定宙斯无匹而永恒的至高地位,这也再次让人想起埃斯库罗斯。歌队唱道:

这条规律现在、将来和过去都有效;巨大的财富不会落到任何有死者头上而不同时招来Ate[迷狂祸害]。(611–614)

这里的文本不太确定,但并不影响它的意思,[③] 歌队似乎在说,巨大的繁荣昌盛本身会导致Ate[迷狂祸害]。然而,索福克勒斯这

---

① 《伊利亚特》19.86–87;见上文[原书]页22。
② 《阿伽门农》205f,尤其是222–223。
③ 见Lloyd-Jones, *CQ*. n.s. 7 (1957), 19。对《安提戈涅》第二合唱歌中颇有价值的讨论,见Patricia Easterling, *Dionysiaca* (1978), 141f。

里的意思不可能是让歌队否认如下这一点:不是繁荣昌盛本身而是罪责才招致惩罚。就连那首包含了埃斯库罗斯学说的经典表达——即,只有不义者及其孩子们才会遭到神明的惩罚——的颂歌也继续唱道:

> 正义在烟雾弥漫的陋室里显光芒,尊荣正直的生活;但对于那金光灿灿的宅第,如果住在里面的人双手不洁,正义也会侧目离去,绝不尊重财富被人夸大而显得虚假的力量。(《阿伽门农》行773–780)

有权有势的人比贫贱者更容易遭到Ate[迷狂祸害]的猛烈攻击。接下来的话语更加证实了这一点(《安提戈涅》行615),因为歌队继续解释前面的话,说繁荣昌盛是一种危险,它激起人们的希望,而希望尽管给有些人带来好处,却对另一些人灌输疯狂的欲望从而欺骗了他们。受害者丝毫不懂得自己的危险,直到踩上烈火。歌队唱道:

> 一位不知名的人说了一句名言,向我们揭示了真正的智慧:神明若要把某人的思想引向Ate[迷狂祸害],在此人眼中,恶就显得是善。(620以下)

最后一行的文本也有疑问,但幸运的是版本上的差异对意思基本上没有任何影响。如果我的看法是对的,[①] 那么歌队是在回顾前一曲节末尾的话,即贫贱者没有这种危险。索福克勒斯说邪恶对Ate[迷狂祸害]的受害者来说似乎就是好,再次以类似埃斯库罗斯

---

① *Op. cit.*, 20; Perrotta, *op. cit.*, 75.

的方式描述了Ate［迷狂祸害］如何起作用。①

歌队用埃斯库罗斯式的语言分析了忒拜皇室的处境。我们必须把那种分析当真吗？［115］在《安提戈涅》第一合唱歌中(332以下)，歌队把埋葬波吕涅克斯的行为看作"可怕"的事情，以它为例来表明凡人的勇气和智谋能够造就大善或大恶。歌队在第三合唱歌中将不认可海蒙(Haemon)对他父亲的建议，并认为那个建议是爱情的力量带来的扭曲结果。② 然而，观众很快就会看到，海蒙声称为克瑞翁提出了合理而无私的建议其实是有充分依据的。这就使某些批评家忽视了第二合唱歌，认为它不过是一首漂亮的颂诗，意在填补幕间休息的空档，没有任何戏剧功能，最多只是在表达受蒙骗的(歌队)忒拜长者们的一个错误观点而已。没有哪个地方能比这里更好地阐明，如果按照流行的习惯把合唱抒情诗当成索福克勒斯戏剧中毫不重要的东西，那会带来多么严重的危险。③ 就此而言，《安提戈涅》后来的一段插曲，对我们在段首提出的问题作出了回答。

歌队在与安提戈涅共处的最后一幕中，也就是在她被带去活埋之前不久，再一次提起了世代相传的诅咒这个话题(行852以下)。歌队告诉她：

> 你已走到了鲁莽的极端，你撞上了正义的最高宝座，绊倒

---

① 见埃斯库罗斯《波斯人》93—100。

② 781f; see Von Fritz, *AMT*, 227f.

③ Gerhard Müller, *Sophokles, Antigone* (1967), 15正确地指出，莱因哈特居然没有认识到这一点，这的确太奇怪了；参氏著"Chor und Handlung bei den griechischen Tragikern," in *Sophokles*, ed. H. Diller (1967), 212f.

在地。我想啊,你这是在用祖先传下来的苦难来赎罪。

如果我对"正义的最高宝座"理解不错的话,① 这里是用一个隐喻来说安提戈涅,埃斯库罗斯也曾两次用该隐喻来说不义者的行为。更重要的是最后一行,歌队告诉安提戈涅,她是在为祖先赎罪,安提戈涅也没有否认而是认可了这一点,她回答道:

> 你已触及我内心最痛苦的想法,我想起了自己的父亲——你谈到的那种悲伤可谓恒提恒新啊——想起了传到我们这些拉布达科斯显赫后裔身上的整个宿命。(857以下)

从刚才引述的这条证据来看,似乎可以得出这样的结论:安提戈涅必须算作家族诅咒的一个牺牲品。我们如果不相信神明在索福克勒斯笔下总是正义的,也就不会被一个想法所困扰:安提戈涅与克瑞翁不同,她可并没有做出任何活该承受这种命运的事啊。但如果我们认为,神明在索福克勒斯眼里正如在埃斯库罗斯眼里一样是正义的,那么,我们就会觉得[116]上面提出的结论让该剧变得更容易理解些。我们还可以引证某些关于安提戈涅的一般性考虑来支持这一提法。

有些人主张安提戈涅并不比克瑞翁更不应该受到谴责——如果

---

① 莱斯基不愿意承认,就算没有对比项,那个 *προσέπεσες...ποδί* 也可以指"绊倒"(has stumbled into),参氏著"Zwei Sophokles-Interpretationen", *Hermes*, 80 (1952), 91f = *Gesammelte Schriften* (1966), 176f. 莱斯基毫不理会 E. Bruhn 和 J. U. Powell 分别提出的那种简明而单纯的猜测。见 E. Bruhn 对 Schneidewin-Nauckr 评注本的修订,另参 J. U. Powell, *CQ*, 21 (1927), 176, Powell 把 *πολύ* 改为了 *ποδί*。Perrotta 对于这些全部都讲到了,除了他采纳了 Schneidewin 的 *ποδοῖν* (*op. cit.*, 78)。另参埃斯库罗斯《阿伽门农》381–384 和《欧墨尼得斯》583f.

可以谴责的话,他们的态度比那些认为俄狄浦斯是罪有应得的人的态度更让我生气。① 但安提戈涅身上有某些特征,正如俄狄浦斯也有某些特征一样,都能帮助我们理解那些人为什么会对她表现出那样一种态度。安提戈涅是一个英雄形象,比以伊斯墨涅为典型的一干普通妇女更勇敢、更坚决,也更热情、更倔强。佩罗塔(Perrotta)写道,

> 那位可怕的女主人公绝不是某些人希望在她身上看到的那种充满爱的女人,她是一个不屈不挠的人物,只有那些满怀英雄意识的人才会敬重和爱戴她。

索福克勒斯笔下的厄勒克特拉是理解安提戈涅的关键人物,前者跟后者一样,也是与一个妹妹相对照,这个妹妹虽然绝非懦弱或可鄙,却不是按照英雄模式来刻画的。安提戈涅与厄勒克特拉、与埃阿斯、与两部剧中的俄狄浦斯一样,都有英雄特质自身的缺陷。安提戈涅从跟克瑞翁交锋开始,就控制不住自己自然而然的愤慨,根本没有考虑到圆融和谨慎。但这本身并不能说明任何问题,因为我们完全可以说,是克瑞翁太刚愎自用,跟他讲道理太不值得。不过安提戈涅对陪衬她的人伊斯墨涅的所作所为,则是一个绝对不会让人误解的表征。在这部剧的开场对话中,伊斯墨涅表示自己不大愿意帮助姐姐完成她的计划,这时安提戈涅很生气。安提戈涅首先谴责妹妹"不敬重天神所敬重的东西"(76-77),后来当伊斯墨涅恳请她对计划保密,自己也答允保密时,安提戈涅却又笃令妹妹向所有人公布这个计划(86-87)。最后,她告诉伊斯墨涅,伊斯墨涅若坚

---

① 黑格尔的解释现在受到了彻底的怀疑,参 Gerhard Müller, *Sophokles, Antigone* (1967), 10f.

持说这个计划不可能实现,就会成为她本人以及她们已逝兄长的敌人(93以下)。后来,伊斯墨涅听到了姐姐的谴责,鼓起极大的勇气试图支持她,说自己一直跟她同舟共济,安提戈涅竟然愤怒甚至蛮横地断然拒绝了她:

> 我并不在乎[117]那种只会用言辞来表示亲爱的亲人。①

安提戈涅确有英雄本色,她为波吕涅克斯牺牲了一切,不是出于个人情感,而是出于对自己家庭中一位男性成员的忠诚。这就是很多受误导的人想删除的这段话语所含难题的答案,也是佩罗塔给出的清楚而简明的答案。② 安提戈涅在最后关头不是静等饿死——从事后来看毋宁说是静等获释——而是上吊自杀了,这说明她始终都是那么鲁莽和冲动。

如果我们相信代代相传的诅咒会导致宙斯派 Ate[迷狂祸害]来夺走凡人的理智,那么,安提戈涅的行为就与俄狄浦斯的行为一样,看上去的确表明了"言语愚蠢,满脑子厄里倪厄斯"在起作用。③ 歌队承认安提戈涅堪称虔敬——这尤其是厄勒克特拉的典型品质——但告诉她,她那任性的脾气毁了自己。④ 歌队还承认——

---

① 543 λόγοις δ' ἐγὼ φιλοῦσαν οὐ στέργω φίλην.

② *Op. cit.*,120. Cf. H. Weinstock, *Sophokles* 3,136。我不能认同 Bernard Knox (*The Heroic Temper*,107)所谓"她英雄精神的根源……看来是纯粹个人性的"。

③ 603。Pohlenz *op. cit.*,84 说道:这句话并不能证明安提戈涅就是诅咒的"盲目工具"(ein willenlose Werkzeug)。当然不是,但是这能够证明她不是诅咒的受害者吗?

④ 872-875。Pohlenz(*loc. cit.*)似乎发现了这与 856 行的 πατρῷον δ'ἐκτίνεις τιν' ἄθλον 不一致。他忘记了,受到诅咒的人会被自己鲁莽的判断所出卖。

这不可能是在嘲笑她——她会死得非常光荣,她自己这么说过(96-97,502-505),海蒙也说过邦民都会这样认为(817以下;另参692-699)。这对安提戈涅来说完全算不上安慰,丝毫不比埃斯库罗斯笔下卡珊德拉所得的安慰更多,① 但就希腊人的思维方式来说,那并非毫无意义。②

家庭诅咒真正起作用的第三部剧,就是《俄狄浦斯在科洛诺斯》。这位双目失明的流浪者带着女儿来到科洛诺斯,由当地人组成的歌队认出了他的身份,此时开场歌和进场歌达到了一个高潮(220以下)。歌队命令这父女俩立即离开(226),但安提戈涅在进场歌结尾部分的抒情诗里请求对方收留俄狄浦斯(237以下)。歌队长回答得很客气,但坚持说俄狄浦斯必须离开,因为歌队长和他的伙伴们都害怕一个不洁的人会给他们带来神明的愤怒(254-258)。俄狄浦斯反驳说,科洛诺斯人害怕的仅仅是他这个人的名字,而不是他的行为,他的行为本身是受难,不是施害(266-267),他是在毫不知情的情况下杀父和乱伦的。[118]在伊斯墨涅离开去献祭后,歌队再次质询俄狄浦斯过去的事情(510以下)。这一幕似乎是要给俄狄浦斯一个机会,让他以最大可能的程度强调自己不知情。③ 俄狄

---

① 《阿伽门农》1304-1305,参欧里庇得斯《阿尔刻斯提斯》150-155。

② 有几位学者一直在费力研究安提戈涅为何走向了死亡这个问题(e.g. Pohlenz, *op. cit.* I2, 195, Von Fritz, *AMT*, 5f.),然而谁也没有做出令人满意的解释。Wilhelm Schmid(*GLG* I ii, 1934, 356-357)写道:"在他那里,安提戈涅的死亡根本不是那个古老的咒语的结果,而是为某一神圣之物作出的牺牲。"但为何不可以兼而有之呢?

③ 维拉莫维茨即如此认为, *Geschichte der griechischen Literatur*, 349。我不否认莱斯基所引证的这些说法之间的关联, *Hermes*, 80 (1952), 100f = *Ges. Schr.* 184f。

浦斯甚至声称自己"在法律上是无罪的"。①

人们通常猜测第一部俄狄浦斯剧上演于公元前5世纪的30年代或20年代,那么,以上是否表明,雅典人自第一部俄狄浦斯剧上演以来对玷污的态度发生了显著的变化?② 但我在想,这种差别能不能用第一部剧中俄狄浦斯对杀害拉伊俄斯的凶手所发出的全面诅咒来解释。③ 阿波罗曾说过,凶手必须被处死或流放(100–101),诅咒本身也判定必须弃绝他(236以下)。在《俄狄浦斯在科洛诺斯》中我们没有听说这样的诅咒,故事所采用的形式也与它以前声明要采取的不一致,因为在这里索福克勒斯就像荷马与欧里庇得斯一样,让俄狄浦斯仍然留在了忒拜,尽管他并非故意犯下的罪孽已大白于天下。

忒修斯被科洛诺斯人视为最有资格就宗教问题发言的人,但就连忒修斯也毫不犹豫接纳俄狄浦斯到自己的国家来,而且他们会面时只字未提这位来客弑父和乱伦,最后还是俄狄浦斯自己开始提到这个话题(595–597)。后来,在忒修斯谴责克瑞翁试图强迫俄狄浦

---

① 548。I. M. Linforth 认为这部剧中的宗教因素极不重要,这种说法只有当如某些人所认为的那样那种宗教似乎是基督教时,才算有些道理。参 *Univ. Calif. Publ. Class. Philol.*, vol. 16, no. 6(1951)。

② 最近 Adkins 就这么认为(*MR*, 106)。正如他所说的(p. 99),甚至德拉古法典似乎都已区分了故意杀人、过失杀人和正当杀人。对于德拉古法典,我会像 D. M. MacDowell, *Athenian Homicide Law in the Age of Orators*, 1963, 6f 一样小心谨慎,但这种区分肯定是在索福克勒斯时代才有的。关于德拉古,见 R. S. Stroud, *Drakon's Law on Homicide*(Univ. of California Publications in Classical Studies 3, 1968) and *The Axones and Kyrbeis of Drakon and Solon*(*ibid.*, 19, 1979)。

③ 在决定这里应该对玷污采取什么态度上,剧情的要求自然起到了一定的作用。

斯跟他一起离开之后,克瑞翁试图为自己找借口,他反驳说,他坚信雅典人也不会收容一个犯下如此罪行的人(939以下)。俄狄浦斯再次坚称自己的行为本属无心。他说,那些行为之所以发生,是因为神明的意愿要它们发生;也许那些行为增加了神明对他家族的某种古老的愤怒。①

拉布达科斯家族因何遭诅咒,这绝不是《俄狄浦斯在克洛诺斯》的主题,详细探讨的话会分散对主要问题的关注。但那个诅咒从来没有停止起作用,我们不仅从厄特俄克勒斯和波吕涅克斯的行为,还可以从俄狄浦斯的行为中看到这一点:甚至安提戈涅出面说情,也丝毫无助于减轻俄狄浦斯对两个儿子刻骨的仇恨,这种恨甚至远胜于他对两个女儿的爱。[119]老年的俄狄浦斯与早先的俄狄浦斯一样、与安提戈涅一样、与厄勒克特拉一样,都满是骄傲、愤怒和倔强,这些性格正与英雄本色相生相伴。这个诅咒对俄狄浦斯可谓报应得淋漓尽致,已经不可能再让他受苦了,但却会影响他对作为诅咒牺牲者的下一代的态度。不仅厄特俄克勒斯和波吕涅克斯的结局已有先兆,安提戈涅和伊斯墨涅的结局也许同样如此。安提戈涅最后请求忒修斯把她和她妹妹送回忒拜,这种请求还能有别的什么意思呢?②

人们很少认识到代代相传的诅咒在索福克勒斯戏剧中的重要

---

① 964—965。有人认为《俄狄浦斯在克洛诺斯》是"大团圆式的结局",A. Wasserstein对这种观点提出了有益的警告,见 *Bull. de l'Assoc G. Budé*, 4th ser., 2(1969), 189。

② Macleod写道:"我觉得这个'诅咒'报应在安提戈涅身上,与其说是在她性格冲动上,不如说是在她想献身于死者上。"他指的是2.559—560。我觉得这两个方面都体现了对安提戈涅的"诅咒"。

性，我认为，这是由于诗人没有在一个连续的主题上创作四联剧中的这三部肃剧。但我们仍然能够找到充足的证据来证明这一重要性。现在我们必须来考察，拉伊俄斯发出的诅咒是否可能对《俄狄浦斯王》的情节有所影响。

在《七将攻忒拜》的歌队看来，阿波罗禁止拉伊俄斯生育后代，警告他说，如果他不服从，那么他的儿子就会杀死他，并且会娶伊俄卡斯忒(742以下)。多兹附和了维拉莫维茨和其他人的观点，认为

> 在埃斯库罗斯笔下，灾难本来可以躲得开的，但拉伊俄斯没有顺服神明，犯了罪，他的罪还毁了自己的后代。在埃斯库罗斯笔下，这个故事跟《奥瑞斯特亚》一样，乃是罪与罚的故事。但索福克勒斯则作出了另外的选择——故此，他改变了神谕的形式。①

索福克勒斯改变了神谕的形式吗？在他这部戏剧中(711以下)，伊俄卡斯忒告诉俄狄浦斯，神谕曾警告拉伊俄斯他会死在自己儿子手上。她没有补上说，神谕还告诉拉伊俄斯，那个儿子还会娶他自己的母亲。但她漏掉这个细节很可能只是因为它与当时的话题不大相干；俄狄浦斯后来解释那个向自己发布的神谕时并没有漏掉这个细节(787以下)，而且，我们也几乎不可能想像该细节没有包

---

① *Greece and Rome*, 13(1966), 41。关于神谕问题，参 Winnington-Ingram, *Sophocles: An Interpretation* (1980) 205n.4。他在谈到俄狄浦斯父母的罪孽时，说"对这个主题竟然没有予以强调，这给我以故意和意味深长的感觉"。这是对的。Winnington-Ingram还说，这位诗人"希望集中展示主人公的个人定数，集中表现他说不清道不明的命运，而不是专注于叙述一系列不可避免的后果，那就是厄里倪厄斯对一代又一代的人施加惩罚，因为他们违背了神圣秩序"(p.205)。

含在更早给拉伊俄斯的神谕中。既然伊俄卡斯忒在向俄狄浦斯讲述那个向拉伊俄斯发布的神谕时漏掉了这个细节,那么她漏掉另一个对她的目的来说并不重要的细节,也不足为奇。她漏掉的另外那个细节是说,阿波罗不仅预言拉伊俄斯会死于[120]自己儿子之手,还警告他不要生儿子,因为这个儿子肯定会杀掉他。无论如何,既然结果都完全相同,那么阿波罗究竟做了哪一件事其实都没有任何区别。正如佩罗塔已经指出的,说索福克勒斯改变了神谕的形式,是完全不对的。①

甚至在埃斯库罗斯笔下,俄狄浦斯的故事严格说来也不是一个罪与罚的故事。但拉伊俄斯的故事是不是呢?我们对埃斯库罗斯的所有了解都表明,他坚信神明不会毫无来由地惩罚凡人(同上,页87)。如果在埃斯库罗斯的三部曲中,阿波罗告诉了拉伊俄斯不要生育孩子,那么我们不禁会去想:拉伊俄斯以前究竟做过什么,才会导致阿波罗这样做?

有一些古代注疏本和神话书籍记载了一个故事,也许可以解释拉伊俄斯的罪孽,故事大意如下。② 拉伊俄斯受到伯罗普斯的盛情款待,后者有一个小儿子,叫克律西波斯(Chrysippus),以美貌著称,据说曾迷倒过宙斯和忒修斯,当然也迷倒了拉伊俄斯。拉伊俄斯找借口说要教这个孩子驾车,就绑架了他,把他带到了忒拜。克律西波斯自杀了,他的父亲伯罗普斯就诅咒了拉伊俄斯。

---

① 见 Perrotta, *op. cit.*, 203(反对的是 Wilamowitz, *Hermes*, 34, 1899, 55 以及 *Griechische Tragödien*, i 14)。

② 见 Stoll in Roscher's *Lexicon*, s.v. "Chrysippos," 902f. and Lamer in *R.-E.*, xii. i, 476f。关于拉伊俄斯和克律西波斯,见 Dover, *Greek Homosexuality* (1978) 199f。

这个故事构成了欧里庇得斯《克律西波斯》的情节,当然可能经过了改动。威尔克(Welcker)认为,该故事最早出现在一部名为《俄狄浦斯家族之歌》(Oedipodeia)的早期史诗中,创作时间不晚于公元前6世纪;① 它构成了贝特(Erich Bethe)1891年出版的《俄狄浦斯家族之歌》的一部分,这是贝特大胆尝试作出的重构。② 罗伯特(Carl Robert)1915年出版了一部博学的著作《俄狄浦斯》(Oidipus),严厉地批判了贝特的重构。③ 罗伯特指出,贝特未能证明《俄狄浦斯家族之歌》使用了克律西波斯的故事,但是,罗伯特也未能证明这部史诗不可能使用了该故事。虽然已有许多相关的讨论,但这一点仍然存疑。④

另外,埃斯库罗斯使用了克律西波斯的故事吗? 不仅威尔克如此认为,他最大的对手赫尔曼(Hermann)也同样这么认为。⑤ 其证据纯粹是间接性的。首先,要说欧里庇得斯杜撰了这个传说,这几乎不可能;他要么是在早期史诗中找到的,要么是在埃斯库罗斯那里借用的,要么兼而有之。其次,我们对埃斯库罗斯的所有了解都表明,拉伊俄斯不可能[121]是无缘无故受到惩罚;在他关于拉布达科斯家族的三部曲中,必定一开始就已经有了hybris[肆心]的

---

① *Die Aeschyleische Trilogie*,354f; *Der Epische Cyclus*, i 94.
② *Thebanische Heldenlieder* (1891), ch. 1.
③ *Oidipus* (1915), I, ch. V, 149f.
④ 欧里庇得斯《腓尼基妇女》1760行的古注中有Pisander所作的部分,使用从中抽取出来的内容时必须小心谨慎,参L. Deubner, *Abh. Pr. Akad.* (1942), No. 4 和F. Jacoby, *FGH*. I a, Nachträge zum Kommentar, 544 (on no.16)。
⑤ See Welcker, *Die Äeschyleische Trilogie*, 359; *Der Epische Cyclus*, I 94; II 316; Hermann on Aeshylus, *Septem*, 813.

最初行为，即 ἀρχὴ κακῶν[邪恶的开端]。他的三部剧分别叫做《拉伊俄斯》《俄狄浦斯》以及《七将攻忒拜》。第一部剧中，拉伊俄斯说了开场白。① 拉伊俄斯剧讲的是什么？唯一适合用上的涉及拉伊俄斯的传说，就是那个克律西波斯的故事。②

我们不可能像一位渊博的学者希望做的那样，基于埃斯库罗斯不会采用这个作为"色情－病理学素材"(erotisch-pathologische Stoff)的传说，就排除上述看法。③ 埃斯库罗斯讲述阿喀琉斯的三部曲中，有两条辑语毫无疑义证明了他也把阿喀琉斯和帕特罗克洛斯的爱写成了一种同性恋关系，这种关系在他那个时代的年轻希腊贵族之间太过寻常了(fr. 228-229 Mette)。据传说，拉伊俄斯是第一个干这种事的凡人。而如果有人以此来责骂他，他就会举出先例，即宙斯如何对待伽倪墨得斯(Ganymedes)，以及波塞冬如何对待他的受害者的屈辱的父亲。④ 如果埃斯库罗斯来讲拉伊俄斯的故事，他无疑会把拉伊俄斯强奸的故事更多地说成是破坏了好客之道，而不是强调他非正常的激情。拉伊俄斯犯下的罪行，算起来既不多于

---

① See P. Oxy. 2556 fr. 2 = fr. 169 Mette.

② 倾向于同一看法的有 R. D. Dawe, *Proc. Cambridge Soc.*, 189(1953), 40, n. 2; cf. Schadewaldt, *Hellas und Hesperien*², I 444-446。

③ Deubner, *op. cit.*, 10, n. 5。这个神话的"同性恋基质"让一些心理学家很感兴趣，参 Devereux, *Int. Jour. Psychoanal.*, 34(1953), 132f 和 D. Kouretas, *Ann. Méd. d'Athènes*, 2, nos. 5-6(1963)。

④ 要跟维拉莫维茨(*SBPA*, 1925, 46 = *Kl. Schr.* ii 61)一样断定，第一首《奥林匹亚凯歌》中波塞冬强奸伯罗普斯的故事乃是品达自己杜撰的，这几乎站不住脚。必须承认，J. T. Kakridis 强化了维拉莫维茨的观点，见 *Philologus* 85(1930) 463f = Μελέτες καὶ ἄρθρα (1971) 5f = *Pindaros und Bakchylides*, ed. W. M. Calder III and J. Stern (Wege der Forschung, no. 134)(1970) 175f。

也不亚于帕里斯的罪孽。

我认为埃斯库罗斯的确可能利用了克律西波斯的故事。我也认为,索福克勒斯理所当然地认为,他的观众都会意识到从拉伊俄斯传下来的诅咒最终落到了俄狄浦斯身上。可能有人会问我,文本中为什么没有明确交代这一点呢？我的回答是:首先,除了以这种观点来解释以外,文本中的确有些地方很难说得通;① 其次,这也不是索福克勒斯唯一一次把一个故事用作典故,并且几乎用得像谜一样。该故事的存在对他的目的来说至关重要,但从艺术的角度而言又不可过分突出。

我们先来看看文本中的几处地方。当忒拜奴隶最终冰释了所有关于俄狄浦斯真实身份的疑云后,俄狄浦斯祈求说,但愿他现在是在日光下过上自己最后的时刻。俄狄浦斯说:

> 我生于那个不该生我的人,娶了[122]不该娶的人,杀了不该杀的人。(《俄狄浦斯王》行1184–1185)

为什么拉伊俄斯和伊俄卡斯忒不该生下俄狄浦斯？如果我们承认拉伊俄斯事先得到过警告,那么这些话就意味深长。俄狄浦斯刺瞎自己的双眼后,在对唱挽歌(kommos)中告诉歌队,有一位神灵把剜出自己双眼这一想法灌进了他脑中,这位神灵并非别的谁,正是阿波罗。② 阿波罗的预言到那时已经全部应验,为什么他还继续

---

① 参Perrotta, *op. cit.*, 203；另见Zielinski, *Philol.* n.s., 9(1896),493f 以及Bruhn对Schneidewin-Nauck, *O.T.*的修订版导言(24f.)。

② 《俄狄浦斯王》1329–1330。参Reinhardt, *op. cit.*, 274(讨论剧中的第145行)。阿波罗控制着剧情,正如他在《厄勒克特拉》中一样(参Reinhardt, p. 149)。阿德金斯说,这本身是"对待神谕的奇怪方式"(*MR*, 98)。这里的要

迫害这位可怜的俄狄浦斯并以此为乐？阿波罗在埃斯库罗斯的三部曲中就特别仇恨拉布达科斯家族。比如厄特俄克勒斯看到自己不可避免的大限到来时，高声喊道：

> 让福波斯[按即阿波罗]憎恶的拉伊俄斯整个家族，都消失在风中，让科库托斯河（Cocytus）的波浪卷走它的遗产。（《七将攻忒拜》行690–691）

信使来报说，俄狄浦斯的两个儿子互相死在对方的手中，还说第七座也就是最后一座城门已被阿波罗亲自攻陷，"让拉伊俄斯旧日的轻率之举终结了俄狄浦斯家族"（800–802）。早在《俄狄浦斯王》中，伊俄卡斯忒就献祭并祈祷了，但阿波罗的回报却是派科林多人来报信，这个信使以为自己带来了好消息，但实际上他带来的却是关于俄狄浦斯身份的终极证据（《俄狄浦斯王》行911以下）。在索福克勒斯这部中，就如同在埃斯库罗斯笔下一样，阿波罗憎恶拉伊俄斯家族。俄狄浦斯后来在对唱挽歌中大声叫道：

> 我现在太可怜了，我是不洁父母的孩子。（1360）

如果我们假设这席话就是其表面的意思，那就非常容易解释了。在对唱挽歌后面那段设法为自己刺瞎双眼而辩护的长篇大论中，俄狄浦斯告诉我们他如何通过亲口诅咒自己，来命令所有人弃绝"这个渎神者，这个已被神明宣布不洁的人，这个拉伊俄斯家族

点在于，阿波罗不仅仅给出了预言，还让事情得以发生。为了避免有人认为我把俄狄浦斯仅仅看成是阿波罗手里的线偶，我最好再解释一遍：在我看来，阿波罗的行动并未减少俄狄浦斯的责任。

中的人"。当然，诅咒中没有明确指出拉伊俄斯家族的成员是谁，但这不是充分的理由去怀疑此处的文本不可靠。用杰布(Jebb)的话来说："俄狄浦斯的念头从布告上那个不知名的人转到了自己身上。"① 对俄狄浦斯来说，最可能有力地证明他不洁的证据，就是他属于拉伊俄斯家族。

也许还有人会问，诗人为什么不费心[123]在剧中插入一段文字，更加突出俄狄浦斯是为父亲的罪孽受罚这一事实。可是，把这样一段文字插在确定俄狄浦斯杀了拉伊俄斯这一时间点前面，当然是不可能的；② 而如果插到这一时间点后面，几乎也同样不好，因为那意味着会把观众的注意力从俄狄浦斯转移到他死去很久的父亲身上。俄狄浦斯在整部剧中，尤其快到结尾的时候，一直都是故事情节的中心。现在的问题不在于这个罪孽是不是故意犯下的，而仅仅在于犯罪事实。俄狄浦斯的故事主要不是一个罪与罚的故事。讲这个故事是要阐明凡人的脆弱，即便最强大、最聪明的人也可能转眼间就被击倒。③ 在俄狄浦斯的身份彻底搞清楚后，歌队不是唱"神明已惩罚了有罪的家庭"，而是唱道：

> 啊，世世代代的凡人呐，我把你们的生命看得一钱不值。④

这首合唱歌的主要任务在于表现凡人的虚弱无力，歌队只在快结束的时候才提到，那无所不见的"时光"在很久以前就对这场邪

---

① 《俄狄浦斯王》1382–1383；参 Jebb 对 1382 行的注疏。
② See G. M. Kirkwood, *A Study of Sophoclean Drama* (1958), 75.
③ See Von Fritz, *AMT*, 14.
④ 1180 以下；Devereux 让我们参考他的 "Some Political Functions of the Oedipus Myth in Early Greece", *Psychoanal. Quart.*, 32, (1963), 205f.

恶的婚姻作出了宣判。与此相似,在阿伽门农死前,歌队也表达了同样的情感(《阿伽门农》行1341–1342),阿伽门农跟俄狄浦斯一样,家庭诅咒也不是自己惹来的,而是传到他头上的。在《俄狄浦斯王》结尾处,这一点在歌队的话语里得到反复申说,然而歌队究竟针对谁却一直遭到了错误的怀疑。①

我所表达的对《俄狄浦斯王》的看法,其要旨早在1935年已由佩罗塔提出。② 打那以后,讨论这个问题的人似乎都没有注意到佩罗塔的研究。为什么会这样？因为现代读者自然不会认同,一位肃剧作家会假定他的听众知道那个他只是一笔带过的神话故事。古人对讲述神话故事可谓兴味盎然,但我们对待这种乐趣的态度却多少有点类似清教徒。我们大多数人从小到大都一直认为,对一部肃剧而言,道德、宗教和劝诫性的内容无论从哪方面来说都是其最最重要的部分,因此,我们很容易认为这些传说无非是一些独立成篇故事的汇集,可以充当[124]肃剧作家的桩钉,以便挂上他们的警世恒言。我们向来受到正确的教导,说戏剧本身就包含了所有与其解释相关的东西,这让我们不能敏锐地认识到哪些微小的暗示有助于表明,剧中某些东西与对该剧的理解相关。

但对肃剧作家来说,英雄传说并不仅仅是为了给剧作家提供情节素材的。他们所知道的这些传说,大部分来自当时尚存的很多史诗,尽管可以随心所欲在不同故事间选择自己想要的,但他们也可

---

① E.g., Pohlenz, *op. cit.*, ii 92, 他夸大了1.8的意义；正确的看法可参Kranz, *Stasimon*, 205以及Perrotta, *op. cit.*, 200。[补遗]R. D. Dawe, *Studies on the Text of Sophocles* (1973) i 268已指出,对于《俄狄浦斯王》的结尾而言,有相当多的地方都值得怀疑,远超我所能允许的。所以我愿删去这最后一句话。

② *Sofocle, Messina and Florence* (1935; repr. 1965).

以在基本尊重史诗传统的前提下杜撰出新的故事。对他们来说,史诗中的神明和英雄并非纯属虚构,也不是对当前毫无意义的远古角色,神明和英雄都是真实存在过的,其中很多都有能力影响人间事务;他们还能激起人真正的恐怖和皈依。肃剧作家运用了大量的神话人物和传说,其中某些家族占据明显的支配地位,这在很大程度上要归因于后世对传世肃剧进行选编的人,他们喜欢比较不同的作者就相同或相似的话题创作的肃剧。对这些人来说,传说就像一个庞大、复杂而又松散地联系起来的网络,任何一个部分都最终与其他所有部分相连。

有时人们以亚里士多德为权威,告诉我们说那时的观众都不晓得那些神话。亚里士多德在《论诗术》中用的是现在时,大概就是指的他那个时代。但在他一代人之前的谐剧诗人安提凡涅斯(Antiphanes)却说,观众都熟悉那些神话。要弄清公元前5世纪的观众究竟是否熟悉那些神话,最好的办法就是研究公元前5世纪的诗人如何运用那些神话,这样的研究表明公元前5世纪的观众,至少其中最有辨别力的那部分人,很熟悉那些神话。① 当时普遍存在朗诵史诗的现象,足以让我们断定这些人有极大的兴趣听神话故事。

具体而言,有一个肃剧要素,即信使的话语以及保傅错误地解释马车比赛时所说的叙述性话语,共同表明了肃剧与史诗的亲缘关系,古代世界中肃剧与史诗关系紧密是一个司空见惯的现象,[125] 而我们之所以还需要让人来提醒这一点,部分原因在于我们痴迷于希腊文明的进步,忽视了它很多静态的要素,另有部分原因在于我

---

① 亚里士多德,《论诗术》(Poetics),1451b25;阿里斯多芬,辑语191。我没有注意到,欧里庇得斯的《希波吕托斯》(451-456)很好地解释了这一问题。在悲剧之中,发言之人就是一位英雄时代的人物。

们受到了一部讨论艺术的书①中那种关于宗教和道德的先入之见的影响,才导致我们看待这一部分时,与整体完全不成比例。

我们且以实例简要考察一下传说故事在索福克勒斯每一部戏剧中的位置。他的每部剧作不仅描述了情节所及的时间范围内各个角色身上发生的事情,还大量谈到了此前和此后的事情。每一部剧作都用到主要情节之外的几个不同人物和传说的典故,其中有些对于不了解神话的人而言可能有些不明朗,而且并非所有典故对故事情节都无关紧要。

先来看《埃阿斯》。我们在故事情节的展开过程中知道,埃阿斯是特拉蒙和厄里波娅(Eriboea)所生的儿子,而透克洛斯(Teucer)则是特拉蒙与特洛亚女俘赫西俄涅(Hesione)所生,② 还知道特拉蒙参加了此前对特洛亚的洗劫,他希望埃阿斯达到自己的成就(434以下)。我们了解到埃阿斯在特洛亚战争之前的伟大事迹,还了解到他与赫克托尔单打独斗保卫了舰船,了解到他本应获得阿喀琉斯的甲胄作为奖赏,而这个奖赏最终却颁给了奥德修斯。而奥德修斯如在《菲罗克忒忒斯》里一样,被辱骂成是西绪福斯的私生子(189)。与此相似,阿特柔斯的儿子们被辱骂成他们的祖先伯罗普斯跟弗里吉亚人的种,还说他们的母亲艾洛佩(Aerope)行通奸的丑事(1291以下)。透克洛斯后来被怒不可遏的特拉蒙赶出家门(1008以下),埃阿斯的家系则由其子欧律萨克斯(Eurysaces)继承,对这两件事剧中都有清楚的提示。

《厄勒克特拉》把阿特柔斯家族的诅咒追溯至伯罗普斯的罪孽

---

① [译按]疑即亚里士多德《论诗术》。
② 569; cf. 624f, 849–851, 1229–1230, 1235, 1288–1289, 1299f.

(504以下)。正如我已经指出的,该剧假定观众已经知道伯罗普斯和希波达弥娅(Hippodamia)的故事,以及弥尔提洛斯(Myrtilus)和俄伊诺马俄斯的故事。该剧在具体阐述厄勒克特拉的悲惨命运时,与尼奥柏和普罗克涅(Procne)相对照(147–150),而阿伽门农在坟墓中的所谓生活,也是与安菲阿剌俄斯(Amphiaraus)的地下生活相比较(837以下)。克吕泰墨涅斯特拉和厄勒克特拉争论伊菲革涅亚的牺牲是否正义,让人想起了阿伽门农被杀的那一晚(201以下)。如果说剧中丝毫没有谈到奥瑞斯特斯将来的麻烦事,那是因为只要稍微一提就会破坏结尾的效果。

[126]我已经提到过俄狄浦斯和伊俄卡斯忒的命运在《安提戈涅》一剧中的作用,他们两个儿子的命运在剧中也有一定作用。安提戈涅的命运也与其他一些坐过牢的著名人士相比较,他们是达娜厄(Danae)、吕库尔戈斯以及克勒奥帕特拉(Cleopatra,行944以下)。安提戈涅与厄勒克特拉一样,也把自己与尼奥柏相比(824以下)。特瑞西阿斯的言辞影射了克瑞翁让敌人暴尸不葬而引来外国人干涉的故事(1080以下)。忒修斯攻击克瑞翁的传说在雅典当然家喻户晓。欧律狄刻(Eurydice)在哀恸海蒙之死时,谈到了以前死去的另一个儿子墨诺克奥斯(Menoeceus),他在欧里庇得斯的《腓尼基妇女》(Phoenissae)里为了拯救城邦,舍命闯龙潭。①

《菲罗克忒忒斯》假定人们相当熟悉所有关于特洛亚战争的传说。② 菲罗克忒忒斯是波亚斯(Poeas)的儿子,是欧塔山(Mount

---

① 1302–1303;另参1191。欧里庇得斯,《腓尼基妇女》930–1018;正如杰布在评注《安提戈涅》(行1303)时所说,《腓尼基妇女》中的墨诺克奥斯与《安提戈涅》中的墨伽柔斯(Megareus)是同一个人。

② Kirk说,人们极有可能通过口传而非仅仅通过文字记载就熟知很多神话。

Oeta)附近地区的本地人,① 这个地方受到的关注几乎与勒姆诺斯岛(Lemnos)一样多。菲罗克忒忒斯因为点燃了火葬柴堆而获得赫拉克勒斯的弓,这位英雄[赫拉克勒斯]的儿子许洛斯(Hyllus)拒绝点火,因为柴堆上面有他父亲痛苦不堪却还活着的身体。② 与厄勒克特拉和安提戈涅的命运一样,菲罗克忒忒斯的命运也是用一个对应的神话故事来阐明的,那就是在火轮子上的伊克西翁(Ixion)的命运(676以下)。以前围困特洛亚时发生的事情开始起作用了,史诗提到阿喀琉斯、帕特罗克洛斯、埃阿斯和安提洛科斯的死,以及奥德修斯、狄奥墨得斯、忒尔西忒斯如何活了下来(405–453;562–563),甚至还提到福尼克斯和忒修斯的儿子之类的人物。抓获特洛亚预言者赫勒诺斯对故事情节具有重大意义(604以下,1337以下)。在这部剧结束的时候,菲罗克忒忒斯会杀死帕里斯(1426),并与涅奥普托勒摩斯(Neoptolemus)共享阿开奥斯人的胜利。

要全面理解《特拉基斯少女》的故事,则需要对以前的传奇具有更为广泛的了解。也因此,我们在神话编纂者阿波罗多洛斯那里找到的不是一种假说,而是一卷长篇摘要。③ 很久以前,赫拉克勒斯与那条流经艾托利亚境内的大河神作战,从而赢得了艾托利亚国王

---

① 453,479,490–491,664,724f,1430。索福克勒斯对地理方位特别敏感,他考虑到了特洛亚及其周边地区(还有萨拉米斯湾)在《埃阿斯》中的重要性,考虑到了赛台龙山(Cithaeron)在《俄狄浦斯王》中的重要性,考虑到了欧塔山地区在《特拉基斯少女》和《菲罗克忒忒斯》中的意义,还考虑到了科洛诺斯在《俄狄浦斯在科洛诺斯》中的重要性。

② 请注意1.670; cf. *Trach.* 1174f.

③ Cf. Wilamowitz, *SBPA* (1925), 51 = *Kl. Schr.* V ii, 69.

奥纽斯的女儿得伊阿尼拉(Deianeira)。赫拉克勒斯在带她离开的路上,碰到并杀死了马人涅苏斯(Nessus)。赫拉克勒斯想起,在赫拉命令他干的苦役中,有六件是为欧律斯透斯(Eurystheus)干的,其中[127]最重要的是杀死了许德拉,这个许德拉的血让赫拉克勒斯的箭染上了毒。得伊阿尼拉知道喀戎偶然为毒箭刺伤,并且为了摆脱它造成的剧痛,只好放弃不死性。① 最后我再来谈一个例子,它与《俄狄浦斯王》采用拉伊俄斯受诅咒的典故最为接近。赫拉克勒斯意识到自己最后的时光即将来临,就命令儿子许洛斯在一个至关重要的事情上帮助他,以此表明他对父亲的孝顺(paternity)。② 在向儿子说出那件事情之前,他让儿子向宙斯起誓一定会照办。许洛斯听完父亲的要求后痛苦难当:他得在欧塔山顶上垒起一个大大的火葬柴堆,把还活着的赫拉克勒斯放在上面,然后点燃柴堆。许洛斯最终不得不遵命一切照办,但他拒绝亲自举火。

我们很清楚赫拉克勒斯为什么要下令点燃火葬堆,以及最终让谁来点火,但这些并不是从索福克勒斯那里了解到的。有一个传说毫无疑问在索福克勒斯时代已是家喻户晓,那就是大火仅仅烧掉了赫拉克勒斯身上有死的部分,至于他的魂灵(spirit),宙斯则将其抱在怀里带到奥林波斯山,让他变成了神明。鲍勒(C. M. Bowra)已经指出,索福克勒斯是故意影射这个故事,他还解释了索福克勒斯这样婉曲的原因:③ 直接提及这个封神过程会破坏刚刚上演的故事的

---

① 714f;参同上97。

② 1174以下;关于赫拉克勒斯之死的传说,参 M. Mühl, *Rh. Mus.*, 101 (1958),106f,尤其是120f。

③ *Sophoclean Tragedy*, 159f; cf. Pohlenz, *op. cit.*, I^2, 208 and II^2, 89–90;亦见 F. J. H. Letters, *The Life and Work of Sophocles* (1953), 192–193。我不能认同

肃剧效果,然而诗人也不大可能对此按下不表。许洛斯独自留在了人间,却只能亲眼看到父母双双遭难的悲惨结局,而他们之所以遭难,是因赫拉克勒斯造了孽,他为了赢得伊奥勒(Iole)而杀掉了欧律托斯(Eurytus)和奥卡利亚(Oechalia)。因此,许洛斯的情感开始强烈地迸发,多兹教授说他那是在"强烈抗议神明不义"。① 歌队让伊奥勒待在屋里,并说她目睹了"可怕而突然的死亡,以及刚发生的很多灾难,而这些没有一件不是宙斯所为"。②

多兹在这段诗歌中找到了《俄狄浦斯王》之外的唯一证据,以论证他的如下看法:索福克勒斯"并不相信,或并不总是相信,神明在任何属人的意义上是'正义的'"。我们在承认这个说法的价值之前,必须考虑整个语境。许洛斯[128]和其他幸存者对火葬柴堆的真实用意一无所知,然而可以肯定,索福克勒斯想要让观众知道柴堆的真实目的,因为诗人既然选择让人想起这个细节,即不是许洛斯而是菲罗克忒忒斯或他的父亲波亚斯点燃了柴堆,③ 那么这位诗人肯定是想要听众回想起所有余下的故事。索福克勒斯已经暂时让观众有可能超越他们对世间偶然发生事情的有限视野——这

I. M. Linforth(*op. cit.*, 266)的看法,即最后一幕乃是"同源的故事,虽然附在了这部剧后面,却不大首尾一贯"。

① *Greece and Rome*, 13(1966),46;他继续写道:"没有人回答这个问题。我只能猜测,诗人没有答案可给。"

② 1275f。这几行乃是歌队所唱;参 Kranz, *Stasimon*, 205; Lesky, *TDH*^{2}, 145, n. 1。关于《特拉基斯少女》结尾,参 Patricia Easterling, *Illinois Classical Studies* 6(1981)56f 以及 *Sophocles, Trachiniae*(1982) 9f。Macleod 指出,这部剧最后的话与《奥德赛》20.201–203 极为相似。

③ Poeas, according to Apollodorus ii 7.7;其他人则认为是菲罗克忒忒斯,参 Frazer on Apollodorus *ad loc.*, i 270–271。

种有限的看法一般说来是有死者能够达到的——去洞悉宙斯的目的。在《菲罗克忒忒斯》中,诗人通过已封神的赫拉克勒斯在舞台机械装置上发表的言辞成就了这一目的;而《特拉基斯少女》则采用了一种更微妙的方法。

《特拉基斯少女》结尾部分提供了一个尤其清楚的洞见,可以帮助我们理解索福克勒斯对神明正义的态度,这种洞见只有仔细研究过索福克勒斯才能获得。在索福克勒斯看来,有死者不容易领会神明的正义。然而,假如索福克勒斯已经不相信神明正义,他就会问:"我为何必须载歌载舞?"用厄勒克特拉的话说,"Aidos[羞耻]就会从世间消失,全人类的虔敬也会消失"。索福克勒斯眼中的正义绝非基督教的正义,也非现代人的正义,因此我们较他的同时代人更难理解这种正义观。Dike不仅指"正义",还指"宇宙秩序",从凡人的观点来看,那种秩序带来的常常不是道德律,而是自然律。然而,索福克勒斯相信神明是正义的,即在"正义"一词当时用于凡人身上时的那种意义上,神明是正义的。① 他认为,人们之所以难以理解神明的正义,可能是因为时间跨度太大,把原因与惩罚分开了,还可能是因为人类历史中不同的"不义–责罚"因果链复杂地交织在一起。

---

① "'正义'是对Dike的一种翻译,有时这种译法也不算错得太离谱。" H. D. F. Kitto, *Sophocles as Dramatist and Philosopher* (1958), 47。他对Dike的整个讨论都非常出色。Macleod觉得这种译法"淡化了神明悲剧式的不可揣测性"。如果真是这样,那也不是我的意图。他指出,我在页80和146用了"神意难测"一词。我同意Winnington-Ingram, *Sophocles: An Interpretation* (1980) 329的说法,"希腊的众神归根结底是人世生活境况的反映"。

第六章

智术师、修昔底德与欧里庇得斯

[129]克塞诺芬尼对神明的怀疑似乎既没有得到任何同时代人的响应,也没有得到公元前5世纪中期以前任何作家的回应。但自他表达这种怀疑起,怀疑主义和无神论就已变成了一种需要对付的势力。政治生活都要为那种能够教授修辞学和政治学的人提供一个市场,好让那些人的理论广为人知。欧里庇得斯和修昔底德所生活的世界受那些伟大智术师的方法和意见所制约,因此很多人就以为,这两位作者本身也拥有且希望传播那些意见。我们可以认为,智术的方法对两位作者的影响是肯定的,但智术师们的意见实际上在多大程度上构成了这两位作者据以看待世界的背景,却是一个复杂的问题。

柏拉图在《法义》(Laws)卷十写到,人不信神的原因在于两种思潮的结合:一是诸如阿那克萨戈拉(Anaxagoras)的唯物论之类的宇宙论思辨所产生的怀疑主义,二是诸如普罗塔戈拉在伦理学中倡导的相对主义。① 受过教育的人越来越熟悉那些初看起来[130]跟传统信仰不大调和,也不容易与柏拉图极力推荐的天体崇拜相调和的宇宙观,这无疑就是怀疑主义不断壮大的一个因素。阿里斯托芬嘲笑欧里庇得斯,说后者偶尔还要利用这一类理论,尤其是第欧根尼(Diogenes of Apollonia)的理论,搞出一些有关神明和宇宙性质的

---

① 889bf; see Friedrich Solmsen, *Plato's Theology* (1942), 28f, 132f.

实在悖论来。①

阿那克萨戈拉的确因为他对天体发表看法时所表达的无神论而受到指控,②但这次指控是一种政治行动,其实是针对伯利克勒斯的;我认为这里值得注意的倒是,即便他发表了那些观点,也几乎没有招来多少迫害。一般说来,早期宇宙论者的思想绝不是非宗教的,实际上,他们所有的体系若稍加巧妙编排,都至少能与宙斯信仰相协调,宙斯就是那"智慧的一,他既愿意又不愿"被叫成那个名字。就连克塞诺芬尼似乎也尊重日常生活中的祭拜和信仰,③而他在公元前5世纪的追随者也同样如此。

在无神论萌生过程中,一个更重要的因素就是相对主义。对至少赫卡泰俄斯以来政治制度的比较研究,④ 促使人们去怀疑:希腊传统中对神明的描写,是否就一定比其他民族对神明的看法更靠谱。传说普罗塔戈拉早年曾得到过波斯祭司(Magi)的训

---

① See Peter Rau, "Paratragodia," *Monogr. Klass. Altertumswissen.*, 45(1967), 43 n. 60, 158.

② 见 Diogenes Laertius II 12(59 *VS* II, 6); Plutarch, *Pericles* 32; *Nicias* 23; 59 *VS* A 19, 20. Cf. A. B. Drachmann, *Atheism in Pagan Antiquity*(1922) and Guthrie, *HGP* II 268. 对古代世界的宗教异见和不虔敬的精彩讨论,见 Dover, *Talanta* 7 (1976); cf. A. Momigliano ap. S. C. Humphreys, *Anthropology and the Greeks*(1978), 186f。

③ 例如, fr. 1.9f 就禁止在会饮时唱颂诗,参 C. M. Bora, *Problems in Greek Poetry*(1953), 12。

④ 参 Von Fritz, *GG*, I i, 70f, "普罗塔戈拉和他的同好收集了民族志材料,这对证明道德观念的相对性很重要,希罗多德所据材料也来源于此。" W. Kranz, *Hermes*, 69(1934), 228 = *Studien zur antiken Literatur und ihrem Nachwirken*, 119。

练，① 这也许象征着一个事实，即他跟希罗多德一样，对波斯宗教的研究有可能影响到了自己的观点。但普罗塔戈拉是无神论者吗？他最著名的说法是他不知道神明究竟存在抑或不存在，但这并不是一个不信神的表述，而只是承认自己无知。这个句子的关键词无疑是"知道"，而且该词必须从当时流行的对"知识"和"意见"的区分来理解。② 我认为冯弗里茨的看法是正确的，他认为，普罗塔戈拉在写下"人是万物的尺度，指明存在的就存在、不存在的就不存在"时，脑子里想的不是个体的判断，而是整个人类的集体意见。③ 也因此，普罗塔戈拉不得不考虑这样一个经验事实：[131]他所知的所有人类共同体，都具有某种类型的有神论信仰。

冯弗里茨的判断也在柏拉图笔下普罗塔戈拉所讲的一个神话中得到了印证，学者们普遍认为该神话反映了普罗塔戈拉的真实观点。④ 该神话说，宙斯派 Aidos[羞耻]和 Dike[正义]到人间，或毋宁说赐予人类获得这些品质的能力——假如他们得到正确教育的话。在动物中，只有人才信仰神明，因为凡人与神明相近。对普罗塔戈拉来说，"正义"这一观念不是一个以感觉为基础的经验事实，

---

① Philostratus, *Vit. Soph.* i, 10, I(=80 *VS* A2); cf. Wilhelm Nestle, *Vom Mythus zum Logos*, 252; Von Fritz, *R.-E.* XXIII. 1(1956), 907; Guthrie, *HGP*, III 262–263; and in particular C. W. Müller, *Hermes*, 95(1967), 158–159.

② 80 *VS* B I. Cf. K. Reinhardt, *Parmenides*, (1916; repr. 1959), 242f.

③ Von Fritz, *op. cit.*, 914–917; 参 E. A. Havelock, *The Liberal Temper in Greek Politics* (1957), 252–254 (and *passim*); Guthrie (*HGP*, III 188f. cf. 170f.) 阐述了这个问题的历史，我认为他采信的那种观点是错误的。[译按]普罗塔戈拉这句名言通常译作："人是万物的尺度，是存在者存在的尺度，也是不存在者不存在的尺度。"

④ 柏拉图,《普罗塔戈拉》320cf。

不像犀牛之类的概念,而是一种规范(norm)、一种由人的心智所创造的观念。① 把这样一种规范说成出自凡人之手,并不等于说它就是主观臆断(arbitrary),这样一种意见也未必就是"非宗教的"。的确,柏拉图笔下的普罗塔戈拉坚持认为,建立这种规范的能力乃是宙斯亲自种在凡人心田的。② 对普罗塔戈拉来说,宙斯的存在不是一个知识问题,而是一个信仰问题,但那并不说明普罗塔戈拉就不信神。③ 我们要把柏拉图无从掌握的普罗塔戈拉的真实立场,与柏拉图笔下生动刻画的那个非道德者的立场区分开来,这一点极为重要。

德谟克利特发现,要把不朽神明的存在整合到他的原子论中有些困难,但他与普罗塔戈拉一样并非无神论者。他也考虑到大多数人都信神。他认为,绝大多数人的神明观念一部分来自对自然奇观

---

① See K. R. Popper, *The Open Society and Its Enemies* (1945), I 51f; cf. F. M. Cornford, *Plato's Theory of Knowledge*, 80f. and Havelock, *op. cit.*, 29, 31.

② 同样,无名氏的著作《论法律》(περὶ νόμων)也把每一种νόμος说成是神明恩赐的礼物,波伦茨指出,无名氏这部著作的一些内容保存在德摩斯梯尼(Demosthenes)的第25篇演讲词中(Dem. 25, 20;见F. Heinimann, *Nomos und Physis*, 150)。我本该在这里提一下M. Gigante对"匿名"的怀疑,参ΝΟΜΟΣ ΒΑΣΙΛΕΥΣ (1966), 268–292 (cf. Guthrie, *HGP* II 75)。

③ W. K. C. Guthrie, *In the Beginning* (1957), 92抱怨G. B. Kerferd, *JHS*, 73 (1953)是在字面上理解神明介入的神话,他坚持认为普罗塔戈拉是一位不可知论者。只有从现代的意义上来思考"不可知论",这一点似乎才显得重要。G. Vlastos, *Phil. Rev.* 54 (1945), 580已正确地谈道:"只有当(a)宗教术语能够被改造得适合自然主义逻辑的迫切要求,以及(b)宗教术语并不阻碍理性主义对巫术的批判时,已被广泛接受的伊奥尼亚理性主义才能拯救那些宗教术语。"参Guthrie, *HGP*, III 234–235;也可以参见C. W. Müller就普罗塔戈拉对神明的态度所作的精彩而又详尽的讨论,"Protagoras über die Götter", *Hermes*, 95 (1967), 385f.

的沉思,尤其是对天体及其规则运动的思考。① 他描绘了早期的一些聪明人举起他们的手,朝向今天希腊人所谓的"空气",说道:

> 万物都是宙斯的言辞,他知道一切,既赋予也拿走一切,他是万物之王。②

德谟克利特与普罗塔戈拉一样,都认为我们关于神明存在的证据不大靠得住,但是梦境和幻觉中出现他所谓的eidola[鬼神之像],却给他留下了深刻印象,他认为这种东西必定与某种经验现实有关。③

德谟克利特在道德上绝不赞同非道德主义,而是强烈坚持Dike至高无上的重要性,他把Dike与Arete看作一对儿。他明确否认正义之人[132]在有人注意和没人注意他的场合行为会有所不同。他说,正义者会觉得Aidos始终就在眼前,不管是否有人注意到他,这个Aidos都会约束他,让他不要干坏事。④ 在普罗塔戈拉讲的神话

---

① See Jaeger, *The Theology of the Early Greek Philosophers*, 180f.

② 68 *VS* B 30。Dodds, *Euripides*, *Bacchae*², 104–105否认Prodicus是无神论者,当然是正确的;Guthrie, *HGP*, III 242却不这样认为。关于Prodicus, A. Henrichs, *HSCP* 79(1975)109f已向我指出,我的看法错了。另见他为第七届国际古典研究会议(/th International Congress of Classical Studies)提交的论文(希望匈牙利科学院早晚有一天会出版吧)。但即便是Prodicus,也并非宗教崇拜的敌人,正如Henrichs所说,他的无神论"不是那么简单,他对所谓神明的兴趣,甚至比人们所认为的他对那种无神论的兴趣都大得多"。

③ See Guthrie, *HGP* III 478f. In general, see D. McGibbon, "The Religious Thought of Democritus," *Hermes*, 95(1967), 385f.

④ 68 *VS* B 264。参C. E. Freiherr von Erffa, "ΑΙΔΩΣ und verwandte Begriffe in ihrer Entwicklung von Homer bis Demokrit," *Philologus*, Suppl. 30, 2(1937), 197–198;比较Guthrie, *HGP*, II 494。

中，Aidos被宙斯派到人间时，与她相伴的就是Dike。太多古典学者由于缺乏哲学训练，又满怀对柏拉图的敬重，因而一直把普罗塔戈拉的话视为当时在哲学上填平以前刻板信仰（literal belief）——即正义之举乃是宙斯的命令——所留下鸿沟的唯一严肃努力。① 我们必须特别重视普罗塔戈拉和德谟克利特的人文主义正义观，并重视它与现代经验哲学家所持理论的相似性。②

普罗塔戈拉式的相对主义当然有可能被人滥用。普罗塔戈拉是继高尔吉亚之后的第一个修辞学家，最先自称具有那种把更弱的说法变得更强的能力。阿里斯托芬在《云》中对两种Logoi［道理］的辩论所作的讽刺，表明这种能力很容易被人混淆成是要把更卑劣的说法变得更高尚。③ 但这个时期的人会公开主张非道德主义的正

---

① 举一个最近的例子，Lesky, "Der Kampf um die Rechtsidee im griechischen denken"（Ἑλληνικὴ Ἀνθρωπιστικὴ ἑταιρεία, Κέντρον Ἀνθρωπιστικῶν Σπουδῶν, σειρά δευτέρα, Μελεται καὶ Ἔρευναι 18, 1968, 15）写道："普罗塔戈拉因此避免给国家秩序以相对主义的权利，但是这不可能是长期有效的方案，也不可能阻止问题的扩散，因为这些问题正着手根除传统的法律观念。"他像古典学者通常所做的那样，会完全奉柏拉图的话为圭臬，在一个平淡无奇的句子中，他理所当然地认为哲学争论中肯定有一方是正确的，哪怕所争论的问题甚至到现在也是一个非常重要的问题。他以生花妙笔总结该问题的历史时就从这一点出发，平顺地过渡到柏拉图和亚里士多德的成就，再到基督教的最终胜利。

② 参Popper, *op. cit.*, ch. 5 *passim*。Vlastos在*Class. Phil.* 4, (1947)中引用德谟克利特（frs. 172–173），写道："正义现在成了凡人设计出来的。""它适用于有意识存在者的所作所为和相互关系。正义不是主观随意的，因为它植根于人类的本性和环境的必然性中。但是，人们发现正义在宇宙本身之中也不是主观随意的，它是文明和技艺的产物。正义仅仅是自然的内在秩序在人造物中获得的一种形式。正义是自然的，但自然并非正义。"如果我们记住古代种种神明观念的性质，就会看到，那些观念不会阻止德谟克利特把正义看作是神赐的。

③ Aristophanes, *Clouds*, 889–1114.

义论吗？智术师安提丰（Antiphon）传世的最长一段莎草纸辑语常常被引为例证，① 但它没有留下足够的证据证实诸如此类的说法；如果我们手上有更多的相关上下文，也许就有把握判定这位作者和普罗塔戈拉都不是非道德主义者，不过，这段辑语无疑表明那样一种正义论已广为流传。

普罗塔戈拉式的相对主义究竟如何发展成了一种非道德主义理论，这在萨提尔剧《西绪福斯》所保存的那段著名的讲辞中已得到很好说明。有人把《西绪福斯》归在欧里庇得斯名下，还有些人则认为此剧是柏拉图的亲戚即臭名昭著的政治家克里提阿斯所作。② 这段讲辞对人类早期发展的解释，很像柏拉图笔下的普罗塔戈拉或欧里庇得斯《请愿的妇女》中忒修斯所作的解释（《乞援人》201以下）。只是在安提丰这段辑语中，神明没有把 Aidos 和 Dike 派到人间，相反，是凡人制定了法律来把 Dike 奉为僭主；而由于法律管不住那些行动得不到监视的人，所以有个狡猾的人就虚构出神明，假定神明会惩罚犯罪之人。③ 我们需要记住，这段言辞出自[133]一个剧中人之口，很可能是西绪福斯说的，而他被宙斯惩罚乃是关乎神圣正义的一个众所周知的例子。而且，无论克里提阿斯的个人行

---

① 87 *VS* B 44. See Guthrie, *HGP* III 107f, and G. B. Kerferd, *Proc. Cambridge Philol. Soc.*, 184(1956/7), 26f。Kerferd 说"莎草纸辑语整个都在讨论其他人的看法，安提丰自己的看法——如果有的话——也仅仅偶有出现"，这个观点还不容易反驳。

② 88 *VS* B 25 fr. 1, p. 770 Nauck, *TGF*2.

③ 另参 Drachmann, *op. cit.*, 45–46。Guthrie(*HGP* III 243)认为，"这段话是作者相当明显的策略，就是要散布一种无神论观点，但又不要太得罪人。"他这个判断在不知道上下文的情况下几乎无法证实，在我看来也根本不可能得到证实。

为多么符合这种理论，他都不可能把该理论说成是自己的看法。

无论我们再怎么小心地处理柏拉图的证据，这类理论在公元前5世纪后期肯定开始出现了。我们现在就来看看柏拉图的证据。这样的理论在保守人士看来，甚至比新派学说对天体的看法更趋向堕落。但保守分子占有压倒性多数，总体上，他们发现只需采取很小的行动来对付那些怀疑论者和非道德主义者。谐剧中偶尔拿神明寻开心，绝不能证明普通人在宗教上不保守；只有当一种宗教对自身的地位拥有完全的信心时，才允许开这种玩笑。

［原为脚注］另参 K. J. Dover 在 *Fifty Years (and Twelve) of Classical Scholarship* (1968), 127–128 中所说：“其怀疑主义（旧谐剧的观众的怀疑主义）的证据，主要在于《鸟》(Birds) 甚至容忍了对波塞冬的挫败，以及《蛙》(Frogs) 中狄奥尼索斯大跌身份的滑稽行为。然而，要由此断定说公元前5世纪后期雅典社会总体来说已对传统宗教表现出怀疑，却不容易与其他渠道来的证据相调和，而且这个结论在于缺乏想象力。要理解基督教以前的宗教观，需要付出巨大的想象努力，而那些已经理解了的人，通常会被那些没有能力理解的人视为骗子。神明与希腊人日常生活的紧密关系，最好通过巴布亚人来理解，这比通过一个主教来理解要好一些，而且最好的理解也许来自中世纪基督徒，他们的幽默充满了偶尔的亵渎神灵，敏于把戏谑与庄严宏大融合在一起。事实上希腊神明懂得说笑，他们可以在恰当的时间地点接受开玩笑。”参 P. Friedländer, "Lachende Götter," *Die Antike*, 10 (1934), 209f = *Studien zur antiken Literatur und Kunst* (1969), 3f.

伯利克勒斯也许是阿那克萨戈拉的朋友，但他也与占卜者兰朋（Lampon）保持着良好的关系。① 远征西西里的雅典军队的最好指挥官，因损毁赫耳墨斯神像造成恐慌被免职；拒绝尼西阿斯（Nicias）下达的在月全食之前撤退的命令，代价就是丧失了最后逃生的机

---

① 参普鲁塔克所讲的故事, *Pericles* 6; (59 VS A 16)。

会。显然,大多数雅典人都殷殷虔诚,对色诺芬著作中到处都找得到的那些神迹或征兆有着迷信般的崇敬,色诺芬对当时普通人的信仰和态度所提供的证据,比修昔底德、欧里庇得斯或柏拉图提供的要有力得多。

也有一些别样的人,比如苏格拉底的熟人、怀疑论者阿里斯托得摩斯(Aristodemus)①,或诗人基涅西阿斯(Cinesias)以及他的古代形式的"地狱火俱乐部"(Hellfire Club),② 但色诺芬每次提到这种人的地方,都显示出他们在社会上遭到普遍反对。这些反对无神论的零星分散的行为,与柏拉图提出来的穷根究底的方法形成了鲜明对照,③ 后来那些以教条性一元论为基础的教会和党派才把这种方法付诸实践。

指控阿那克萨戈拉,不过是针对伯利克勒斯的政治行动。正如冯弗里茨所指出的,④ 雅典人指控普罗塔戈拉时所提出的证据实在平淡无奇,也许人们把他[134]混淆成那个虽不那么有名望却在无神论方面更为臭名昭著的迪亚戈拉斯(Diagoras of Melos)了。此人的确写过一本书《焚言录》(*Apopyrgizontes Logoi*)来否认神明的存在,嘲笑各样祭礼。也许令人兴味盎然的是,他究竟采用了什么

---

① Xenophon, *Memorabilia* I.4.2f.

② Lysias fr. 73 Thalheim(= 53 Scheibe);参 Dodds, *GI*, 188。[译按]"地狱火俱乐部",又作"魔鬼崇拜者俱乐部",是一帮极为"革命"的人聚在一起用餐的组织,他们出言不逊,行为乖僻,拿神明和雅典习俗来取乐,嘲讽各种迷信。

③ 例如可见《法义》907d 以下。

④ Von Fritz, *R.-E.*, *op. cit.*, 909–911;参 Drachmann, *op. cit.*, 39。Dodds(*GI*, 189)却有不同的看法,该书第六章"Rationalism and Reaction"对我在这里所反驳的观点有精彩的论述。

样的论点,以及雅典人是否有什么特别的原因不允许让他的无神论思想逍遥法外。① 在更著名的苏格拉底案件中,我们碰巧知道当时的确有诸如此类的特殊原因,也知道那场有关无神论的指控是不正义的。

有些人在这个问题上虽写了一些东西,但也许因为有意无意被明显是现代的类比法搞糊涂了,所以常常没有指出,在公元前5世纪后期当一个无神论者,与在基督教尚足够强大并因而有权力实施迫害的任何国家里当一个无神论者,简直是两回事。公元前5世纪的希腊没有"神职人员"之类的东西,也没有教会支持的系统宗教教义,这让古代的无神论者很难找到可反对的对象,即便找到,也几乎不值一驳。我知道有些学者对预言者、占卜者和神谕解释者狠下了一番工夫,但那番工夫下得都比较糟糕。的确,在我们正讨论的整个这段时期,受过教育的阶级,就像克塞诺芬尼以前干过的那样,逐渐开始把传统的神话学当做不真实和无教益的东西而予以抛弃。但他们跟赫拉克利特一样,都已经意识到,传统信仰和仪程绝不与某种更精微的无神论相抵牾。由哲学学说改进过的一神信仰或多神信仰,可以很容易地与古代的崇拜形式并存。再说,很多现代思想家的世界观也并不与其现行宗教激烈冲突,赫拉克利特、普罗塔戈拉和德谟克利特都是例证。较低阶层更能持守传统宗教,而由于引入了东方的新教派,或者本地出现了新的神秘宗教,这种传统宗

---

① 关于Diagoras,请参F. Jacoby, *Abhandlungen der Deutschen Akademie der Wissenschaften zu Berlin*, *Kl. für Sprachen*, *Literatur und Kunst* (1959), 3;参F. Wehrli, *Gnomon*, 33 (1961), 123f 的评论 以及L. Woodbury, *Phoenix*, 19 (1965), 177f 睿智而又谨慎的讨论;另参Guhrie, *HGP*, III 236f。

教也得到不绝如缕的充实。① 在基督教兴起以前,古代世界的无神论从来没有引发任何社会问题。

[135]现在转回柏拉图。他强烈坚持,智术师及其门徒的无神论和非道德主义,很大程度上要为希腊国家所采取的不道德政策尤其是雅典的民主制负责,并要为它们所造成的灾难负责。但要为这些政策负责的不是智术师及其门徒,无论我们会把什么样的罪名栽到克里提阿斯和阿尔喀比亚德(Alcibiades)头上,而是相关国家的整个统治机构,这些机构的绝大多数成员都是保守而虔敬的人。柏拉图把《高尔吉亚》中的卡里克勒斯(Callicles)和《王制》中的忒拉绪马科斯(Thrasymachus)刻画成两个杰出的智术师形象——两人中一个是政治家,另一个是修辞家,还让苏格拉底反驳他们的学说,但是,柏拉图在任何地方都没有系统地讨论过普罗塔戈拉和德谟克利特所发展出来的人文主义正义观,甚至在讨论普罗塔戈拉的两部对话,即《普罗塔戈拉》和《泰阿泰德》(Theaetetus)中也没有论及。

传统宗教认为不义者由神明来惩罚,柏拉图本人则要用形而上学和神学的建构来代替这种原始宗教的约束力。他认为正义本身

---

① 多兹将公元前5世纪末期雅典出现的几种教派,与他认为该时期反对启蒙运动的思潮结合起来。但是,由于雅典在这一时期成了最大的中心,我完全能够想像,外来宗教从此会在雅典开枝散叶。多兹认为(*GI*, 194, n. 93, p. 204),那种叫做defixio[魔巫术]的巫术活动直到公元前4世纪才为人所知。在多兹写《希腊人与非理性》时,公元前5世纪的例子还基本没有,但此后L. H. Jeffery女士却举出了公元前5世纪的许多事例, *BSA*, 50(1955), 72f。见Dover, *GPM* 136。Macleod说,埃斯库罗斯《欧墨尼得斯》328f 和341f 的"叠唱曲"(binding song),有力地证明雅典人在公元前5世纪中叶之前就已经熟悉defixiones[魔巫术]。

就是善的、不义本身就是恶的,这一主张最终依赖于灵魂对正义的形相、本质即实体化了的理念的直观。但柏拉图似乎觉得这种形而上学的担保还不够,便又紧抓住那种古老的信仰:不义将在另一个世界接受惩罚。他用这种末世论的神话,为形而上学的担保赋予了尽可能强烈的戏剧性意义。他在其最后一部著作(《法义》)中认为,人的天命按道德法则来调控,因为宇宙就是这样设计的:万物的地位取决于它的品质,但万物的品质则取决于人的意志(《法义》904b)。

在希腊传统信仰中,有关正义的知识乃是宙斯赐给凡人的,宙斯会惩罚那些不按照它行事的人。就算按照普罗塔戈拉所说,正义观念只存在于人的头脑中,那也并非说正义观就不是宙斯灌输的。因此,普罗塔戈拉的理论在某种意义上接近于希腊人的传统看法。另一方面,[136]柏拉图则依赖于一种形而上学的和神学的教条主义,这种教条主义与东方宗教更多相同之处,也与一神论以及现代世界无论是宗教上的还是世俗思想中的教条体系更为一致。很多作者都曾用到伯里(J. B. Bury)的术语"精神衰败"(failure of nerve)来讨论希腊衰亡的原因,①而第一个重要的精神衰败就是柏拉图的衰败。

---

① 参Gilbert Murray, *Five Stages of Greek Religion* 2(1930),8(1925年第一版前言)。这个术语原来是第三章的标题,但是在第二版却变成了第四章的标题。这一章讨论希腊哲学伟大时期的终结与基督教兴起之间这段时间。Macleod提醒我,柏拉图认为智术师虽然公开谈论这一类东西,但不过是把很多普通人私下所想的东西说出来了而已。柏拉图的态度由他的psyche[灵魂,个体性的自我]学说所决定。唯一真实的好东西都是一些内在的东西,善(goodness)对psyche来说是坏的,恶(badness)对它来说也是。正如尼采所见,这种学说注定要瓦解肃剧式的生活观。但从早期希腊文化和宗教的立场来看——这正是我关心的领域,说柏拉图"精神衰败",仍然说得通。

Macleod引用了Epictetus 1.4.26,"什么叫肃剧呢? 难道不就是对那些只重假如我们姑且承认,雅典帝国主义这种沙文主义不能说成是受了智术师的邪恶影响,那么,我们又该如何看待另一种姊妹理论,也就是这种沙文主义可以直接追溯到从荷马时代传下来的不完美的道德观?① 这样的行为在一个民族中乃是不可避免的吗——如果这个民族褒美道德的基本术语本意不是用来描述道德上的杰出,而是描绘身体上或智识上的卓越? 我们能够往回追溯很多个世纪的历史——但柏拉图无法这样做。在这么多个世纪的历史中,那些伟大国家的全体人民一直都是用宗教为手段来教育的,这种宗教谆谆教诲的是高尚的公道观,以庄严的超自然惩罚为支撑;在这些世纪中,信仰几乎没有遭到过质疑。然而,我们真能够深信不疑地认为,这些国家的人在公私生活中尊奉的道德水平,整体上就显著高于公元前5世纪民主雅典和其他希腊共同体所达到的道德水平吗? 我怀疑有哪个严肃的历史研究者会毫不犹豫地回答"是"。

我们在历史上大部分时期里,以及在大部分已经摆脱野蛮状态的民族中,发现都存在德性的双重标准。首先出现的是arete或"德性"的原始内涵,即男子气概或勇敢品质,随后出现了种种竞争性的美德。而在这种德性标准之后,很快就出现了被视为公道或正义品质的德性标准。某种程度上,要是没有这两种德性作规矩,哪怕是盗贼团伙都无法长久存在下去,更不用说公民共同体了。基督教与很多宗教一样,最重视作为"善"的德性,有时还只把这种作为"善"的德性叫做德性,[137]但是,并非所有的基督徒都会把

外在之物的人的那种悲苦万状、痛苦不堪的情形加以戏剧化描写吗?"([译按]见《爱比克泰德论说集》,王文华译,商务印书馆,2009,页37-38)亦参Macleod对《美狄亚》的评论,页2,17,19f。

① 最近由阿德金斯提出,参 A. W. H. Adkins, *MR.*, p. 210f, p. 220f。

两种德性作高下之分。早期希腊文明则用 arete 一词来指勇猛或卓越之类的德性,并用另外一个不同的概念即 Dike 来称呼作为正义(righteousness)的德性。随着时间的推移,第二个概念 Dike 变得更为突出,arete 本身则获得了相对越来越多的道德意味。

柏拉图对希腊化世界哲学家的影响最大,而始终忠于早期希腊世界观的某些根本特质的普罗塔戈拉和德谟克利特,其观点仅仅在伊壁鸠鲁的体系中得到了回响。希腊哲学中这一非教条性的路线,直到中世纪结束的时候才有人将其重拾。但我当前的目的不是进一步研究希腊伦理史,而是考察我一直在讨论的这个时代的两位伟大作家,即修昔底德和欧里庇得斯对宙斯和正义的看法。[1]

在修昔底德的《战争志》中,神明因其不在场而显得突出。修昔底德完全抛弃了希罗多德笔下从史诗中沿袭而来的神明动机,虽然提到一点点神谕和预言,但绝不意味着我们要相信。在他的书中,直到绝望时刻才信仰神明的那些人都遭到了无情的对待。普拉泰亚人(Plataeans)以上天的名义请求高抬贵手,结果一无所获(3.53f);米洛斯人希望神明帮助他们,也以失望告终(5.104,112.2);尼西阿斯竭力鼓励手下溃败的军队,说神明不可能让他们从头至尾都遭厄运,结果证明他错了(7.77.4)。修昔底德描述的世界乃是一个残酷无情的世界,在这个世界中,强者公然宣布且无情行使他们统治弱者的权利。[2] 有些史学者由此推断,这位史家本人的价值观,

---

[1] Macleod 说我这里的阐述与廊下派的"宇宙"观没有什么不同,廊下派把"宇宙"看成人神共居的 polis [城邦]。参 Macleod 讨论《奥瑞斯特亚》(*Oresteia*)那篇重要文章的第三部分,*JHS* 102(1982)124f。

[2] R. Syme, *Proc. Brit. Acad.*, 48(1962), 39f 有力地彰显了这种观点,另参 H. Strasburger, *Saeculum*, 5(1954) = *Thukydides*, ed. H. Herter (*Wege der Forschung*, 98), 451。

与他所描写的那个世界所流行的价值观完全相同:他在智术师的影响下逐渐相信更强者的权利,他衷心赞同并尊重雅典的帝国主义,他哀叹的仅是在伯利克勒斯去世后雅典的战略失误导致了雅典的崩溃。

[138]持这种观点的人,大都极其强烈地认为修昔底德撰写史书的路线本质上是"科学的",认为他摆脱了那个时代的迷信和偏见,认为他的观点和方法非常现代。有些作家则想当然地认为,修昔底德在自己的著作中,尤其在提到伯利克勒斯之死后非常著名的那一章,表现出了对伯利克勒斯的崇拜,这证明他一直都是那位治邦者的拥趸,并悉心为伯利克勒斯的政策辩护。修昔底德曾清楚表示他完全不欣赏伯利克勒斯的继任者,但学者们认为,他哀叹的仅仅是继任者们不能干,而不是他们的无人性,或者即便他哀叹的是他们不人道,那也仅仅是因为他们的政策太糟糕。

有人把修昔底德说成是"现实政治家"(Realpolitiker),这种观念最近受到施特拉斯伯格(Hermann Strasburger)一系列出色论文的挑战。① 他极为关注如下显著区别:一方面是修昔底德对雅典帝国的描述,另一方面是公元前4世纪以及后来的辩护者所认同的雅典帝国的路线。修昔底德在简要总结波斯人与阿尔喀达摩斯(Archidamian)的战争时,说纳克索斯(Naxos)是雅典"违背成法去

---

① See "Die Entdeckung der politischen Geschichte durch Thukydides," *Saeculum*, 5(1954), 395f = *Thukydides*, ed. H. Herter (*Wege der Forschung*, 98), 412f; "Thukydides und die politische Selbstdarstellung der Athener," *Hermes*, 86 (1958), 17f = *Thukydides*, ed. Herter, 498f; "Die Wesensbestimmung der Geschichte durch die antike Geschichtsschreibung," *S. B. Frankfurt* (1966), no.3, 71f. Cf. Von Fritz, *GG*, I i 779 f.

奴役"的第一个盟邦(1.98.4)——这是整部《战争志》中雅典敌人口中一种有力的情感化表达。雅典人于公元前431年在斯巴达为他们的帝国辩护时,从头追溯了帝国历史的起源,刚开始的时候他们是被迫建立帝国,而现在荣誉、恐惧和利益都不允许他们放弃帝国(1.73以下)。雅典人还说,他们赢得这个帝国,是因为他们为共同利益效力。他们公开主张强者有权利统治弱者。假如斯巴达人觉得这样做不义,那是因为与他们自己的利益相冲突,但从来没有人会因为想到自己正在做不义之事,就克制自己不去求取自己力量范围内可取的东西。雅典人自称他们尤其能够比斯巴达人更人道地运用自己的武力。他们说,如果别人占领了他们的帝国,可能也会赞赏雅典人本身的克制审慎。所有这一切[139]都是雅典使者在公元前431年说的,当时雅典国策还在伯利克勒斯控制之下。

伯利克勒斯本人并没有说,雅典建成自己的帝国是为了造福他人,他也没有向雅典人保证那些盟邦是自己巴不得成为他们的属国,就好像公元前4世纪和后来替雅典辩护的人的确所认为的那样。最近的争论表明,的确有论据支持他们的观点;① 但同样的争论也表明有论据反对这个观点。目前的重点在于,修昔底德肯定不认为雅典建成帝国是为了造福别人。伯利克勒斯告诉雅典人,他们的帝国就像僭政,虽被获得僭政被视为不义之举,但[获得以后]放手不管却很危险(2.63.2)。但是,伯利克勒斯更关注的不是恐惧或利益,而是荣誉,让他感到自豪的是,雅典人比其他希腊民族统治了更多的希腊人(2.64.3)。在他看来,帝国这个东西,那些逍遥闲散的

---

① 参见 G. E. M. de Ste. Croix, *Historia*, 3(1954), 1f 以及由此导致的讨论。

人会挑它的毛病,但有雄心去尽力获取的人却对它赞赏有加。① 帝国眼前虽招来了仇恨和嫉妒,但未来必赢得声誉。大多数现代批评家过于仓促地把伯利克勒斯的演说看成他信奉民主、言论自由和启蒙的证据,而没有注意到,他对荣誉、名声和声誉的关切几乎丝毫不亚于阿尔喀比亚德,更不亚于阿喀琉斯。

伯利克勒斯说帝国就像僭政,这一惊人之言跟他的其他说法一样,在克里昂(Cleon)那里得到了明白无误的回响。② 有些人深信克里昂是个可敬之人,遭到了一个充满敌意的传统的不公正诋毁,但就连这些人也必须同意修昔底德并不认同帝国就像僭政之说。为什么后来在克里昂那里有回响?难道仅仅在强调克里昂自称为伯利克勒斯的继任者这一说法荒唐?还是为了暗示两人的政策的确在很大程度上乃是萧规曹随?克里昂、尼西阿斯和阿尔喀比亚德也许都会自称是伯利克勒斯的继承人,但所有这些自称都不具正当性,都会遭到修昔底德的驳斥。[140]克里昂不是因放弃伯利克勒斯的政策而受到非难——该政策主张在战争时期不要拼命搞新的扩张——那种谴责毋宁说该落到阿尔喀比亚德头上。克里昂之所以遭到严厉的谴责,是因为他在皮洛斯(Pylos)之战胜利后出于堕落的动机拒绝了媾和的机会;也可以认为——尽管这种说法会引起争论——克里昂被谴责,乃因为他是第一个对叛乱盟邦实施普遍大屠杀以示惩罚的雅典政治家。那么,前述回响是否意在表明,当环境

---

① 2.64.4;关于伯利克勒斯对荣誉的关注,另参 O. Regenbogen, *Thukydides*, ed. Herter, p. 54。关于克里昂对伯利克勒斯的效仿,参 Gomme, *JHS* 71 (1951), 78 = *More Essays in Greek History and Literature* (1962), 108, 以及 Jacqueline de Romilly, *Thucydides and Athenian Imperialism* (1963), 163f。

② 3.37.2, cf. 2.63.2; with 3.38.1, cf. 1.140.1.

改变时,伯利克勒斯的政策很可能会导向克里昂的政策?

以前人们普遍认为,据修昔底德看来,雅典帝国主义在伯利克勒斯治下采取了一种温和的形式,但在继任者治下却变得暴烈而残忍,但这种看法遭到了施特拉斯伯格的有力反驳。他认为,修昔底德的目的不在展示雅典帝国主义在一段时期里如何演变,而毋宁说在于揭示雅典帝国的不同领导人在不同政治军事条件下呈现出的不同面相。他说,整个问题都值得重新详细考察。① 作为这种重新考察的序幕,我们可以提供一些看法,涉及这位史家的人格、智识背景和他的史学技巧。

修昔底德的笔法与希罗多德相比显得更为严谨,再加上修昔底德特别强调史实的准确性,在19世纪那种智识氛围下,这些必然诱使史学家把修昔底德当成他们的自己人。一位煞费苦心去确证史实,且摒弃希罗多德从史诗中继承而来的神明动机论的史家,无论在任何意义上都必然是一个理性主义者、一个像后世的兰克(Ranke)或蒙森(Mommsen)一样但生在兰克或蒙森的时代之前的人。还有一些学者走得更远,他们断定,这位史家满心赞同,公元前5世纪希腊世界中那个进步的和开化了的国家,就该努力向大量相互冲突、多深陷在部落意识和迷信中的小国输入秩序和纪律。

上述对修昔底德的看法绝对没有作古,但身处现代的我们[141]已经做出一些努力来平衡这种看法。莫米利亚诺(Momigliano)已经指出,其实希罗多德在很多方面都是比修昔底德

---

① "Thukydides und die politische Selbstdarstellung der Athener," *Hermes*, 86 (1958), 17f = *Thukydides*, ed. Herter, p. 515, n. 47. See H.-P. Stahl, *Thukydides: Die Stellung des Menschen im geschichtlichen Prozess*, Zetema, Heft 40 (1966), 12f.

更加"科学"的史家,[1] 他的兴趣广泛得多,包括道德学、人种志和人类学,他的做法是给同一个故事提供不止一个版本,某种程度上,这就比修昔底德惯于仅仅讲述自己所偏爱的版本更为可取。施特拉斯伯格则指出,修昔底德之受惠于史诗丝毫不亚于希罗多德,不少人对这个说法口头上表示赞同,但几乎没有人以此为基础来做研究。[2] 比如说,修昔底德从史诗那里学到了把战争和外交看作史书最主要的内容,并决定把自己的笔触限定在自己似乎最了解的那场战争上。修昔底德贬低波斯战争的意义——这场战争很快结束于两场陆战和两场海战(1.23.1),这等于宣布自己是希罗多德的对手。他还贬低特洛亚战争的意义,[3] 这等于宣布自己堪与荷马比肩。我们可能注意到,修昔底德笔下的种种用典以及叙事技巧的特点都让我们想起史诗。[4] 但我现在的关注点不在技巧上的特征,而在思想

---

[1] *Aevum*, 3 (1957), 74f = *Secondo Contributo alla Storia degli Studi Classici* (1958), 45f; *History*, 43 (1958), 1f = *Secondo Contributo* 29f.

[2] "Die Entdeckung der politischen Geschichte durch Thukydides," *Saeculum*, 5 (1954), 395f = *Thukydides*, ed. H. Herter, 446f "Die Wesensbestimmung der Geschichte durch die Antike Geschichtsschreibung," *S. B. Frankfurt* (1966), no.3, *passim*——不仅是讨论修昔底德那个部分,还包括尤其是62以下;参 H. Erbse, *Rh. Mus.*, 96 (1953), 38f = *Thukydides*, ed. Herter, 317f; *Antike und Abendland*, 10 (1961), 19f = *Thukydides*, ed. Herter, 594f。

[3] 1.9f, cf. 1.21.1; 22.4.

[4] 修昔底德在1.24.1讲述Corcyra所发生的事件引发了公元前431年那场战争,就省略了连词,而直接以 Ἐπίδαμνός ἐστι πόλις 开头。我们记得史诗叙事中也有一些这样的开头,比如《伊利亚特》6.152关于Glaucus的叙述就说: ἔστι πόλις Ἐφύρη......叙拉古大港之最后一役中,双方的各种叫喊声都能听到,直到最后,叙拉古人及其盟友打跑了雅典人 (7, 70, 5)。Karl Reinhardt, *Vermächtnis der Antike*, 210对比了《伊利亚特》12.436–437相关希腊文。还可以举出更多这类例子。

方式。

如果说修昔底德摒弃了事件中的神明动机，那本身也并不能说明他一直是不信神的人，甚至也不能说明他就是普罗塔戈拉那种类型的不可知论者。他也许只是放弃了推测神明的意图，因为那些推测必然不过是猜测而已。但就算修昔底德铁定无疑是无神论者，也难以有把握地说，他一旦不承认神明存在，立马就等于丢弃了他那个时代的信仰和思想倾向，而变成了现代意义上的理性主义者。如果仔细考察他那部史书的范式，就会发现里面起作用的关于人类生活的观点，远比人们常常以为的那样更容易与公元前5世纪联系起来。

修昔底德认为，假如雅典人没有漠视伯利克勒斯的警告——即不可妄图在战时扩张帝国。不可拿雅典城邦为赌注去冒险，[142]那么，他们或许已经成功地从这场战争中走出来。议事会决议派军队远征西西里，这最终证明是一个致命的决定。[①] 大多数学者很久以来已意识到，修昔底德着力强调这件事不可能没有任何意义，它毕竟刚好发生在米洛斯对话以及随之而来的大屠杀之后。[②] 发生在米洛斯的这件事对战争的命运而言，本身没有多么重大的意义，然而修昔底德特别强调它，这必定表明它在修昔底德对此事后果的看法中起着非常重要的作用。更早的时候，在米提列涅（Mytilene）叛乱以后，雅典人侥幸逃脱了为这样一场大屠杀负责的处境，而他们最终没有实施大屠杀，不是因为任何道德上的考虑，仅仅是由于几

[①] See Strasburger, "Thukydides und die politische Selbstdarstellung der Athener," *Hermes*, 86 (1958), 17f = *Thukydides*, ed. Herter, 528–529.

[②] 对于修昔底德此处以及其他相似的对举情况，参 Gomme, *The Greek Attitude to Poetry and History*, 122f, 142f。

场从自身利益出发的论辩①——这段插曲本身在军事上也没有至关重要的意义,但作者挑出来予以强调,也必定有什么特别的原因。

雅典人在辩论是否要屠杀米提列涅的居民时,克里昂的对手狄奥多图斯(Diodotus)解释了何以再恐怖的威慑也不能阻止人们甘冒最要命的风险。狄奥多图斯说,贫穷让人在走投无路中恶向胆边生,权力让人在贪婪之外又添上傲慢和自负,还有人类的其他秉性,也像被某种不可抗拒的力量推动,把人引向危险之中。②到处都是希望和欲望,欲望在前,希望随后,"欲望"构想出计划,"希望"提供这样的一厢情愿:好运会来的。两者都极端有害,虽然不可见,却比任何可见的恶都更有破坏力。此外,好运不可能不让人忘乎所以。意料之外出现的运气甚至会让谦卑的人陷入危险;整个共同体更是如此,因为共同体可能拿最重要的东西——自由或帝国去冒险;还有个别的审判官则更加疯狂,因为他也是芸芸众生之一员。

作者引入狄奥多图斯对人类动机的刻画,是为了解释何以哪怕最骇人的威慑也毫无效果,但这幅图景不仅与米提列涅人的情况相关,也与所有人的行为有关。狄奥多图斯说,人们也许很清楚某件事情所包含的危险,[143]但他们的激情仍然会让自己以身犯险。他们会屈服于贪婪之心,受傲慢和自负唆使,因为欲望和希望会联手鼓励他们孤注一掷。这里关于希望的说法,难免让人想起梭伦那首著名的哀歌:

---

① See Adkins, *MR*, 221f; cf. R. P. Winnington-Ingram, *BIGS*, 12 (1965), 70f.

② 3.45.4f; 见 Regenbogen, ap. *Thukydides*, ed. Herter, 46f; cf. W. Müri, *Mus. Helv.*, 4 (1947), 251f = *Thukydides*, ed. Herter, 135f. 那些认为 Diodotus 的观点就是现实政治(Realpolitik)典范的人,应该看看 R. P. Winnington-Ingram 对这场论辩的精彩处理, *BIGS*, 12 (1965), 70f.

每一个有死者在遭难之前都信心满满；然后他就开始悲叹；而在那之前，我们都在空想带来的快乐中愚蠢地打着哈欠。(fr. 1.33)

欧里庇得斯笔下的菲德拉(Phaedra)说，人们知道什么才是对的，却并不以这种认识为准绳来行动，因为他们的激情对他们来说太强大了(《希波吕托斯》380以下)。阿喀琉斯接纳使团时就知道埃阿斯是对的，但自己就是无法让步，因为他的thymos[心]满是愤怒(《伊利亚特》9.646)。我们知道阿喀琉斯那样做是因为宙斯把愤怒放进了他的心里(《伊利亚特》9.636-637)，但对菲德拉诗人没有这么说，可这又有多大的区别呢？①

雅典议事会在作出最重要的开战决定即是否入侵西西里时，完全无视伯利克勒斯的遗嘱，而作出了错误的选择。荷马或埃斯库罗斯可能会说，是宙斯派Ate[迷狂祸害]来夺走了议事会的理智；他们可能还会问宙斯为何那么做，然后他们肯定会在残忍的帝国主义政策中找到问题的答案——而修昔底德为这种政策挑选的例证，就是米洛斯大屠杀。②

---

① Stahl(*op. cit.*)也许夸大了修昔底德的悲观主义，P. A. Brunt和H. Erbse也是，前者见*CR* 17, 1967, 279f, 后者见*Gymnasium*, 76, 1969, 393f；但Stahl已经表明，这位史家如何有力地强调了未来的不确定性以及人们如何未能考虑到这一点。参见Adam Parry, *BIGS*, 16(1969), 106f。

② P. A. Brunt(*Thucydides*, in the series *The Great Histories*, New York, 1963)写道："很多希腊人曾经认为，权力产生hybris[肆心]……hybirs导致毁灭。某些人在修昔底德著作中读出了这种观点；雅典的不义和残酷遭到了报复。这一看法不可能正确。修昔底德实际上明确将雅典的衰落归因于不审慎的行为，这些行为都是由领导人的贪婪和野心所激发的。"但宙斯惩罚hybris也是通过

相信修昔底德是"现实政治家"的人们认为,修昔底德之所以相信应该避免极端的冷酷无情,只是因为它不划算。雅典人在米洛斯大屠杀之后紧接着就决定入侵西西里,这似乎符合Hybris[肆心]和Ate[迷狂祸害]的作用模式——研究一下修昔底德的诸前辈就有望发现该模式;但是,这绝没有使得人在为上述论点辩护时变得轻松些。然而,假如我们去论证修昔底德对雅典帝国主义的整个描述隐隐约约怀有敌意,他把这场战争讲成了一个警世恒言,要人们不要走向帝国主义,那么,我们同样可能破坏了他这部肃剧式史书的平衡。有人指出,修昔底德明显是在赞美帝国的恢弘壮观以及伯利克勒斯的伟大,这并没有错,只有当他们以为这一点必定表明修昔底德就是伯利克勒斯一派时,①[144]他们才错过了大好良机,再也看不到史家态度中那巧妙为之的含混。

修昔底德以肃剧的视角来看待这个帝国的历史,未必是因为他受了肃剧的影响,而更可能是因为他与肃剧作家、与希罗多德、与他的大多数同时代人一样,②思想上受到史诗及其所表达的对人类生

派遣Ate夺走其受害者的心智。修昔底德的微妙分析表明,雅典人在米洛斯的行为既是受希望和贪婪所左右,也是为恐惧所激发;见Macleod, *Historia* 25 (1973) 385f。

① 例如,Wade-Gery在*The Oxford Classical Dictionary*,1949,902中这样描绘修昔底德:"虽然出生在反对伯利克勒斯的阵营里,却以改宗者的热情追随伯利克勒斯";另参*Essays in Greek History*,260; von Fritz, *GG*, I i, 540;亦参Stahl, *op. cit.*, 25f。

② F. M. Cornford在《神话与历史之间的修昔底德》(*Thucydides Mythistoricus*, 1907)中就这么认为。学者不大重视Cornford这部早期著作,原因也许在于该书轻率地运用了马克思主义理论,从而招致严厉的批评。然而,该书包含的观点如果仔细弄明白,就能引导我们在很多方面对这位史家做出比当前其他人

活总体态度的深刻制约。修昔底德在呈现历史中的主要行动时,带着一位伟大诗人的持平公允,既重视帝国的辉煌,也强调它的悲哀。然而,大多数现代评论家往往会把天平倾向这一边或那一边,从而扭曲了原有的图景。

[原为脚注]另参Von Fritz, *GG*, I i 803–804。该书第804页这样评论那些阐释修昔底德的现代学者:"对修昔底德所描述的事件,他们当中大部分人只强调一个观点,要么是伯利克里时期雅典的辉煌——正如他在葬礼演说中所描绘的那样,要么是盟友眼中雅典政策的严酷的现实主义。其实修昔底德的意图十分明显——即便不是要将这两个方面连接到一起,也至少要让读者对这两方面都有清晰的了解。"

一些权威人士注意到,修昔底德在某些地方赞扬雅典帝国,但在另一些地方又不赞同,因此他们似乎就想当然地认为,这种明显的不一致可用所谓的"修昔底德问题"(Thucydidean Question)来解决,即假设这些段落写于不同的时期。但是现在,就连在那些我们能够合理确定某个具体的段落撰写于某个具体时期的地方,也鲜有能确定其上下文的,因此,结果完全没什么可惊讶的:对该"问题"漫长而详细的讨论尽管产生了很多有价值的见解,却一直没有达成一致。但即便我们比他们的前景更乐观,即更有望查明这部史书每一部分创作于什么时候,也更能够说服其他人我们查明的结果是正确的,要假定这种"不一致"必须、必然用这些方法来解释清楚,这在我看来仍然不大靠得住。对"修昔底德问题"的来龙去脉的杰出阐释,参 Von Fritz, *op. cit.*, 565–575。

某些个人进入这幅图景仅仅是因为不可避免;这部肃剧不是关于伯利克勒斯的肃剧,不是关于阿尔喀比亚德的肃剧,不是关

更好的研究。至于修昔底德的史书是一部肃剧式的史书,请参见施特拉斯伯格(Strasburger)文章的结论部分, "Thukydides und die politische Selbstdarstellung der Athener", *Hermes*, 86(1958), 17f = *Thukydides*, ed. Herter, 527–530。Dover, *Thucydides* (*Greece and Rome*, *New Surveys in the Classics*, no. 7)(1973)42写到,普罗塔戈拉和修昔底德 "两人都意识到了传统、思辨与经验证据之间的区别"。

于某一群人或某一个人的肃剧,而是关于雅典的肃剧。雅典最初对事情的判断都是正确的,但后来被hybris[肆心]出卖,变得不义,丧失了正确判断的能力。这在多大程度上能够归于神明的作用是个需要思考的问题,史家对此并没有表态,但从荷马以降,相信神明作用的希腊人就都认为,神明对凡间的作用不是从外而来,而是在内部起作用,也就是通过凡人的激情作用于人的心灵。就我们所知,修昔底德也许是一位普罗塔戈拉意义上的不可知论者,但我们无法确定这一点。从根本上说,修昔底德是否信神这个问题并没有任何意义,因为就算他真的不承认神明,那他所拒绝的也只是希腊人的神明,而不是所有其他神明。① 修昔底德所描写的世界与希罗多德描写的世界一样,都是艰难而残酷的世界,也是希腊传统宗教中的世界。

[原为脚注]我已经证明修昔底德所著的是一部肃剧性的史书,正因为如此,他极为公允持平地处理自己的问题。但是,他处理的是晚近发生的事情,很多情况下我们都有可能从中得知他的个人偏好。比如说,五千人政制在他那个时代并不是雅典最坏的政府(8.97.2),该政制是公元前411年成立的温和寡头制,它取代了范围更小的四百人寡头制。但这一不大常见的个人性观点的表达,并不说明他就在为极端民主制张本,这一推断也可从他对某些人的说法中得到印证。他讨厌克里昂,极度鄙视许珀波洛斯(Hyperbolus),也丝毫不敬重叙拉古的民众领袖雅典纳戈拉斯(Athenagoras)。修昔底德敬重尼西阿斯的人品,但不佩服他的能力;他钦佩寡头制的军师安提丰,而对出身寒微的阴谋家弗吕尼科斯(Phrynichus)亦并非全然没有同情心。很多人还认为他对阿尔喀比亚德太客气,而这位仁兄是另一个绝不能视为彻底民主派的人。除了布拉西达斯(Brasidas)这位只能算军人的斯巴达人,以及特定情况下的伯利克勒斯以外,他最佩服的人就是雅典纳戈拉斯的对手,叙拉古保守派领导人赫谟克拉特斯

---

① Cf. G. de Sanctis, *Storia dei Greci* (1939), II 423–434.

（Hermocrates）。

考虑到这位史家的家族关系,他若是极端民主制的拥护者才会让人惊讶呢。他与米尔提亚德斯(Miltiades)、喀蒙(Cimon)和墨勒西亚斯(Melesias)的儿子修昔底德都是亲戚(参Wade-Gery, *JHS* 52, 1932, 205f = *Essays in Greek History*, 239f. and Andrewes, *CQ* n.s. 9, 1959, 239f.),因此读者也许已经预料到他会表现出自己著作中实际上已经展现出的那种同情。雅典古时候并没有现代意义上的政治党派,唯一的例外出现在公元前411年和前407年那种罕见的危机中,当时就连一些不赞同国家决策的人都共同参与了落实那些决策。雅典帝国主义在那个世纪的30年代和20年代搞得很成功,因此显然没有遭到什么反对;一个富裕、能干、有影响力并且与修昔底德家族有关联的人,也不会因为没有全心全意拥戴当时的"政府",就拒绝或被拒绝担任公职。也许可以推测,一个在公元前460年左右出生于这个特殊家族的聪明人,比如这位史家,他或许会敬重伯利克勒斯的人品和能力,但不会成为后者政治上的拥趸。假如修昔底德一开始就对帝国主义政策有重大保留,也绝不会让人感到丝毫的奇怪,这种帝国主义政策至40年代时,开始为很多与其他国家联系紧密的贵族圈子里的成员所憎恶,而这位史家就生于这样的贵族群体。这群贵族推崇 Hesychia,即"安静"或"宁静",而伯利克勒斯以及跟他相像的人会说apragmosyne,即"闲散"(参Wade-Gery, *l.c.* and V. Ehrenberg, *JHS* 77, 1947, 46f.)。品达最后一首颂诗,即第八首《皮托凯歌》,赞颂了 Hesychia,这首颂诗是品达公元前446年为一个埃吉纳本地人所作,埃吉纳这个城邦后来战败了,此后很快被雅典所灭。赫谟克拉特斯曾在革拉(Gela)发表一场伟大演说,把Hesychia这种品质当作政治上最高的善推荐予西西里的那些城邦。

修昔底德在他这部肃剧性的史书中,在Hesychia的支持者和Realpolitik的拥护者之间保持了一种微妙的平衡,这就解释了何以他本人究竟同情哪一派成了——而且也许总会是——聚讼不休的问题。但在我看来,这部著作似乎有一些迹象表明,他个人宁可要Hesychia,正如我们预料在一个具有他那样的家世和朋友圈的人身上会看到的那样。

我们现在来考察欧里庇得斯。初看上去,他笔下的世界似乎与埃斯库罗斯甚或索福克勒斯的世界截然不同。两位更年长的诗人都是以神界为永恒的背景来展现事件,凡人行动者始终在反思的问题是神明会如何看待现状,而歌队更是在反思。而在欧里庇得斯笔下,神明有时就是剧中的角色,他们通常是乘着机械装置降下来,在最后关头终结剧情。但在大多数[145]情况下,这些大神的旨意始终对剧中的凡人行动者保持神秘,认为神明直接激发了凡人的行动的早期信仰,在欧里庇得斯那里似乎没有任何位置,他要么根本没有提到宙斯以及他的正义,要么也只是随随便便提到。

人们在解释上述区别的原因时,常常说公元前5世纪下半叶是雅典启蒙的时代,而欧里庇得斯正是启蒙运动的伟大诗人。他的剧作到处都回响着智术师们的论争和思考,而索福克勒斯的剧作却不是这样。欧里庇得斯的剧中常常出现agones,即不同人物以有格律的对话彼此争辩,争辩中的说话人会采用很多新的修辞手法。这些手法在索福克勒斯那里也不是完全没有,但欧里庇得斯有时会以某种方式模仿智术师的独特腔调,这却是索福克勒斯小心避免的。合唱抒情诗和独白,以及争辩性言辞,都充斥着总体性的反思,那种反思效仿或重复了当时哲学家们的形上思辨或伦理思辨。不难推测,这位诗人乃是启蒙运动的杰作,他频繁地模仿启蒙运动的看法,他必定在秘密地——如果不是公开地——努力让他的观众归向启蒙运动的信念和看法。

在19世纪后期,一些学者带着极大的热忱复兴了欧里庇得斯研究。他们自己的写作发生在肇兴于17世纪、18世纪大获成功,并在19世纪中叶达到顶点的启蒙运动的余波之中,也在大约19世纪中期反对启动运动的思潮已经起航之后。欧里庇得斯对这群学者有吸引力,正是因为他所处的时局跟他们所处的似乎很相像,他们因而轻率地假定,欧里庇得斯时代的启蒙运动与他们那个时代的启蒙运动相似。他们眼中的欧里庇得斯就是现代行话所说的"立场坚定"的诗人、传统宗教的敌人、妇女解放的急先锋、本国帝国主义野蛮行径的异议者。这种欧里庇得斯形象因穆雷(Gibert Murray)的作品在英语世界广为流行,① 但其始作俑者却是维拉莫维茨。② 莱因哈特风趣地指出,③ 维拉莫维茨在[146]《海达·高布乐》(*Hedda Gabler*)初次公演后所刻画的菲德拉,很像易卜生笔下的女主人公。而穆雷眼中的萧伯纳式(Shavian)的欧里庇得斯,正是来自维拉莫维茨笔下这种易卜生式的欧里庇得斯。

上述对欧里庇得斯的看法现在已不再流行。如今,要从欧里

---

① 《欧里庇得斯及其时代》(*Euripides and his Age*)最先发表于1923年,现在仍在再版,其中的观点也见于穆雷那个著名译本的前言中。这种观点最坏的方面来自 A. W. Verrall 的影响,这位学者虽有丰富而机智的思辨能力,却对以前的思想看法严重缺乏同情理解的能力,两者一结合可就真要命。遗憾的是这种影响仍然没有完全灭绝,部分原因就在于 Verrall 的弟子 G. Norwood 的著作。新维罗尔主义(neo-Verrallian)的观点只是到了1975年在一本写得极为糟糕的书中才出现,这就是 P. Vellacott 的 *Ironic Drama: a Study of Euripides' Method and Meaning*。

② See the introductions to his *Heracles* (1889; 2d ed., 1895) and his *Hippolytus* (1891).

③ *Tradition und Geist*, 236 = *Euripides*, ed. E. R. Schwinge (*Wege der Forschung* 89), 517f. 很久以前, P. Friedländer, *Die Antike*, 1 (1926), 79 = *Studien zur antiken Literatur und Kunst*, 156 就已注意到易卜生对维拉莫维茨的欧里庇得斯观所产生的影响。W. M. Galder III, *GRBS* 20 (1979) 231f. 指出,《海达·高布乐》(*Hedda Gabler*)在德国的首次公演是在1891年1月31日,而维拉莫维茨为其《欧里庇得斯的希波吕托斯》撰写的序言是在当年的3月3日。他还补充说没有证据表明维拉莫维茨在后面那个日期之前曾读过或观看过那部剧作,并让我们注意(p. 233)维拉莫维茨《希腊肃剧》iv 368 中的话。这并没有改变一个普遍认可的事实:维拉莫维茨在他生命的那个阶段用易卜生的方式来看待欧里庇得斯,即便他没有受到《海达·高布乐》或易卜生其他任何作品的直接影响。

庇得斯笔下的角色和歌队所表达的很多不同观点和看法中,推断出一些可以稳妥地视为诗人自己所有的观点和看法,似乎更难了。诗中常常用前苏格拉底的思辨术语,提到并强调神意难测,而由人们耳熟能详的神话所归在神明名下的那些行为,在诗中也常常遭到批评。但是,神意难测在古代希腊宗教中乃是老生常谈,就算用现代术语来描述,也不会对它有所改变;删改神话的做法则古已有之,品达和埃斯库罗斯就在其中起到了关键的作用。讨论到妇女问题时,欧里庇得斯既用他的生花妙笔支持妇女,也以同样的雄辩攻击妇女——他对待所有经常引发争论的其他主题,几乎也是同样如此。欧里庇得斯爱国,他写了几部戏剧来歌颂自己的城邦,也并非没有影射当时的局势,这些都无可争辩;但他在描写希腊人对特洛亚人的野蛮行径时,是否意在抗议雅典人对其臣属国的野蛮暴行,则只是一种揣测。①

与所有真正的肃剧作家一样,欧里庇得斯写作的目的不是要鼓吹改革,也不是要提出一些理论,而是要在肃剧的面相下表现人类生活的某个偶发事件。②欧里庇得斯是修辞技巧的大师,这些技巧在他那个时代已大为发展,运用得颇为密集,但他不是用这些技

---

① 关于欧里庇得斯对他所处时代的政治真实的或人们假设出来的影射,请参G. Zuntz, *Acta Congressus Madvigiani*, 1 (1958), 155f = *Euripides*, ed. Schwing, 417f。

② 近几十年来有一种观点得到普遍认可,即欧氏悲剧并不讨论或宣扬某种世界观,而是要描绘人与世界之间的一种紧张状态。在欧里庇得斯这里,这种紧张状态暂时可刻画为在理性与非理性之间的一个二律背反,这种刻画最为贴切。H. Diller, *Abh. der Mainzer Akademie* (1955), 454 = *Euripides*, ed Schwinge, 471 = Kl. Schr. 370。

巧在舞台上鼓吹某种特定的观点,而是让自己内行的鼓吹才能尽由每个说话人随时取用。① 他的著作中满是总体性的反思,这些反思乃是当时思辨的回响,但这些总体性的反思也与其他更传统的反思共存一体。而且看得出,事实上在每种情况下,他都是在表达一种与角色和歌队、与特殊的且也许短暂的局势密切相关的情绪或看法,[147]这种情绪或看法很难说就是诗人自己的。

这种观点现在得到了普遍的认同,所以我们已颇为谨慎,不再轻率地从这位诗人的著作中引申出普遍性的世界观。批评家的注意力已从他那些所谓的观点和看法,转移到他的戏剧技巧和谋篇手法上,而且常有重要收获。但我们眼前这项研究要求我们从人们对宙斯的古老信仰,从宙斯所统管的世界秩序,以及从神圣正义与人类行为之间的联系来考察他的著作。考察的时候千万不能只深入阅读某些局部,而应当把他所有剧作的情节当作一个整体来思考。

有两部剧作属于诗人的早期作品,我们对这两部戏剧多少算有真切的了解,它们特别清晰充分地描述了自《伊利亚特》以来希腊诗歌的核心主题:决策的过程。美狄亚在对母亲的爱与向伊阿宋(Jason)复仇的强烈欲望之间,心神撕裂,而菲德拉则在荣誉的要求与对希波吕托斯(Hippolytus)猛烈的渴念之间,心如刀绞。有人说,这两个例子都没有赋予神明的鼓动以任何空间,就像阿喀琉斯拒绝阿伽门农遣使求和并做出错误决定时那样。美狄亚的深思

---

① A. M. Dale 在其《阿尔刻斯提斯》(*Alcestis*, Oxford, 1954, xxviif.)前言之中对于修辞的说明,值得用心关注。她写道:"修辞的目的就是说服(πειδώ);诗人就像是 λογογράφος,承诺在诸多环境的变动及其前后相继中,为每个角色尽最大的努力。"参见 Schwinge 给该卷所写的导论(注释71)。

熟虑在面对自己的thymos［心］时软弱无力,这thymos即她的骄傲不允许她去冒被敌人嘲笑之险。正如在荷马史诗中一样,这里也没有提到某位神明把愤怒的thymos［心］放进美狄亚的胸膛。多兹写道:

> 美狄亚知道,她要与之搏斗的不是复仇心理(alastor),而是她本人非理性的自我。(Dodds, *GI*, 186)

同样,菲德拉在长篇独白中分析哪些因素会导致凡人作出错误决定时,也没有说神明的介入是正确行为的障碍。菲德拉说(《希波吕托斯》380以下),有死者因看重"其他快乐"胜过荣誉,才终究不能按照自己拥有的关于何为正确的知识来行动。这样的"快乐"中有一种是花太多时间闲谈,另一种则是aidos,该词在上下文中指一个人由于[148]考虑别人的感受而过分尊重对方给出的建议。这些"快乐"可能会摧毁人在面对激情时做正确决定的意愿;这些快乐区别于激情本身,就菲德拉而言,她的激情不是受伤的骄傲,而是爱。① 对欧里庇得斯来说,亦如对希腊其他诗人一样,爱是一种疾病,一种暴烈的非理性力量,甚至宙斯自己也不是每次有能力抵挡得住。

传统神话说"爱"是一位女神生育的,而《希波吕托斯》的观众

---

① 爱与阿芙洛狄忒是一回事,所以,像莱斯基那样的观点毫无意义,他认为,菲德拉是在明确否认歌队刚对她的现状所作的神话学阐释("Euripide," *Entretiens de la Fondation Hardt*, VI, 1960, 135)。菲德拉表达的差不多等于是传统的观点,因而没有必要像B. Snell(*Scenes from Greek Drama*, 47f.)以及其他人那样,认为此处欧里庇得斯是在与苏格拉底派的道德理智主义争辩,苏格拉底派认为没有谁有意识地犯错。参 *Gnomon*, 38(1966), 15。

看到,那位女神公开宣布她决意用她在菲德拉身上激发的激情来毁掉希波吕托斯。我们无数次听到有声音警告我们完全不要严肃对待《希波吕托斯》里的两位女神,还说对这位启蒙运动中的诗人来说,两位女神只不过是一种象征,她们的出现绝没有妨碍这位诗人的目标,那就是表现凡人在做行动决定时不是因任何力量的外在干预,而是因纯粹属人的激情才毁掉了良好的意图。

自从欧里庇得斯研究在19世纪最后25年里复兴以来,这种言说方式就一直存在着。其直接起因是,当时的学者们无意识地把公元前5世纪雅典的启蒙运动等同于现代欧洲的那场启蒙运动了。对那些学者来说,相信人类的行为总归都是神明或精灵所激发的,此乃某种粗糙的迷信,任何当得起"理性主义者"这一名号的人都会予以驳斥。他们认为,欧里庇得斯作为一位彻头彻尾的理性主义者,如果还在使用神话的主题和方法,必定因为那是当时的惯例,但实际上他正在与旧宗教对道德行为的看法彻底决裂。

然而这种观点没有考虑到,希腊人事实上从不认为神明是从外面干预人的道德行为,他们不是从外部,而是从有死者内在的思想来干预的。在荷马史诗中,雅典娜是可能拽住阿喀琉斯的头发,阻止他在公开的会议场合靠近阿伽门农,① 但[149]她的警告完全像是人有时经过转念一想就不去做某事一样。更多时候,神明的行为在形式上以及事实上都是内在的,神明通过凡人自己的思想和激情来对人产生影响。阿喀琉斯是因为胸中那颗气鼓鼓的thymos[心],才没有接受使节们传达的提议。阿喀琉斯自己气鼓鼓的,但同时也是宙斯

---

① *Il.* 1.194–198. See Otto, GG^3, 49ff. (cf. 180, 212) and *idem*, *Gestalt und Sein*, 133f.

把那颗心放进去的,这里绝非存在什么不一致,我们不过看到了思考同一问题的两种不同方式,两种方式在荷马看来都同样有道理。

与埃斯库罗斯甚或索福克勒斯相比,欧里庇得斯对如下古代说法的运用远没有那么频繁,即他不大会说宙斯派 Ate 来夺走人的心智。就算他的确用上了古代的说法,多兹也认为那"仅仅具有传统象征的意义"(Dodds,*GI*,186)。这样讲也有道理,因为这位诗人更喜欢把精力集中在错误决定的自然方面,而不是超自然或"精灵鬼怪"的方面,他更愿意关注明知道什么是正确的人如何与自己盲目的激情搏斗。不过,欧里庇得斯有时的确也会运用古代的说法,去考察他如何运用这些说法必有教益。在《美狄亚》最后一幕,伊阿宋认为自己成了 alastor[复仇心理]的牺牲品,这复仇心理已向杀害美狄亚弟弟阿普西托斯(Apsytus)的人报了仇;同样,希波吕托斯在生命最后一刻说,他也许已为祖先的过错偿清了孽债。① 在《希波吕托斯》的进场歌里,歌队寻思究竟是哪位大神让菲德拉罹患怪病,尽管没有正确说出那个大神的名字(141以下)。菲德拉自己也说,有一位 daimon[神灵]派 Ate 来把她弄疯了。

两部剧作中都没有任何迹象表明我们应该认为上述说法不对,或者应该仅仅把它们当作一种"象征主义"而不予理会;诗人只是在大多数情况下都选择了不从这个方面来呈现事件。现代批评家一直教导我说,不要太把《希波吕托斯》中的阿芙洛狄忒和阿尔忒弥斯当真,她们的表现虽然让人难忘,却不过是一些干瘪的象征——每当这样的时候,我都无法控制自己不去愤怒地表示抗议;我这种本能的直觉是对的,因为那些批评家的说法让真理变得过分简单,

---

① 《美狄亚》1333;《希波吕托斯》1379。

这其实很危险。虽然阿芙洛狄忒只在通过人的激情起作用这一意义上有权能，[150]但难道这就使她的力量变得不那么真实了吗？

不可否认，公元前5世纪的精神氛围已经发生了变化，我们如果手上有埃斯库罗斯关于达那奥斯人的完整三部曲，再把其中的阿芙洛狄忒与《希波吕托斯》中的阿芙洛狄忒相比，就会发现后者已经不再具有古风时期的那种庄严尊贵。① 但《希波吕托斯》和《特洛亚妇女》(Trojan Women)中的神明比之索福克勒斯《埃阿斯》里的雅典娜，在生动性和令人敬畏方面并没有丝毫逊色。从现代希腊人的表演中可以看到，这些神给人以同样超自然的印象，而除此之外，现代观众就只能从日本戏剧艺术中的超人角色中才能得到这种印象了。在《特洛亚妇女》里，海伦被人掳到特洛亚，墨涅拉奥斯却控诉是她导致了这场战争，海伦抗辩道：她在阿芙洛狄忒的力量面前也无能为力。② 于是赫卡柏(Hecuba)敦促墨涅拉奥斯谴责海伦。在审判之前赫卡柏向宙斯祈求——这位宙斯以无声的行动给有死者带来正义，支撑着大地，但他的宝座又在大地之上。③ 赫卡柏说，人

---

① 参阿芙洛狄忒的长篇讲辞，fr. 125 Mette；见穆雷编校的牛津版埃斯库罗斯戏剧集(2d ed., p. 50)。亦参 Aeschulus, *Suppliants*, 1035–1037。Macleod 提醒我，欧里庇得斯很可能受了高尔吉亚为海伦辩护的影响(see Gorgias fr. 15f, D.-K. p. 293)。

② 860–1059。讨论过这一幕的有 Reinhard, *Tradition und Geist*, 234; Lesky, *op. cit.*, 129f; Adkins, *MR*, 124ff。

③ 884–888。那是赫卡柏"在斟酌……怀疑至高无上的神是否真的与必然性和智性相一致"，而不是欧里庇得斯在怀疑，如 W. Jens (*Euripdes*, ed. Schwinge, 3) 所说；参 Devereux, *Psychoanalytic Quarterly*, 26 (1957), 378ff. and *From Anxiety to Method in the Social Sciences* (1967), 344, n. 2 (cited with approval by Guthrie, *HGP*, III 230, n. 1)。

难以了解宙斯的本质——这话带着早期诗歌的回声；宙斯是自然中的必然性吗，抑或是凡人的理智？

阿那克萨戈拉对"努斯"(nous)的看法大不相同，这里最好不要扯到他。更为切题的是赫拉克利特的说法：性格就是daimon[命相神灵]。我们承认公元前5世纪的思辨是这些思想的回响，但也不妨碍回想一下：即便在荷马史诗中，宙斯也是通过人的激情和理性起作用。海伦抗辩说，自己被迫这样做，是因为受到了阿芙洛狄忒的逼迫；赫卡柏则回答说，她是受自己的虚荣和欲望所驱使。按照荷马的标准，两种说法都对：海伦的确无力对抗那位女神，但她也是受虚荣和欲望驱使，因为那位女神是通过人的激情起作用。荷马笔下的海伦表达了一种敏感的罪孽意识，为她的行为谴责神明的并非她本人，而是普里阿摩斯。海伦则意识到，尽管神明导致她做出了那些事，但她仍然要为自己的行为负责。同样，在欧里庇得斯的戏剧冲突中，争辩的双方都对——如果人们意识到这一点，这部作品的肃剧效果该怎样大大增加啊！但赫卡柏驳回海伦那些借口之所以是正当的，并非因为海伦谴责神明时说话不诚实，[151]而是因为在这里如同在荷马笔下一样，有死者不能以某件事乃是神明所激发的为理由，就想要逃脱责任。①

我已论证(参第五章)，索福克勒斯没有把神明描绘成不义者，但在他现存的著作中，前后相续的罪与罚构成的范式常常太过复杂，不容易感觉到神圣正义的作用。希腊思想总是一再说，有死者无法轻易弄清楚宙斯的意旨，而由于索福克勒斯放弃在同一个题材

---

① 德弗罗说："现实主义者赫卡柏向宙斯祈求，而以神话为自己辩护的海伦却没有。"

上创作四联剧,因而比起埃斯库罗斯的情况,我们也更难勾勒出他笔下罪与赎的线索来。我们现在且来考察神明在欧里庇得斯著作中所起的作用,探究其中的神明与宙斯所掌管的Dike这一概念之间的关系。

表面看来,各种各样的小神在欧里庇得斯笔下如同在早期肃剧中一样,有相当独立的活动能力。《阿尔刻斯提斯》(Alcestis)里的阿波罗扭转了命运的进程以帮助自己喜爱的人,赫拉克勒斯则进一步协助了阿波罗。① 太阳神赫利奥斯保护了自己的孙女美狄亚;阿尔忒弥斯虽不能救希波吕托斯一命,却终为他报了仇。神明仍然会惩罚那些不给他们以恰当尊荣的敌人。阿芙洛狄忒惩罚了希波吕托斯,《安德洛玛克》(Andromache)中的阿波罗惩罚了涅奥普托勒摩斯,狄俄尼索斯惩罚了彭透斯(Pentheus)——我们可以把上述例子跟《阿伽门农》中的阿波罗或《埃阿斯》中的雅典娜作比较。这两位大神也许会有冲突,就像《希波吕托斯》中的阿芙洛狄忒与阿尔忒弥斯,或者像《海伦》中的赫拉与阿尔忒弥斯,在这些情况下,都是宙斯的意志解决了冲突。

在有些戏剧中,人们按习传的方式向宙斯和Dike吁求,吁求就应验了。《库克罗普斯人》(Cyclops)作为一部萨提尔剧,也许不是一个很能说明问题的例子,但这个库克罗普斯人受到了惩罚,原因就是他不好客,还口出狂言亵渎了宙斯。② 《赫拉克勒斯的儿女》

---

① See A. P. Burnett, *Class. Philol.*, 60 (1965), 240 ff = *Euripides: A Collection of Critical Essays*, ed. Erich Segal (1968), 51f. See now Mrs. Burnett's "Catastrophe Survived: Eripides' Plays of Mixed Reversal" (1971).

② 请注意库克罗普斯的渎神之辞(320-321)以及奥德修斯的祈祷(350-355)。

(*Heraclidae*)中的歌队在宙斯的祭坛前祈祷,并宣扬 Dike 之名。[1] 德摩丰(Demophon)与埃斯库罗斯笔下的佩拉斯戈斯(Pelasgus)一样,承认宙斯不许他不接纳客人(236 以下)。歌队宣告他们对胜利有信心,因为宙斯站在他们这一边(766 以下);而伊俄勒俄斯(Iolaus)神奇地返老还童、[152]欧律斯透斯被打败也给了他们如此相信的理由,歌队和阿尔克墨涅(Alcmene)都为此感谢了宙斯。[2]《请愿的妇女》遵循了相同的模式,埃特拉(Aethra)劝儿子帮助阿尔戈斯的乞援人,提醒儿子说他对神明和正义负有宗教上的义务(301 以下)。以大欢喜结局的戏剧中都会说,正义和上天的意志将会获胜。就像在埃斯库罗斯和索福克勒斯笔下一样,在欧里庇得斯讲述俄狄浦斯家庭和阿特柔斯家庭的剧作中,家族诅咒可以追溯到最早的源头。[3] 剧中从没有贬低过家族诅咒的意义,尽管欧里庇得斯跟索福克勒斯一样,并没有选择创作埃斯库罗斯那样的四联剧,不惜笔墨地反复呈现代代相续的罪行。

还有一些剧作表现出更为复杂的情况。我们绝不可能不谈到在《美狄亚》开头处,剧中人向宙斯和 Dike 发出的庄严祈祷。保姆在开场白中说,美狄亚正在请求神明来看看伊阿宋怎样回报了她的好意(21—23)。满怀同情的歌队也代表美狄亚向宙斯、大地和光明吁求(148、158),并向她保证宙斯最终会确保正义得以实现(160;另参 168 以下,207 以下)。此后,美狄亚又亲自向忒弥斯祈祷。当

---

[1] See 33; 10.1–4.

[2] 876f;对于伊俄勒俄斯返老还童,参 Devereux, *La Parola del Passato*(即出)。

[3]《厄勒克特拉》699f;《奥瑞斯特斯》811f, 982f;《腓尼基妇女》801f, 867f, 1050f, 1504f, 1595f。

美狄亚发话要惩罚伊阿宋时,歌队回答说,那种惩罚将是正义的(267)。歌队威严地宣布,正义本身已被伊阿宋的行为所颠覆(411以下[译按:原为421以下])。美狄亚在埃勾斯(Aegeus)那里得到庇护时,向宙斯、向宙斯的女儿正义女神、向她的先祖太阳神祈祷,保佑她胜利(763以下)。美狄亚与克吕泰墨涅斯特拉一样,在复仇过程中都太过火了,所以伊阿宋请求厄里倪厄斯和Dike去毁灭她(1389-1390),但美狄亚却问他,哪一位大神会俯听一个违背誓言且欺骗朋友的人祈祷(1391-1392)。在《美狄亚》里,古老意义上的正义得以实现;而且如经常所见,正义总是很恐怖的。

《赫卡柏》和《特洛亚妇女》以凄凉的笔调描述了特洛亚陷落后女俘们的悲惨遭遇,在现代读者看来,这似乎在控诉神明罄竹难书的不义。在《特洛亚妇女》中,赫卡柏和安德洛玛克知道神明导致了她们的毁灭,[①] 她们在戏剧高潮部分义正辞严地呼求宙斯,抗议说这场毁灭不应该。但从古代的正义观念来看,特洛亚的陷落并非不义:强夺海伦、拒绝让普里阿摩斯[153]去赔偿、破坏停战协议,都与此有关;而欧里庇得斯如此频繁地深思这场罪恶的开端,即帕里斯的致命裁判,也不是没有理由的。[②] 希腊人跟美狄亚一样复仇得太过火了,在《特洛亚妇女》中,我们一开始就知道特洛亚人马上就要遭灾了,就像在史诗传统中一样。宙斯的正义从一开始就是严酷的;Dike不单纯指"正义",而是指宇宙秩序,然而宙斯的正义则是始终作为正义的一种类型,并且可以识别得出。

---

① 469f,775f,1240f,1280.

② 参 T. C. W. Stinton, *Euripides and the Judgment of Paris*(Suppl. Paper No. 11, Hellenic Society, 1965)。他写道(p. 63):"帕里斯的选择就意味着要强夺海伦,这导致了特洛亚的毁灭,也连带着使整个希腊都完蛋了。"

我们再来看看另外一些戏剧,在这些剧中神明也惩罚了拒绝尊荣他的凡人,即《希波吕托斯》《安德洛玛克》和《酒神的伴侣》(*Bacchae*)。现代的观众也许会觉得,尽管神明在这些剧作中对希波吕托斯、涅奥普托勒摩斯和彭透斯的追责不无道理,但在报复他们的时候还是太过火了。现代观众的反应是人类的一种自然反应:《希波吕托斯》中的一位老人就表达了这种反应,他说神明应该比有死者更聪明;《酒神的伴侣》中的卡德摩斯也表达了这种反应,他说狄俄尼索斯的报复虽然正义,但太过分了。① 不过,从古代 Dike 的立场来看,上述每一位神明完全是在其权利范围内行事,有死者拒绝恰当地尊荣神明,这本身就是很危险的。希腊人的看法一定就愚蠢吗?现代人关于心理压抑会产生什么样后果的理论,也许可以在某种程度上帮助我们理解彭透斯和希波吕托斯的行为。而涅奥普托勒摩斯跟这两人一样,也对自然法则(the laws of nature)表现出危险的无知。

在很多现代学者看来,《赫拉克勒斯》是又一部抗议神明不义的戏剧。赫拉克勒斯的家族一开始就面临着被僭主吕科斯(Lycus)灭门的危急时刻,安菲特里翁(Amphitryon)对宙斯的叱骂似乎完全有理有据(212; 339 以下; 498 以下)。后来,赫拉克勒斯回来推翻了僭主,歌队唱响胜利的凯歌,然后赫拉出手了,结果被逼疯的赫拉克勒斯亲手杀死了刚刚救下的妻儿。一些读者认为,他清醒之后表现出的绝望似乎表达了诗人对宇宙不义的愤慨。但这部戏并没有在这样的气氛中收尾,[154]忒修斯似乎要说服赫拉克勒斯必须重拾光辉的事业,继续为凡人服务——可惜的是,忒修斯在这一幕中的这场主

---

① 《希波吕托斯》120;《酒神的伴侣》1249;参 1346。

旨演讲内容大半亡佚(1313以下)。忒修斯结束这番话时提醒赫拉克勒斯说,没有哪个人的生活中没有不幸。古代宗教要求凡人恭顺地承担不幸,不管这种不幸多么难以承受。赫拉克勒斯放弃了自杀的念头,继续他最后获取不朽的征程,这是观众们都晓得的。

还有两部剧,《奥瑞斯特斯》和《厄勒克特拉》,人们常常认为它们体现了欧里庇得斯对诗人前辈的批评,批评他们竟然许可奥瑞斯特斯的弑母行径。但甚至狄俄斯库里(Dioscuri)兄弟,在他们杀死克吕泰墨涅斯特拉后从机械装置上缓降而下的时候,说的话不也像是凡夫俗子批评阿波罗神谕的回声吗?冯弗里茨令人针对上述观点的讨论令人钦佩,① 他指出,这两部剧作对奥瑞斯特斯的行为表达出新的道德态度,其直接原因在于发生这场弑母行为的情势被诗人赋予了新的特征。欧里庇得斯剧作的不同之处在于环境,而不是道德态度。欧里庇得斯的《厄勒克特拉》里的克吕泰墨涅斯特拉,不如《奠酒人》和索福克勒斯《厄勒克特拉》中的同一角色那么罪恶滔天,杀她并非那么有必要。② 在《奥瑞斯特斯》里,廷达瑞俄斯说,奥瑞斯特斯假如在法庭上提起一场刑事诉讼,可能早得赢得赔偿了,但这种行为在两位前代肃剧家所设想的环境中完全是不可想象的。尽管如此,甚至在欧里庇得斯这两部剧作中,某种形式的正义也已经兑现了:《奥瑞斯特斯》说阿波罗的命令是"正义的,但不是可敬的"。③ 在两部剧中神明都命令奥瑞斯特斯在雅典接受审判,在那里他将无罪获释。诗人赋予情势的新特征让肃剧的议题变

---

① *AMT*, (1962), 113f.

② 491f; see von Fritz, *op. cit.*, 147f.

③ 《奥瑞斯特斯》194;比较《厄勒克特拉》1190f, 1245–1246.

得更加复杂,但没有改变事情的结果。

宙斯在欧里庇得斯笔下与在索福克勒斯笔下一样,用自己的正义来统治宇宙,这种正义不是凡夫俗子轻易弄得明白的,而且似乎与人的正义多有不同。观众偶尔得允直接观察宙斯的正义如何起作用,这可能以某个角色为中介,该角色就像《海伦》中的忒俄诺耶(Theonoe)一样① 是神明的代言人,[155]但更多时候,诗人会借助从机械装置上缓缓降下的神明来实现这一目的。自古代以来,人们习惯性地认为,从机械装置降下的神明不过是一种戏剧手法,旨在终结已经陷入绝境的情节。这位神明的话虽然终止了全剧,但严格说来与该剧并没有什么关联。施皮拉(Andreas Spira)令人钦佩的学位论文是过去十年里欧里庇得斯研究中最有价值的贡献之一,他在文中揭示出,上种观点实在太浅薄。② 施皮拉仔细分析文本后指出,神明的出现会让凡人角色认识到神明更为宏大的目的,从而把他们从自己作为有死者的局限性所造成的局面中拯救出来。

神明径直降下,就好像他们在史诗和早期肃剧中显灵一样,因此,他们从机械装置上降下其实是继承了希腊传统:神明会参与凡人的事情。神明的命令有助于恢复宇宙秩序,而此事的成就与那种净化紧密相连,亚里士多德把这"净化"视为肃剧最重要的作用。维护宇宙秩序的力量就是宙斯的正义——正如那智慧的一既不愿又愿意被称为宙斯,Dike 也既不愿又愿意被称作"正义女神"(Justice)。

---

① See K. Matthiessen, "Zur Theonoeszene der Euripideischen Helena," *Hermes*, 96(1969), 685f.

② Andreas Spira, *Untersuchungen zum Deus ex Machina bei Sophokles und Euripides*, Diss. Frankfurt, Kallmünz(1960).

第七章

结　论

[156]研究过去最好的理由之一,就是要防止自己受时代的局限而变得偏狭,此偏狭会限制未受教育的人以及那些为取悦他们而写作的人。普通人总觉得自己比以往时代的人高明,认为前人的技术不如他们已习以为常的技术,前人的伦理和政治信念也不同于他们一直被教导应视为唯一正确的那种信念。就算他屈尊去稍微关注一下过去时,他也会径直去寻找过去与当前有没有什么相似之处。如果自以为发现了某些相似点,他可能还愿意以某种高高在上的宽容姿态认可过去;但如果找不到什么相似之处,他就不耐烦地不去理睬过去了。然而,受过教育的人会兴致盎然地既看到过去与当前的相似之处,也看到之间的区别。

直到大约三四十年前,整个学术界还倾向于夸大古典古代与我们这个时代的相似性,这种倾向反映在那时的学界赋予古代世界相对较高程度的认可。自那以后则出现了一种相反的趋势,学界开始低估过去与现在的相似性。结果,"过去"常常被当作跟我们生活的这个特权时代"无关"而扔到一边。

这种情况之真实莫过于希腊宗教的研究领域。希腊宗教曾有一度显得与现代宗教完全不同,以至于学者们几乎无法把希腊宗教看成是宗教。但转折点出现在刚好一个世纪以前,以尼采《肃剧的诞生》为标志,[157]这本书作为一部学术著作尽管不无瑕疵,却深刻影响了学者,也影响了其他人。① 希腊宗教神圣的、恶魔的和非理性一面的重要性开始得到承认,很多重要的发现也随之而来。学者们的出发点不是假定早期希腊人都是理性的人,思想过程与自己相似,相反,他们像人类学家对待自己所研究的原始民族一样对待希腊人,倾向于把他们看作在情感和思想上都与现代人截然不同的存在物。这两种理解进路显然都蕴含着某些危险。新的运动取得过令人瞩目的成功,但它眼下在某些方面开始走得太远了。

首先,学者们成功认识到早期希腊文化包含着很多原始的残存因素,受此影响,他们开始把那种文化视为一直都很原始。那就错了。最近的研究已证实,荷马史诗这份希腊思想最早的重要文献,乃是一个漫长传统的产物,到荷马史诗问世时,产生史诗的那个社会在绝大多数方面都已进化到远超原始阶段的程度。诚然,早期希腊人的思想世界与我们的诚然有所不同,但他们与我们一样都是有理性的人,有能力去考虑那些决定人类生活状态的基本要素,他们的思考方式跟我们虽有不同,却未必在每一个方面都不如我们理性。②

一旦一场学术上的新兴运动开始发展出自己的方法和原则,很多学者就会在无意识中强烈地想要把这些方法和原则构造成一个机械体系。要确保进一步投入最小限度的智力就能产生结果,就只能用这个体系去处理材料。新运动通常就是在这个阶段开始扬名立万。就我们正在讨论的这场运动而言,有一部分追随者发明了一

---

① 见拙文,"Nietzsche and the Greeks" in *Blood for the Ghosts* (1982), 165f.

② 参 Kirk, *Myth* (cited in Addendum to P. 51), 页 238–251(这部重要著作最有趣的一节)。

个以词典编纂学为途径来运转的机械体系。他们分析荷马和后世作家的词汇,试图表明,荷马绝对没有认识到[158]现代学者认为对于理解反思和抉择过程来说至关重要的那几个概念。于是,他们就把功劳归功于一些后来的作者,因为刚才所说的概念似乎在这些作者的作品里才带着新发现的重大意义首次出现。我已提出,如果研究一下荷马对人物的思想和道德行动的记述,并且在研究时不但重视"言",也重视"事",就足可表明,荷马看待这些思想和道德行动的方式虽与我们的方式不同,但在描述行动时的效力并不稍逊于我们的方式。

学者们不仅低估了早期希腊人对理智进程的理解,也低估了他们对道德进程的理解。① 词汇分析表明,用来表达道德赞赏的最通常使用的希腊词汇,即如今通常译作"好"的 agathos,原先指擅长某事,而且一开始是特指擅长打斗,所以学者们就推断说,希腊人表示"好"的概念从一开始就有严重的缺陷。事实上,至少对那些注意力不是过分紧盯着用词的人来说,甚至我们所知最早的文献都已表明,那种"好"的概念诚然与我们的不同,却不像学者们断言的那样有那么大缺陷。我们的语言中"好"这个词的大多数含义,在希腊语中除了用 agathos 表达外,还会用其他词语,尤其是 dikaios,即"正义"或"公道",而 agathos 本身及其相关名词 arete 在很早的时候就已获得了伦理的意味。但与此相关的证据不仅仅来自对词汇的考释——尽管那也很重要——也来自对早期文献中起作用的伦理概

---

① 见 Dover, *GPM* 183-187; Macleod 以《伊利亚特》24.157-158 为例提醒我,有多少伦理学上的工作都是由思想性术语完成的。Adkins 在其讨论希腊伦理学的著作中没有充分意识到这一点。

念的考索,这种考索不仅要留意言辞,还要留意事情的过程和行动。

自19世纪早期以来,研究希腊的思想史家一直专注于展现希腊思想的发展,呈现它从原始开端发展到高潮的历程。有些史家认为高潮随着公元前4世纪和前3世纪哲学家们富丽堂皇的建构而来;另一些史家则认为,希腊思想的高潮乃是希腊思想的主要成就被吸收进入教会教义之时;还有一些史家认为,高潮伴随着公元前5世纪理性主义学说而出现。前两类史家都把早期希腊宗教与原始迷信联系起来,这很自然,因为他们[159]看不上早期希腊宗教,并把它与教义哲学家和基督徒的一神论体系做对照。第三类学者则倾向于仅仅把早期希腊宗教当做理性主义发展道路上的教条主义障碍,这却不那么自然。他们非难早期希腊宗教,用一些诸如"继承而来的大杂烩"的词语来贬损它。很多人似乎还无意中把它等同于他们自己在现代世界所经验到的那种宗教。

而我认为,早期希腊宗教和大多数其他宗教之间有着深刻的区别,要感受到这些区别,最好暂时不要仅仅以历史发展的角度来思考它。以美学史作类比,也许可以说明这一点。[①] 亚里士多德从自己钟爱的生物学这个角度改造了柏拉图的理念论,认为每一个物种都有自己恰当的天性,每个物种的整体发展必定都趋向那种天性。因此,在他的《论诗术》中,《俄狄浦斯王》是理想的戏剧,而埃斯库罗斯则是一个不完美的奋斗者,一直在努力朝向索福克勒斯式的完美。但埃斯库罗斯的肃剧也有自己的形式和原则,我们只有努力去发现这些形式和原则,并用它们来判断那些流传下来的样本,才能更好地理解他;我们不该把他流传下来的剧作看作众多无效的尝

---

① Cf. *L' Antiquité Classique*, 33 (1964), 372f.

试,似乎他想要以索福克勒斯或其他中意的剧作家的方式来撰写戏剧[却没能成功]。

同样,早期希腊宗教也有自己的形式和原则,不必仅从希腊宗教后来如何发展这一角度来思考它。尼尔森抱怨奥托在描绘早期希腊宗教时根本没有考虑到发展这一要素,① 这暴露出他完全没有理解奥托的目的。"发展"固然是重要而有趣的话题,但很长时间内一直保持不变的东西有时更值得直接关注。我们若这样做,最终甚至还能以新鲜的视野来看待希腊思想的发展。我们也许不仅能摆脱机械运用词汇研究法而带来的错误发展观,还能前进一大步,去思考早期希腊的世界观与公元前5世纪[160]启蒙运动的理性主义之间的关系。那种世界观值得肯定,因为事实上,它自身的性质从一开始就让希腊人对生活大问题的思考有可能达到一种理性思考的水平,远超东方邻居所在的层次。

有三种重要的差别,不但把希腊人的早期宗教与周边民族的宗教划分开来,也与我们所熟悉的现代宗教区别开来。第一,希腊宗教既不是一神论,也不是严格意义上的多神论,而是介于两者之间。② 希腊宗教有很多神明,但从我们所知最早的时期开始,就有一个大神统管着其余神明。第二,这种宗教不以人类为中心,凡人不过是低级神祇创造出来的,在宇宙中也仅仅占据较低的地位,神明也不太在乎他们。第三,这些神明不是超验的,而是内在的(immanent)。他们不是从外面干涉自然规律,而是通过自然进程统

---

① "奥托的《希腊的神明》……以历史发展为代价,来颂扬希腊人的神明信仰",见Nilsson, *GGR* I², 66。尼尔森还在其他地方提到了他对奥托这本书的评论,见 *DLZ* (1931), 1825f. and (1932), 2065f。

② Kirk指出,巴比伦宗教也是介于一神论和多神论之间的宗教。

管无生命的世界,并通过凡人的激情来统管有生命的存在物。

我们且来考察上述区别的意涵,尤其是这些区别怎样影响了希腊人对待人类错误行为或非理性行为的态度。首先,这种宗教不是承认单一的更高权力,而是承认这种权力为数众多。宙斯的正义要求凡人恰当地尊荣神明,并非所有这些神明都要得到所有凡人同等的尊荣。比如说,阿尔忒弥斯和阿芙洛狄忒不可能随随便便得到同一个凡人同等的尊荣,专事这两位神明中的任何一个的人,若转去尊奉另一个,就可能给自己带来危险。结果,人们常常很难判定某个特定欲望是不是错的,很难判断这种那种生活经验给大多数人提出的某个命题是不是错的,而教条主义的一神论则永远不理睬这种命题。不论信仰为数众多的更高能力是否可算有理性,这种信仰都可说具有某些实用的优点。例如,用心理学的术语来说,它往往可以把我们不恰当地压制强烈情感可能带来的危险后果降至最低。

[161]有死者如果要向神明献上恰当的尊荣,就必须禁戒任何可能意味着试图逾越有死者界限的言行。希腊人普遍具有的智慧再三再四重申,凡人千万不要打算变成神明,而必须适应现存宇宙的法则——尽管这些法则也许难以领会——适应实际情形带来的种种现实。

有死者献给宙斯的尊荣,一部分内容就是有义务禁绝相互犯罪。宙斯对有死者最大的恩赐就是"强行赐予的恩典",他正是用这种恩典来惩罚——或早或迟——那种对别人行不义的人,要么惩罚本人,要么惩罚其后世子孙。凡人,或至少所有受到恰当教导的人,都晓得宙斯的正义之法,但他们的激情往往让他们丧失判断,妨碍他们按自己所懂得的道理来办事。在《伊利亚特》以及后世的文献中,人会谴责神明促使他们干错事,但人从来没有否认自己应对所作决定负责。错误的行为是由于行为者爱私利胜过正义,这就是堕落。即便造成堕落的激情来自更高的能力,也绝不可能有效地把这当作借口。

宙斯恩准有死者分享他自己的正义,还特别开恩屈尊惩罚罪恶。但宙斯不是凡人的创造者,也不是他们在天上的仁慈的父。神明掌管宇宙不是为了凡人的利益,而是为了他们自己的利益,绝非把世人的福乐放在首位。伊壁鸠鲁跟他之前的亚里士多德一样,[①]否认神明会关心世界上所发生的事情,这两位哲人的思想——正如在其他方面一样——比柏拉图或廊下派更接近早期思想。即便那些斥这种神明观为错误的人,也绝不能称之为非理性的。无论如何,这种观点从表面上有其好处,就是可以避免有关世间存在罪和苦之类的问题,而那些持不同意见者在解释这个问题时向来有些麻烦。

Dike 基本上指宇宙秩序,在这种宗教中宇宙秩序由神明维持。神明通过自然和人心,[162] 而不是通过外部的干预来维系。宇宙由因果律来管理,这种宇宙观是思考宇宙论、科学和形而上学的先决条件。[②] 为什么现代科学和哲学发端于古希腊人而不是其他任何

---

① See Philip Merlan, "Aristoteles' und Epikurs müssige Götter," *Zeitschrift für Philosophische Forschung*, 21(1967), 485f.

② "这个并非由诸神所创造的世界被交付给诸神照料。诸神按照统一的方案来掌管和引领此一世界。世界是一个宇宙:尽管这个观念仅在哲学化的时代才清晰地显现出来,而且其名称还借自政治领域,但它一向为希腊思想所熟悉,且被视为希腊品质的必不可少的部分。"见 E. Rohde, Kleine Schriften, II 322(来自他1894年名为"希腊宗教"的校长就职演讲)。关于作为哲学概念的 kosmos,参 Jula Kerschensteiner, *Kosmos: Quellen-kritische Untersuchungen zu den Vorsokratikern*, Zetemata, Heft 30, 1962。关于 cosmos 观,亦参 W. Burkert, *Wissenschaft und Weisheit*(1966), 68–70。

民族？任何人要回答这个无法回避而又困难的问题，无疑都会从这个说法开始：有序宇宙这一观念为希腊人所独有，他们在这个问题上与其东方邻居截然不同。正如第四福音书明白所示，基督教接受了这种有序宇宙的观念——只除了一些初始假设源自启示而外。①这种观点不来自犹太教，也不来自其他任何东方思想。

如果有人认为，希腊人这种习传的宗教思维阻碍了他们去理性地解释事实或道德上的犯错，那完全是一种误判。世上发生的一切最终都取决于神明，以及神明的意图往往不为凡人的心智所了解，并不意味着一切就是非理性的，而只是表明那管辖一切的原因（reasons）通常是神秘的。Tyche［机运］只是随着希腊化时代迷信的发展，才获得了"漫无目的的偶然性"这种含义。品达称Tyche为宙斯的女儿，而索福克勒斯笔下一位主人公祈祷时承"神圣的Tyche，以及你，引导人的daimon［精灵］"②——品达和索福克勒斯都很好地表达了公元前5世纪的观念。错误的道德决策虽可

---

① 见 W. Kranz, "Der Logos Heraklits und der Logos des Johannes," *Rh. Mus.*, 93(1950), 81f = *Studien zur antiken Literatur und ihrem Fortwirken* (1967), 389f。Macleod提醒我，《旧约》中的上帝在某种意义上可以说是在给宇宙下命令。但那位上帝本质上乃是部族的神祇，因此他的宗教允许在一定程度上干预自然过程，而希腊宗教不会认同这一点。

② Pindar, *Ol.* 12.1f; Sophocles, *Ichneutae* 73 Pearson = 50 Page (*Greek Literary Ppyri*, 32)。"The papyrus has θεός," E. Siegmann ap. Fraenkel, *Aeschylus, Agamemnon* iii 675, n. 2。Chester G. Starr认为，在品达笔下，"那种晦暗而不可预知的能够决定成败的力量，Tyche，明显与神明的意志无关"（强调为引者所加），这种看法是基于没能仔细地审视品达实际上如何运用这个词，见 *Hermes*, 95(1967), 269f。参 John H. Finley, Jr.对Tyche的精妙讨论，*Thucydides* (1947), 312f。正如他指出的，这个词正好能用来表达希腊宗教赋予神明的行为的那种不可测算的特征。这条辑语是314.7 Radt。关于Tyche，见 Dover, *GPM* 138。

能由神明所激发,但即便在《伊利亚特》中,神明在一件事情上的动机也可以被抽离出来同时凡人的动机——以及凡人的责任——仍保持不变。既然神明是通过凡人的激情起作用,那么就有可能,以神明为因的观念可以抛弃,而导致了错误决定的人的情感却还是一样。如此就使得即便公元前5世纪晚期的肃剧作家,也完全有可能以如下方式来表现道德错误:所有时代的人凭常识就已经发现,这种方式比那种苏格拉底式理智主义的悖论性的机巧更加令人信服。

宙斯最开始在诗人笔下获得其职能,是基于从人世君王的类推,[163]人世君王的主要任务就是保护正义。如果取消了神明对正义的约束力,诸如普罗塔戈拉和德谟克利特等人的人文主义正义论也就很容易、很自然会取而代之。这样一种经验性的理论,远比诸如柏拉图等人观念论的正义论更接近早期希腊的信仰。

早期希腊信仰很容易、很自然引出了公元前5世纪那些哲人的经验论,但随后就出现了一种反动。那种反动在较高的文化层次上由教条性的形而上学所促发,在较低的文化层次上则受神秘崇拜和迷信的发展所激发。似乎不能把那种反动说成是向传统希腊信仰和实践的回归。柏拉图究竟受到了东方宗教和哲学的多大影响,不好说,但大多数学者都会同意多兹的说法,即柏拉图"把希腊理性主义传统与巫术-宗教的观念杂糅在一起",[①] 这种巫术-宗教观念来自毕达哥拉斯学派,而且极有可能发源于遥远东方的文化。正如多兹清楚表明的那样,柏拉图超越早期希腊思想家的关键一步,在于他吸纳了一种对人类灵魂的巫术-宗教观点,还在于他由此作

---

① Dodds, *GI*, 209.

出了灵肉的二分。① 柏拉图式的清教主义明显与毕达哥拉斯学派和"俄耳甫斯教"的观念关系密切,后者自公元前6世纪以来就在有限的圈子中流传着,而且与东方的崇拜关系密切,这种崇拜自公元前4世纪以来就在希腊人中间越来越普及。这样一来,高级文化层次的精神衰竭,就与低级文化层次上的精神衰竭紧密相连。但这种"反动"尽管极力叮嘱人们要信仰神明,却与希腊传统宗教观几无共通之处。也许柏拉图想通过重建官方崇拜来训诫普通人,但他的真实神学信念却与古代宗教几无共通之处,他对诗人的批判有助于表明这一点。

理性可以帮助我们从原初的假设出发作出推导,但不能指导我们选择从哪一个假设出发,我们也很难强说,某一套关于神明本性或宇宙管理方面的主观假设,就比任何其他假设更"理性"。[164]此外,还必须承认,早期希腊人提出的这套假设在解释观察到的现象时,绝不比大多数其他民族提出的假设明显更差。我没有详细阐述希腊人所创制的这些东西究竟有多美,而只是暗示了他们所表达的心理学真理,不过,我的确有意指出希腊人从这些创制中获得了某些实践上的优势,既有科学上的,也有伦理学上的。

艾略特笔下的鸟儿说,人类这种东西承受不了太多的现实。早期希腊人有能力获得自己独一无二的成就,很大程度上就是因为他们比大多数人类都能够承受更多的现实,就像他们的宗教所显明的那样。有人也许会反对说,我是在世俗和浅薄的意义上使用"现

---

① 参Dodds, *GI*, ch. VII, "Plato, the Irrational Soul, and the Inherited Conglomerate," passim, and also Dodds, "*Plato and the Irrational*," JHS,65(1945),16f。本文后来重又收入 *The Ancient Concept of Progress* (1973)一书,106f。

实"一词。自公元前6世纪以降,很多希腊人要求与更高能力有更紧密的联系,超过了旧宗教所能提供给他们的,公元前4世纪以来这种要求越来越强烈。柏拉图以及其他早期文化的破坏者也许会说,而且他们的很多现代追随者也会同意,他们与自己的祖先相比已实现了与某种更高现实的接触,但他们主要关心的不是"此"世的现实。

跋

[165]本书在大众读者那里获得了比评论家更多的善意,除了在法国之外;不过本书在法国也得到了许多评论家的指点,这正是笔者乐意看到的。① 如果我现在稍微多说两句来进一步阐明我的想法,那不是因为我好辩,而是因为我希望把自己的意思表达得更清楚一点,同时也来考虑一下本书初版后问世的某些相关著作的意见。

我与批评家们的主要差异可归结为三个方面。首先,我们在方法上有所不同。其次,许多批评家一直以为我想要否认一点,即希腊思想的变化和发展程度远胜于相关证据所揭示的。第三,他们误解或仅仅部分理解了我赋予我所谓的"正义"这一观念的意义。

我们首先来看看方法上的差异。过去五十年大体上是实证主义的时代,很多批评我的人在早期希腊思想的证据问题上都采取了

---

① Jacqueline de Romilly, *Revue des études grecques* 86(1973),462f; F. Vian, *Revue de philologie* 47(1973),124f; J.-P. Vernant, *Journal de psychologie* 72(1975),235f。在法国之外,我的意图也得到了一些人的理解,其中有一位英国的诗人学者(Peter Levi, *TLS*),一位美国的希腊学家(Carroll Moulton, *The Yale Review*, autumn 1972,127f.),一位英国心理分析师(J. H. Padel, *International Journal of Psychology* 53,1972,429f.),以及一位德国的旧约学者(Otto Kaiser, *Orientalisitische Literaturzeitung* 69,1974,12f.),另参氏著 "Der Mensch unter dem Schicksal", *Neue Zeitschrift für systematische Theologie und Religions-philosophie* 14(1972),1f。

实证主义的进路。他们讨论任何题目时，都会列举该题目出现过的实际次数，这当然很有道理。他们也常常采用词典学的方法，研究相关词汇或词组每一次出现的情况。我已指出（原书，页2以下，页157以下），词典学方法自身并非没有危险，[1] 而实证主义一般来说也有其限度，尤其是，有时候与曾经存在过的证据总量相比，可用证据实在少得可怜。正如词典学[166]方法可能让我们过于密切地关注词汇以至于未能注意到其他东西，同样，过分专注于研究现存资料，也会让我们不知不觉中假定这些就是曾经存在过的所有相关资料了。

且以荷马史诗为例。这两部史诗对我们来说代表着最早的希腊文献，无数学者一直都把这两部史诗当成某种开端。但如果帕里（MilmanParry）的工作曾表明过什么的话，那就是表明了这两部史诗代表着一个必定已经延续了很多个世纪的传统的终极阶段，而并非表明我们需要帕里来给我们指明必定还有比荷马更早的诗人。此外，我们在研究诸如《伊利亚特》一类诗歌中的宇宙及其运转图景时，并不能稳靠地假定，在没有提到以及频繁提到的东西中，有任何一样东西不可能是作者所知宇宙的重要元素。

---

[1] 另外一个对采用词典学方法的警告，参 K. J. Dover, *Greek Popular Morality in the Time of Plato and Aristotle* (1974)。我对这部令人钦佩著作的评论见 *TLS*, 14 March 1975, 273f = *Classical Survivals* (1982), 68f。该书对拙著来说可谓至关重要，因为它清楚地证明，直到并包括公元前4世纪在内的普通希腊道德，在何种程度上继续成了我所描述那种宗教中的典型道德。毫不奇怪的是，阿德金斯（*Classical Philology* 73, 1978, 143）企图破坏拙著的可信度，这种企图已像"飞去来器"一样反施其身了。对此可参 Dover 的文章，"The Portrayal of Moral Evaluation in Greek Poetry", *JHS* 103 (1983)。

我们如果成功地避开作这种假设,就会发现,有许多观念尽管在这部文献中很少明确提到——"正义"最先映入我们脑海——在诗人的整体规划中却绝非不重要。举一个明显的例子,荷马史诗中很少提到玷污,但它在后来的文献中却经常出现,结果有些学者就认为,在荷马之后的时代里必定出现了该信仰的某种猛烈迸发,人们开始信仰某种似乎会被常识视为原始观念的东西。我对此现象的解释是,史诗诗人选择了不是老盯着主题,尽管他们的作品清楚表明他们熟悉那个主题。我的这一解释并没有受到什么重大挑战,尽管批评我的人急于从中挑错。再重复一遍,自康福德1912年发表《从宗教到哲学》以来,人们越来越认识到,米利都人并不是从tabula rasa[白板]开始自己对宇宙的反思的。米利都人把理性运用到已知的观察事实上,当然创造了一种新的开端,但我们不应该无视连续性的要素,这种要素把他们的工作与前代诗人的宇宙生成论联系在一起。

接下来再举一个可能更有争议的例子。神明会把父亲犯下的罪孽报应到孩子们头上,这种信仰仅仅在梭伦的著作中[167]才能找到最早的明确说法,但我们真能够稳妥地觉得,这个观念是直到公元前6世纪才产生的吗?根据一部特定著作未曾出现过某个特定概念这一事实,能够推导出什么——我们在思考这样的问题时,很明智的是要记住,艺术家出于自身的原因,很可能拒绝提到自己非常熟悉的话题。古典学家受到了非常正确的训练,就是除非有材料上的证据,绝不相信任何东西,结果批评家们很容易对我得出的推论表现出强烈愤慨。我们对于不同的具体情况或许意见各有不同,但总体而言我们必须认识到,在很多情况下,常识都会告诉我们,过分僵硬的实证主义很可能是错的。

接下来我们来看看变化和发展的问题。研究古代思想的历史学家在很长时间内一直集中精力关注这些因素,直到很晚近的时候,随着结构主义的流行,同时性要素(synchronic element)才以牺牲历时性(diachronic)为代价而获得了更多的注意。我在本书(原文页159)中写道:

> 发展固然是重要而有趣的话题,但很长时间内一直保持不变的东西有时却更值得直接关注。

其中最不理解我的批评家是一位坚定的黑格尔主义者,他甚至不承认任何geistigesPhänomen[精神现象]可以看作静态的。[①] 但大多数人都会同意,某些东西在时间的流变以及周遭事物的变化中无论发生了多少改变,对于普通的观察者来说,似乎很大程度上都仍然是同一个东西;也有很多东西变化或发展了。本书的读者如果认识到,我觉得有时去思考那一直保持不变的东西会更有益处,那么他就会毫不费力地看到,我自始至终都在努力既考虑到连续性也考虑到变化。麦金泰尔(Alasdair Macintyre)曾写道:

> 多兹、阿德金斯、劳埃德-琼斯,这个名单可以列得非常长,他们所有人展现的希腊道德观的图景在很大程度上都是连贯的;各个连贯的观点虽然有所不同,但似乎都大体正确。[②]

多兹和我都认为,我们之间尽管有所分歧,但我们所描绘的图

[①] W. Kraus, *Gnomon* 49 (1977), 248–249.
[②] *After Virtue* (1981), 126.

景总体上是一致的。①但我描绘的图景当然与[168]采纳如此严格的实证主义观点来对待证据的学者有所不同,他们认为,希腊人直到后期某个阶段,才"发现"了那些到那时为止尚未得到清晰且毫不含糊地表达的东西。②我的观点也与另一些学者不同,他们视基督教或康德为正统,以之为更高级的观点,从而不以为然地蔑视希腊道德。③

或许从古典研究的另一个分支借用一个类比,有助于更清楚地说明我的意图。现代学术研究让我们对希腊诗人采用的标准惯例和技术手段增添了新的了解,这种研究方法尤其让品达变得更易

---

① 不止一个对我心怀敌意的批评家都认为,多兹在 *JZ*(页xi)所引的词语并不是字面的意思。我和他相交差不多有四十年之久,我完全想不起我们任何一方在同对方谈话时,会隐瞒自己真实的想法。

② 比如可见 B. Snell, *Die Entdeckung des Geistes*(see *JZ* 168;Snell的书第四版于1975年问世),以及 E. A. Havelock, *The Greek Concept of Justice*(1971),我对后者的书评见 *JHS* 102(1982),258f。我如此强烈地否认两位我极为尊重和喜爱的作者,对此我深表歉意。

③ 例如,阿德金斯(见 *JZ* xiii)最初在其博士论文鼓吹了这种观点,之后又连续不断地重复提到福音书。我说此书"有趣",但每一次对这种学说的连续宣传都变得不那么有趣。黑尔(R. M. Hare)对阿德金斯的影响似乎相当大,但晚近的哲学都比黑尔更认同亚里士多德的伦理学。见 G. E. M. Anscombe, *Intention*(1957; 2nd ed. 1963); A. J. P. Kenny, *Action, Emotion, and Will*(1963), *Will, Freedom, and Power*(1975), *Aristotle's Theory of the Will*(1979); Alasdair Macintyre, *After Virtue*(1981)。对阿德金斯的康德主义立场的批判,见 R. J. Sullivan, "The Kantian Critique of Aristotle's Moral Philosophy: An Appraisal", *Review of Metaphysics* 28(1974),24f. and K. von Fritz, "Aristotle's Anthropological Ethics and Its Relevance to Modern Problems", *Journal of the History of Ideas*(1981),187f.

理解,① 但是,有一首品达颂诗就没法仅靠列举诗中包含的常见套话和例见手法来解释——最近的品达解释者中有些想象力不那么丰富的人似乎就这么认为。在此,阐释者必须表明诗人如何利用现成的习俗,既包括思想上的习俗,也包括手法上的习惯,以服务于诗人当下情形所提出的要求。同样,诸神以及宇宙运行的标准图景,必定早在荷马之前很久就已实质上确立起来,对待这些图景也是一样。诗人、历史学家和哲学家会调整那个图景来应对他们当前局势的要求,他们常常用形形色色不同的方法来处理同样的现象。于是就有了一个多样而复杂的图景,有很多细微差别,也有很多歧出之处,但其主要轮廓仍可以简单勾勒出来。也许我对其轮廓勾勒得的确太简单了,这在我所拥有的有限时间和篇幅中不足为奇,不过我关心的仅仅是概要性地追溯真理的某些重要方面,而我认为大多数现代作家似乎一直忽略了这些方面。

我在本书开头就指出,《伊利亚特》的世界在伦理学上说来颇为复杂,而《奥德赛》的世界则绝不复杂。在《伊利亚特》中阿伽门农责骂宙斯,说后者有毁灭性。在《奥德赛》中宙斯则亲口责骂世人,说凡人乃是自己不幸的罪魁祸首。《奥德赛》的情节把神明表述成正义的维护者,似乎比《伊利亚特》要明显些,但即便在《伊利亚特》中,我们也能看到,[169]正义还是很重要的。麦克洛德(Colin Macleod)正确地指出,在《伊利亚特》中,"神明的确是正义和文明的捍卫者"。② 希腊宗教实际上是这样一种宗教:其中凡人能

---

① See *JHS* 93 (1973), 117f, and also *Proc. Brit. Acad.* 68 (1982).

② *London Review of Books*, 6–19 August 1981, 20 (是在评论格里芬 [Jasper Griffin] 的书 *Homer on Life and Death*, 1981); 麦克洛德的看法在其《伊利亚特》第二十四卷的评注中得到了充分的解释和论证。

够谴责神明的不义,而神明也可以反过来谴责凡人不义。《伊利亚特》和《奥德赛》中的正义基本上相同。

德罗米伊(Jacqueline de Romilly)坚称,赫西俄德的《劳作与时日》是在新的意义上使用"正义"观念,[1] 她这个说法不错,但赫西俄德在自己当时非常不同的情形中,却用上了荷马在处理自己所遇到的情形时所用的这同一普遍概念。费尔登尼乌斯(Verdenius)抱怨说我"忽视了一个事实,即在荷马史诗中只起次要作用的正义观念,现在则变成了重要的思想原则",[2] 其实他根本没有考虑到我的论点:赫西俄德在自己的境况中所使用的概念,清楚不过地见于《奥德赛》,也早已在《伊利亚特》中明确地表达出来了,而且这个概念比实证主义的和肤浅的进路所能揭示的远为重要。

费尔登尼乌斯认为,荷马笔下的主人公可能悲伤,但绝不会绝望;他觉得这种绝望标志着人们更多意识到了生活的艰难,而这正是所谓"抒情时代"的特征(同上,页442)。读一读荷马对帕特罗克洛斯死后阿喀琉斯行为的解释,或者对赫克托尔死后普里阿摩斯行为的解释,我发现这种区分太过吹毛求疵。我曾提出,在阿尔克曼和阿基洛科斯之前很久必定已经存在抒情诗了,但这条建议似乎没有被克劳斯(Kraus)采纳,他晓得,在这两位诗人以前所创作的任何东西都不可能值得保留。[3] 我还尽力表明,抒情诗人们是以共同的希腊宗教为背景来看待自己不同的主题;这一点很自然地导致我

---

[1] Jacqueline de Romilly, *Revue des études grecques* 86(1973),464.

[2] W. J. Verdenius, *Mnemosyne* 30(1977),441, Cf. A. Dihle, *The Theory of Will in Classical Antiquity*,1982,184 n. 77.

[3] W. Kraus, *Gnomon* 49(1977),243–244.

强调他们与其前人的共同之处,晚近学者因为太急于发现新的要素,一直忽视了这种共同点。对我的目的来说,梭伦是尤其重要的作家,因为他的诗歌残篇表明,一位诗人是多么容易把他从早期诗人那里继承来的传统的神圣正义观,运用到他自身所处时代的情形上。[170]耶格尔试图勾画出梭伦与前人的微妙差别,从而让他们划清界限,这种做法在我看来失败了。①

古风时期的其他诗人,如阿基洛科斯、阿尔凯奥斯以及忒奥格尼斯的诗集里的那些诗人,情况也跟梭伦一样。后者中的一位像《伊利亚特》中的阿伽门农一样,因真实世界存在各式各样的不义而责备宙斯;梭伦则像《奥德赛》中的宙斯一样,光明正大地把这种责备加到凡人身上,认为凡人才应为内战的威胁负责。这两种态度都不新鲜。②费尔登尼乌斯认为,犯罪本身就包含了惩罚的源起这一观念最先出现在梭伦那里,他当注意,这种观念其实在《伊利亚特》中就有了。③克劳斯认为,人们因祖先的罪孽遭罚这一信仰最先出现在梭伦那里,但他当注意,即便在《伊利亚特》中,宙斯也并不马上惩罚凡人的罪责,但最终肯定会惩罚。④提尔泰奥斯不难利用已经存在的勇武观念,来满足斯巴达劝勉公民为祖国勇敢战斗的迫切需要。格里芬(Jasper Griffin)最有教益的两页文字已经证明,在战斗中死去乃光荣之举这一在阿德金斯看来不会早于提尔泰奥

---

① See JZ 185, n. 27.

② 见《伊利亚特》3.365;Theognis 373f;关于梭伦,见 JZ 44;关于《奥德赛》第一卷中的宙斯,参同上,28。

③ 另参下文,页[原书]177。

④ 见《伊利亚特》3.365,梭伦残篇13.25以下只是其回响。

斯的观念,其实早已为荷马所熟知。① 即便在荷马那个时代,也是既有个体,也有集体和共同体,而且某些诸如"忠诚"之类的"平和道德"也已具有相当重要的意义,即使当时还没有得到其名称。因此,把神圣正义的观念运用到公元前6世纪城邦的需要上,这对诗人来说是一件顺便的事儿,远不像满脑子发展和进步观念的学者所希望承认的那样具有革命性。

我在晚至希罗多德这样的作家那里发现了几处信仰的迹象,甚至比我们在荷马那里找到的大多数信仰都更加"原始",从而更不那么"高级",这一定会让上面那类学者窘迫不已。维拉莫维茨写到,希罗多德"在理性主义和迷信之间摇摆"(*JZ* 58),但这两种东西都能够在古风世界图景这把足够大的伞下轻易找到容身之地。劳埃德(Geoffrey Lloyd)写道:

> 希罗多德笔下的证据表明,人完全有可能一边探究种种现象的本质,一边坚持[171]神明可能降下疾病这样一种信仰,这二者可以结合起来。②

他继续写道:

> 这类信仰不会因为关心特定现象的性质而受到威胁,甚至也不会因为对这些的持续研究而受到威胁;这种信仰只会受到那种概括性观念的威胁,即所有这类现象都有着自然的原因。

---

① *Cl. Quart.* 26(1976),186–187反驳的是阿德金斯,*JHS* 91(1971),7 n. 37(这篇文章是对 A. A. Long切中肯綮的批评的无效回应,见 *JZ* 213)。

② *Magic, Reason and Experience* (1979),31。

但假如人们意识到神明是通过自然而有规律地工作,那么,即便是那样的概括也不会对信仰造成威胁。劳埃德后来补充说:"必须稍加怀疑的是,希罗多德在多大程度上认为自然是一种普遍的原则,以及在多大程度上把所有自然现象视为近于规律(law-like)。"但希罗多德认为宇宙受神明控制,而且希腊神明不是违背自然去工作,而是通过自然去工作。

克劳斯相信,我只是"嘲讽式地"(同上,页245)谈到早期诗人的宇宙生成论与哲人的宇宙生成论之间的观念的连续程度,这是一个绝妙的尺度,可以衡量他究竟有没有能力来理解我努力表达的意思。我一直以为,任何受过教育的读者都会看得出,我在谈到康福德对这样一种连续性的发现时总是充满敬意。克劳斯本人宣称说,"宇宙的实质性统一"这一观念最初是在米利都哲人的著作中发现的。劳埃德处理这个问题时极为小心,他坚持认为,早期诗人提到一种必然性原则,这并不等于就是在阐述所有现象都有其自然原因这一普遍原则(同上,页32-33)。倘若有哪个早期诗人竟然提出了我们在比如留基伯(Leucippus)第二条残篇中发现的那种普遍因果律的说法,那就太奇怪了,这条残篇说"无物随便就在,一切皆有原因,也由必然而有"。他们毕竟是诗人,不是哲学家,而诗人写作的时间是在帕默尼德和恩培多克勒开始创作哲性诗歌(philosophical poetry)之前。正如康福德所说:

> 哲学从宗教那里继承了某种自然秩序这样一个支配性观念,这一自然秩序被视为命运的主宰,亦称为"正义"或"法律"。①

---

① *Op. cit.*, 5 and 39.

他还说：

> 希腊多神论的基础和框架，正是"命运"和"正义"之秩序的一种更古老的形式，这种古老的形式在阿那克西曼德的宇宙论这一新兴科学中得到了重申。

正如康福德指出的，[172]克塞诺芬尼"故意抹去了人形神这一形象"，① 人们一直认为这是因为他受到了伊朗一神论的影响（JZ 81）。但我们还是可以像康福德那样认为，② 克塞诺芬尼是在回溯到宗教的更早阶段，因为他"似乎发掘出了那个更古老的自然崇拜，在这种自然崇拜中，天空和天体的旋转控制着凡人的命运"。我们不需要把天体牵扯进来就能想起：宙斯在古代印欧神话中最先是天空神。赫拉克利特说智慧的一既愿意又不愿以宙斯之名被称（JZ 83），他的确是在说某种新东西，但他同时也是在说某种深深植根于过去思想中的东西。后面这个事实才需要好好强调，有头脑的读者都不会抱怨我忽略了前一个方面，因为这方面在最近已强调得够多了。

宗教信仰如果鼓励自然法则失灵并非罕见之事这样的观念，它就可能成为科学或哲学的绊脚石。比如说，医生如果无能，就会为自己开脱，辩称病人是神明或精灵干预自然的牺牲品。我们从更早的希波克拉底著作中得知，希腊某些从业者就在兜售这一类借口。③ 但是，这种人的科学敌手总是可以向他们指出，神明习惯上并不违

---

① *Op. cit.*, 177。Dirlmeier 的文章重刊于 *Ausgewählte Schriften zu Dichtung und Philosophie der Griechen* (1970), 68f。

② L. c. in n. 24.

③ See *JZ* 80 and cf. 72.

背自然,而是通过自然来行事。那位写书讲神圣疾病的人[按即希波克拉底],并没有因为把癫痫称作神圣就显得很愚蠢,他是说所有疾病在某种程度上都是神圣的。现代学者不像他们极不耐烦的19世纪前辈那样,摒弃所有的巫术治疗手段,他们清楚,治疗效果常常受到心理学手段的影响,尤其是手下病人碰巧是一些简单纯朴的人时。阿斯克勒庇俄斯的祭司们非常懂得这一点,在他们的祭坛上,最先进的药物一般都与信仰治疗法同时使用。我们从神庙的记录可知,后一种方法常常很有效;正如劳埃德所说,① 信众经常把这位神明[按即医神]的行为描绘成与凡人医生的手法[173]极为相似。在劳埃德看来,

> 一旦人们把"自然"观念理解为普遍原则,那么,对自然的干预要么会被视为奇迹——即自然的失灵,要么视为双重原因决定的事情——神明在其中通过物理原因来起作用。(同上,页51)

早期希腊人谈论这种干预方式,强烈表明他们是以第二种方式来思考神明对自然的干预。他们甚至认为,那些靠行神迹过活的人,比如那些声称有能力治好被鬼附之人的人,也是凭靠对某种超自然力量的说服才完成赶鬼的,这与号称凭借某个神明的权威来驱鬼除魔的方法完全不同。恩培多克勒自称有能力教人如何控制风、雨和干旱,还能让死人复生,那么,我们又该如何评价他呢? 他究竟是在说,聪明人既然有知识,就有能力让自然法则失灵,还是仅仅在说,他有能力利用隐藏的自然力量? 他似乎与厄庇墨尼德斯一样,

---

① *Op. cit.*, 40–41.

都自称属于iatromantis［巫医］传统的阿波罗一系，既是治疗者，又是预言家，这类人的早期代表既靠药物和手术，也用咒语手段给人治病；但是，恩培多克勒似乎还把这与那些从毕达哥拉斯学派而来的萨满元素（shamanistic elements）结合起来，其中包括相信人类灵魂原本是神性的并且有可能重新获得这种神圣性。① 既然恩培多克勒相信凡人在某些情况下会变成神，那么他很可能会认为这样的凡人有能力控制自然元素，并能决定人类理性无法预知的事件，就像人们以为神明能做的那样。

  从所有这一切可以得知，早期希腊宗教不会叫卖自然法则失灵之类的道理。一件不可预知却并非不可能的事情，比如潘达罗斯的弓弦突然断裂，或者神明干预让人思想上发生了突然的却并非说不清道不明的转变，又比如雅典娜插手阻止阿喀琉斯杀死阿伽门农，这些都可以说成是神明的安排，而同时也丝毫没有背离这样的假定：神明一般情况下都是通过自然行事，而不是违背自然。这些事情不同于真正的自然法则之失灵：比如红海中间露出海床让以色列人通过，[174]然后海水又合拢，淹死了埃及人；又比如以利亚（Elijah）让火奇迹般地从天上降下来，烧尽他所献的供物，而巴力的先知（priests of Baal）不管怎么祈求，也没有火来烧他们所献的供物；还有拉撒路（Lazarus）死而复生，或者基督由童贞女所生（parthenogenesis）并从死里复活等等。希腊宗教则根本就不兜售这一类东西。

  埃斯库罗斯坚信宙斯具有至高无上的权力，如果要说他是在推荐一种新的宗教信仰，那就错了，因为即便在《伊利亚特》中，宙斯

---

① See frs. 115, 146–147, 112 D.–K.

也是超越于其他神明的至高无上者;引入宗教革新也绝非肃剧诗人的职责。《阿伽门农》的歌队犹豫着要不要认为宙斯愿意人们以常见的这个名字来称呼他,那不过是在模仿古代的祈祷形式,而且与赫拉克利特一样,是在强调宙斯的意图不可预测;但埃斯库罗斯根本不需要赫拉克利特[的指点]也熟悉那种观念。埃斯库罗斯与梭伦一样,把宙斯视为正义的捍卫者,其实某种程度上是在用他那个时代的polis[城邦]正义观来思考问题,因而他对这个概念的使用就带上了某种新的含义。

我在本书第94页曾写道:我们一辈子反复听到的陈词滥调,即《欧墨尼得斯》描写了从血亲复仇到法治的转变,完全是一种误导。我这么说略微夸张了点儿,因为从那时起polis[城邦]内部的凶杀案的确将由战神山法庭(Court of Areopagus)来审理;但是,战神山代表着这个国家令人敬畏的东西,就好比厄里倪厄斯代表着宇宙的神圣治理中令人敬畏的要素。我还曾正确地提醒一点——有的人似乎已经忘记了:从来没有人质疑厄里倪厄斯放弃了她们自己的职责。克劳斯认为,奥瑞斯特斯的审判以无罪释放告终,这与厄里倪厄斯的本性完全格格不入,[①] 但是,与其说这场审判是以无罪释放结束,不如说它最后其实是不分胜负,因此加上了一个公认为武断的裁决。即便是荷马笔下的共同体也有自身的机制来调节血亲复仇,但这种机制没有能力处理《奥瑞斯特亚》所代表的情况;厄里倪厄斯始终担负着自己的职责,与雅典这个国家紧密合作。

也许还可补充一点,这个三部曲似乎不是以大多数现代学者一直认定的那么乐观的调子结尾:[175]奥瑞斯特斯弑母,完成了自

---

① *Op. cit.*, 246.

己的责任,为父亲报了仇,把臣民从篡位者的僭政中拯救出来了,但我们也许会怀疑他的私人生活是否就比父母中的任何一方更幸运。

埃斯库罗斯和索福克勒斯神学上有明显差异,对此,用他们之间不同的艺术目标比用进步或发展更容易解释清楚。温宁顿-英格拉姆(R. P. Winnington-Ingram)写了一部讨论索福克勒斯的佳作,令人钦佩地解释了索福克勒斯对埃斯库罗斯的化用,强化了我们的这种印象。① 欧里庇得斯对他之前两位肃剧作家的运用也同样如此,而欧里庇得斯在很多方面都更近于埃斯库罗斯,胜过他与索福克勒斯的联系。新维罗尔主义者(neo-Verrallians,[按]维罗尔,A. W. Verrall, 1851—1912, 英国古典学家)对这种看法孤臣孽子般的抵制,就跟苏门答腊丛林里坚持战斗的日本兵相信第二次世界大战还在进行着一样,并没有多少效果。现在人们越来越认识到,欧里庇得斯所展现的世界,就其秩序由宙斯所维护而言,以及就神圣正义与人类行为的关系而言,其实与先前两位肃剧作家所展现的世界并没有多大不同。就公元前5世纪的智术师和修昔底德来说,哪怕是我引用过其著作的那些心怀敌意的批评家,似乎也都已经注意到我的观点:智术师和修昔底德都把一些新东西与旧元素结合起来。

在对拙著的批评中,可以划分出第三类普遍的看法来,他们批评我对dike及其同根词以及对"正义"(justice)一词所赋予的意义。赫林顿(C. J. Herington)批评我从来没有很成功地为这个词提出可行的定义;② 加加林(M. Gagarin)觉得我在这方面犯了含混和

---

① *Sophocles: An Interpretation* (1980).

② *AJP* 94 (1973), 397。参 F. Dirlmeier, ΘΕΟΦΙΛΙΑ-ΦΙΛΟΘΕΙΑ, *Philologus* 90 (1935), 57f. and 176f = *Ausgewählte Kleine Schriften* (cited in Addendum to p. 172 above), 85f。

混乱的错;① 阿德金斯从来不宽容那些跟他博士论文中所宣扬,且此后一再重申的关于希腊伦理学的看法有别的人,他在书中说:我"认为所有传世的作家,从荷马到欧里庇得斯,都相信宙斯总是公正的,他们从未受其他任何想法推动,而且他们似乎认为这个信念在当时的希腊人中十分普遍"。② 吉尔(C. Gill)发现我"所表现出的缺乏辨识能力、缺乏策略,令人吃惊"。③ 伯纳德特(S. Benardete)发现,我"对道德复杂性的理解,[176]跟一个普通青少年差不多"。④ 所有这些作者都认为我对dike的看法本质上过于简单。然而,韦尔南(Jean-Pierre Vernant)不同意他们的看法,$o\breve{v}\ \pi\lambda\varepsilon\acute{\iota}\omega\nu\lambda\acute{o}\gamma o\varsigma\ \mathring{\eta}\ \tau\tilde{\omega}\nu\check{a}\lambda\lambda\omega\nu$[他比其他人更有道理]:

> 琼斯将书名定为《宙斯的正义》,意在表明,自荷马史诗的年代起,古希腊的正义(Dike)就已是一个完善而复杂的概念,在宗教、宇宙层面和纯道德层面同时发挥作用。正义概念首先强调世界的普遍秩序,此种秩序的构想不是脱离在诸神和宙斯的视界以外,而是连带意味着尊重诸神的特权,也就是每个神明特有的荣誉(timai),意味着畏惧宙斯的惩罚——这位神王庇护誓言、异乡人和乞援人,而他为犯罪者预备的惩罚也绝对无误。这种秩序构想还意味着违反既有状态即是犯错的内心感觉。⑤

---

① *Arion*, n. s. I(1973),199.
② *JHS* 95(1975),229.
③ *The Spectator*,15 January 1972,77.
④ *Library Journal*,15 November 1971,140.
⑤ J.-P. Vernant, *Journal de psychologie* 72(1975),235.

这位杰出的法国学者完全理解我一直在努力说的东西,读者诸君也许可以自己判断一下,上述那些学者没有能力弄明白我一直在说的,这究竟是不是我的错——我要说的简而言之就是:宙斯在某种意义上是正义的,在另一种意义上又不是。

我必须重复一遍:宙斯一开始是基于与君王的类比获得其属性的,君王乃宙斯的可见代表;宙斯捍卫诸事物包括人类社会本身的既定秩序,这种秩序也许可以用dike一词来表示。宙斯是誓言、乞援人和异乡人的保护者,违犯该秩序就被视为冒犯了宙斯的荣誉,可被他惩罚,于是,他逐渐被视为正义的维护者、凡人对彼此所犯罪行的惩罚者。这并不意味着宙斯的统治归根结底不是建立在赤裸裸的权力之上,也并不意味着他不会对诸如普罗米修斯那类挑战其权威者痛下辣手。宙斯必定会惩罚凡人的罪过;由于人们观察到邪恶的人往往得享亨通,因此就有必要相信冥府中对死者会有审判,或者更为常见的是,相信祖先的罪孽会报应到后人头上。

既然凡人[177]也许不得不为祖先在遥远的过去犯下的罪行遭报应,宙斯的正义就被视为不可预测的指望。即便像俄狄浦斯那样的人也会突然被击倒,这是那些他根本一无所知的祖先所犯之罪过的报应。用赫拉克利特的话来说,对凡人而言有些事情显得正义、有些显得不正义,但对神明而言,所有事情都显得正义(*JZ* 84)。神明总是关心捍卫自己的荣誉以及自己的特权,只有在极少的情况下,有死者和不死者的藩篱才可穿越。在这样一个宗教中,必定有凡人责备神明行事不公的情况,但也必定有神明谴责凡人、说他们的不幸乃是咎由自取的情况;多元决定因素(over-determination)保证了情况就是如此,凡人的每一个行为既是由神明所促动,但也并没有因此而减少做这件事的凡人的责任。

《伊利亚特》中的阿伽门农告诉宙斯,神明中没有哪一位像他宙斯那样具有破坏性(3.365),从凡人的角度来看,这话的确包含几分真实。特洛亚最终肯定要遭毁灭,从奥林波斯的政治术语来说,这是因为一帮力量强大的神明一门心思要毁灭它。宙斯也不能无视其主要下属的愿望,因他与凡间君王一样,并从凡间君王那里获得自身的属性。然而,诗人让我们意识到,这场麻烦事自帕里斯诱拐海伦而始,而且特洛亚人在墨涅拉奥斯和帕里斯打斗时先破坏休战协议,这才给自己带来了可怕的诅咒,因为双方都会对任何破坏协议的人发出这样的诅咒。

宙斯为了尊荣忒提斯,也曾一度允许特洛亚人获胜;正如希腊人对特洛亚的不满合情合理,阿喀琉斯对希腊人的不满也同样正义,在这种情况下,宙斯的行为不仅符合奥林波斯政治权术的要求,也与正义的命令相一致。但阿喀琉斯在复仇上坚持了太长的时间,后来因为其祈祷实现而后悔,这其实是史诗开头提到的宙斯计划的一部分,这个计划从凡人的角度来看就是毁灭性的。然而,《伊利亚特》中的宙斯也许已经回答了阿伽门农的谴责:他像《奥德赛》中的宙斯一样说,凡人[178]应该为自己的不幸而受谴责,"我牵挂着他们,哪怕他们即将遭毁灭"(20.21)。正如麦克洛德指出的,[①] 在《伊利亚特》最后一卷中,宙斯曾说,他会确保正义得以实现。

埃斯库罗斯的《奥瑞斯特亚》以同样的观点看待特洛亚战争。宙斯已经允许阿特柔斯之子对罪孽深重的特洛亚人实施正义的报复。但宙斯也没有忘记阿伽门农父亲的罪过,即他用弟弟儿子们的

---

① *London Review of Books*, 6–19 August 1981, 20.

肉招待他弟弟,而那些战胜者本人也必须为提厄斯特斯所摆下的人肉宴、为拿伊菲革涅亚献祭,以及为特洛亚的大屠杀而遭报应。最先领会到这些事情的整体关联性的剧中人乃是卡珊德拉,她正是因为懂得所发生的这一切,才会在生命的尽头深刻表达了对人世生活总体上悲观的反思。她的观点后来在阿尔戈斯长老那里得到了回响,在语词上非常像《俄狄浦斯王》中忒拜长老们后来所说的话,那时他们国王的残酷命运已广为人知。阿尔戈斯的长老们很清楚,宙斯的意愿一开始就已实现。

西勒诺斯(Silenus)告诉弥达斯(Midas),对凡人来说,最好就是根本不要出生,次好也要尽快死去,① 但这种对人类存在所持的暗郁看法——费尔登尼乌斯告诉我们(同上,页441)——希腊人很少采信,他们只有因暂时的情况而沮丧不已时才会这么想。的确,这种看法不会妨碍他们尽一切可能享受生活;但他们反反复复地这样说,这对于信仰宗教的人是自然的事,因为宗教中的神明给他们的灾祸胜过他们给神明的好处。这也与他们相信神明会妒忌密切相连。这种妒忌可能很容易被道德化,变成神圣正义的一个方面,几乎所有现存的文献中都是如此;但是,也可以把这种妒忌视为强大的不死者对待有死者的严酷,因为不死者总会把有死者置于自己的统管之下。

早期希腊人虽然从未忘记人乃有死者这一铁板钉钉的事实,甚至偶尔还会放胆谴责神明心不仁慈,但他们仍能够从宙斯偶尔照亮世界黑暗的微弱光芒中寻到几分慰藉。一般说来,普通人都相信宙

---

① See *JZ* 177, n. 166, and cf. D. von Bothmer, *JHS* 71 (1951), 40f.

斯是正义的,还[179]相信神明有能力仁慈地对待凡人。① 同时,普通人也相信神明懂得凡人所不知的很多东西,相信神明的正义并不总是能够为凡人所理解。普通人意识到,神明统治宇宙不是为了凡人的利益,而是为了他们自己。这一点对凡人来说似乎不算邪恶,也并非不自然,因为凡人如果处在神明的位子上,也会同样那么做。

对希腊人来说,正义是一个表面简单而又极为复杂的观念。"正义"的一层意思是指事物本然的秩序,但从荷马以降,它常常也同时具有了伦理的内涵。现代头脑不大容易领会这个概念的含混性,但正是这种含混性启发了伟大的希腊诗人和史家,让他们对人生有了悲剧性的看法。鉴于这个概念的性质如此,谁要是试图描述这个概念,似乎就必定会说出悖论性的话来,显得是在认可明显互不相容的前提,而这些前提可以同时为真。几乎没有几个人懂得自己正在这样做,而懂得自己所说的任何部分的人,大多数都会懂得自己所说东西的一大半。②

拙著出版后所碰到的三种主要类型的误解,就说这么多吧。我撰写拙著,是希望对那个肯定最能激起所有历史研究兴趣的问题有所阐发,这个问题就是:一个如此小的民族,生活在一个狭小的国度,自然资源贫乏,竟然在一个短暂得令人吃惊的时期内为文明的大多数主要方面奠定了基础。我把这方面的大多数功劳归结于希腊宗教的性质,它提供了一种cosmos[宇宙,秩序]观,这个宇宙受

---

① See K. J. Dover, *Greek Popular Morality in the Time of Plato and Aristotle*, 225f.

② 因此,V. A. Rodgers等人的处理(见 *Cl. Quart.* 21[171],289f.),在我看来似乎就是片面的了。

因果律支配。我曾说过，博学而聪慧的劳埃德已很好地阐释了希腊科学的诸多起源，① 这又促使我就这个话题再补充几句本人反思的结果。

劳埃德极为详尽地比较了早期希腊人与邻近东方国家在科学方面的进步，之后得出结论说，希腊人与其他民族最本质的区别，是他们对待证据的批判性进路，以及他们确立了"论证"和"证据"之类的基本概念。劳埃德希望[180]能解释这一事实的原因，所以他检验了各种可能的解释：有人说这一点来自技术的进展，有人说来自经济的进步，有人说是因为希腊人熟悉异族社会，还有人说是因为文字的出现。劳埃德总结说，以上任何因素都未能稍微、哪怕部分地解决这个问题，我认为他这个结论是对的。

劳埃德本人认可的答案是，论证和证据这些观念之所以能广泛流行，得归功于希腊共同体在法律和政治上的发展。荷马社会没有任何正式的或法律上的制度框架（constitutional framework）也照样能运行，但在公元前7世纪和前6世纪之间，大量不同的法律和制度汇典问世，与数量甚巨且独立的政治共同体殊为相称——由于地理原因，希腊诸邻近族群之间隔着数不清的自然障碍，必然会产生大量独立的政治共同体。很多类型的政治制度，绝不只有那些民主式的，都拨出专款，让公民有能力在法庭上陈述案情，或者能在议事会或公民大会上就一项政策的优劣展开辩论。

劳埃德指出，早期希腊写作中流行使用一些来自法律和政治的形象，这些形象用来表达一种宇宙观，在这个宇宙中，种种现象有条不紊地按着确定的顺序有规律地出现。劳埃德同意，正义一开

---

① See *Magic, Reason and Experience* (1979).

始是依靠一种个人性的权威;与《汉谟拉比法典》诉诸大神马杜克(Marduk)一样,梭伦可能诉诸大神宙斯。但随着法律和政府越来越变成可以公开辩论的对象,也越来越依赖于普遍的同意,法律要靠更高的个人性权威来认可的这种观念就逐渐被抛弃了。劳埃德写道,梭伦明白,他所建立起来的制度,其命运最终将取决于拥有至上权力的人民的意志。劳埃德提醒我们,布克哈特和尼采两人都关注的那种希腊社会的竞争性质,明显体现在法律和政治争辩上,正如它也体现在哲学讨论之中。

劳埃德以其特有的诚实态度和彻底性,继续讨论了对他的理论三种 *prima facie*[表面的]反对意见(260f.)。第一种反对意见是,假如劳埃德的理论正确,那么我们也许就可以期待批判研究局限在,或最大限度地集中在[181]民主国家上。但这种反对并无多大意义。正如劳埃德本人所说,贵族制度也可以为讨论和辩论提供很好的机会;而且在公元前5世纪雅典帝国崛起之前,民主制国家在数量上根本就不多。最后一种反对劳埃德的意见在我看来似乎也没有多大分量:假如政治生活有促进人们对证据的批判态度之效,那么我们就不能指望看到巫术和迷信竟然苟延这么久了。然而,人类历史上又何曾有哪一段时间的智识启蒙,让未受过教育的人摆脱了巫术和迷信? 在我们自己身处的这个时代,很多未受过教育的人不再相信曾占统治地位的宗教,但这就意味着他们摆脱了种种巫术和宗教吗?

劳埃德重点讨论了针对其理论的第二种反对意见,即,他的理论让那种思辨思维在太早的时代就建立起来了,因此这种解释不可能说得通。泰勒斯和阿那克西曼德与梭伦差不多是同时代人,如果我们认为他们的理智活动都是由政治情况所激发,那就必须假定,到公元前6世纪初,米利都以及也许还有其他伊奥尼亚城邦都已经走在某种政治商讨和辩论的道路或方向上。但是,如果这种理论要显得可信,商讨法律和政治议题这种实践出现的时间自然就得大大提前,而我们对公元前6世纪希腊生活的了解,也得非常符合其要求。

诸位只需想一想荷马史诗所描述的那些显著争论。古代评论家注意到,荷马史诗中发言的人都用上了被后来修辞家记载下来的很多技巧,并且达到了极佳的效果。一位伟大的首领不仅得是行动上的行家,还得是言辞上的高手(《伊利亚特》9.443.),诸如阿喀琉斯和奥德修斯之类的英雄,他们口中的言辞就与这个原则完全一致。即便在特洛亚战争之前的希腊军队中,也不仅有王爷组成的议事会,还有全军大会。此外,哪怕在《奥德赛》笔下的伊塔卡,也有其公开会议,尽管国王并不在场。

赫菲斯托斯为阿喀琉斯打造的盾牌上镌刻了一个打官司的场景,有两塔兰同黄金放在那里,[182]任何一位裁判如果能够"最直接"地作出判决,这笔钱就奖励给他(《伊利亚特》18.507);人们想象着,奖金会给予那位展现出所罗门的那种裁断智慧的人,所罗门曾巧妙裁断一桩两名妇女争夺同一个婴儿的案件。宙斯赐给君王以themistes[神法],即正义的原则,好让国王能够为自己的臣民伸张正义。盾牌场景中的法官虽然看起来无非一些村野长老,但他们无疑被给予了"王爷"的头衔,就像阿斯克拉(Ascra)地方的村野长老那样,赫西俄德控诉他们收受了自己不争气的弟弟佩耳塞斯的贿赂。早期在希腊境内四处迁移很困难,因此哪怕在一些大型政治共同体中,至少在那些较遥远的地方,正义必定往往是由"王爷"们来实施,这些王爷无非一些地方贵族,绝非所有的"王爷"都是阿伽门农那样强大的统治者。从早期开始,王爷们必定就会召集会议讨论重大事务，就像阿伽门农在荷马史诗中所做的那样。

最初，王爷们的权杖被认为具有魔法般的力量，[①] 那权杖是王爷的财产，从他的祖上传下来，但在议事会上，每一个发言人会轮流握着它，这赋予他发表自己看法的权利。我们千万不要以为，主持这类议事会的王爷们仅仅靠强制性的命令（fiat）来统治，就像东方的专制君主一样。我们在《伊利亚特》中不仅能够找得到议事会的雏形，也找得到公民大会的雏形，而且极为可能的是，从极早时候起，很多共同体都由达到参军年龄的成年男性组成大会，他们碰头来决定某些事务。在伯罗奔半岛，这种大会的名字叫 apella；阿波罗最初之得名，似乎就由这个词而来，因为阿波罗经常主持年轻人的成年礼，他们也由此可以在成年人的共同体中占得一席之地。[②]

哪怕是在《伊利亚特》中，阿伽门农对其他首领也远远没有绝对的权力。诚然，阿伽门农是一个松散联盟的首领，而非和平时期统领臣民的国王，但赫克托尔则是现任君主的儿子，而且代行战场指挥官之责。因此，我们可以认为，他有更多便利来实施自己的意愿。但实际上，就连赫克托尔也得考虑[183]诸如波吕达马斯等其他人的意见，他与那些地位相当的首领（fellow-chieftains）之间所发生的争执表明了这一点。在荷马时代，希腊生活中的竞争要素已然完备地建立起来。不仅竞技游戏已经是一个固定的制度，竞争精神也已普遍流行，佩琉斯对儿子的建议清楚表明了这一点，他说，"要永远成为比别人更优秀更杰出的人"。[③]

[①] See F. J. M. de Waele, *The Magic Rod or Staff* (1927).
[②] See W. Burkert, *Rh. Mus.* 118 (1975), 1f.
[③] 《伊利亚特》6.208；参 11.784。

我同意劳埃德的说法,即希腊生活的法律和政治状况本身有助于"论证"和"证据"这类观念流行,但我会把这种流行的起源放到比他认为的早得多的时候,肯定远早于荷马时代。①

宙斯的属性来自君王的属性,宙斯也与君王一样,并不是一人独治而完全不理会其臣民的意志。从荷马开始,诗人们就强调宙斯独一无二的权力,最高权威在任何时代都属于他,但实际上,宙斯行使权力时也有限制,他要小心安抚其他神明。宙斯的兄长波塞冬、妻子赫拉,甚至他宠爱的女儿雅典娜等,都不惮于表达自己对宙斯某些决定的不满,尽管这有时会招致可怕的威胁。人们常常说奥林波斯的"诸神社会"是荷马本人的创作,但东方宗教中也有神明的聚会,这就表明,奥林波斯的诸神社会或许是诗人的创作,但"诸神社会"本身则在荷马之前早就有了。

劳埃德同意,我们在最初的哲人那里发现的、他们所表达的关于自然和因果之类的明确观念,很大程度上要归功于更早时候一些隐含的假设。但他又认为,哲学和科学"可以说起源于对根深蒂固的信仰的非凡的揭露、批判和拒斥"。如果一个民族实行诸如犹太教那样的宗教,这种宗教写在圣书中,并且还有一个强大的祭司阶层负责解释和捍卫这些圣书,那么,这种非凡的揭示就会直接指向圣书中的矛盾之处,导致人们与宗教保护者们之间的冲突。

但希腊人及其宗教中根本没有这些因素,所以也就没有发生过那种事情。劳埃德写道,希腊人[184]"对巫术程序有效性的笼统的怀疑,可谓前无古人"。希腊宗教没有在自己的道路上设置障碍,因为从最早的时候开始,希腊宗教中的神明就是通过自然起作用,

---

① 我对劳埃德理论的建议性修正,其萌芽已可见于 *JZ* 184, n. 6。

而不是反对自然。的确,公民可以声称,表达对神明的怀疑意见会疏远polis[城邦]官方敬拜且城邦安全所系的神明,从而危害到城邦,① 但在大多数经证实的这类情况中,那些暗中的迫害者似乎都无非是出于私人恩怨行迫害之事。而且,比起基督教有权强制推行其教义时所犯下的迫害罪行,希腊宗教迫害怀疑者的努力简直谈不上丝毫的成功——那时的基督教教义尚未因教外资源的稀释而变得宽松乃至面目全非,教义中涉及对自然的惊人干预,其程度也远超过希腊宗教内在的设定。

---

① 在所有讨论拙著的书评中,对我最有趣的批评当数韦尔南(237)。莫米利亚诺在与我的谈话中,很大程度上说了同样的意思。他们都是对的,但我承担的任务让我主要的心思在于表明,城邦中运行的那种正义观念牢牢扎根于一个很早的时代。韦尔南引用了Louis Gernet的 *Recherches sur le développement de la pensée juridique en Grèce* (1917);同一作者的 *L'anthropologie de la Grèceancienne* (1968)也极为相关。关于Gernet,参S. C. Humphreys, *Anthropology and the Greeks* (1978), 76f.

术 语 表

Agathos　善的(页2[原书页码,下同])

Agon　竞争,冲突

Aidos　尊重,尊敬,羞耻(页22)

Aitia(伊奥尼亚方言作Aitie)　原因,责任,罪过

Aitios　Aitia的形容词(页22)

Amechania(伊奥尼亚方言,Amechanie,西部希腊方言,Amechania)
　　无助(页36)

Apeiron　阿派朗,无定者

Arete　卓越,好,德性,Agathos对应的名词形式。

Ate　迷狂,一种暂时性的精神错乱,导致灾难性的错误,常由宙斯
　　派给有死者,多次人格化(页16)

Daimon　命相神灵,神灵。最先是模糊的术语,不表示具体的神明,
　　后来指神明或者半神。

(to)Daimonion　来自Daimon,中性名词,与Daimon的关系正如(to)
　　Theion之于Theos(附:To是希腊语的定冠词,放在中性形容词
　　前,就成了名词)

Deilos　坏的,胆怯的(恶人)

Demos　民众,常常在政治意义上使用

Dikaios　正义的,公道的,Dike 的形容词

Dike　正义,神明为宇宙指定的秩序,常作拟人用法

Dikaiosyne　作为一种品格的正义

Eris　争斗,争论

Eros　爱,爱欲,爱若斯,常常表示强烈的欲求,没有现代意义上的情色之意

Eudaimonia　兴盛,好运,本意指与 Daimon 或 Daimones 之间有着良好的关系(本书译作"幸福")

Eunomia　守法,或良法(页42)

Hamartia　错误,罪责,这两层意思常常难以区分(页104)

Kakia　邪恶,坏,胆怯

Kakos　Kakia 的形容词

Katharsis　净化

Kosmos　秩序,世界,宇宙

Logioi　"善言者",早期指"聪明人"和"作家"

Logos　语言,故事,思路,理论,理性

Magos(复数形式,Magoi)　波斯语,指 Magi 这个祭司阶层

Moira　命份,命运,因此指运气,很早以前有拟人用法

Noos(Nous)　努斯,心灵,理智

Philia　友谊,亲爱

Philotes　Philia 的诗歌用法

Philos　亲爱的人,朋友(名词常用作形容词)

Phren(复数 phrenes)　心智,感觉

Phronein　思考,感觉,Phren 的动词形式

Phthonos　羡慕，嫉妒

Polis　城邦

Psyche　灵魂，精神

Sophron　节制，审慎（页53）

(to)Theion　"神圣（者）"，见Theos和(to)Daimonion

Themis　神法，公正，正义

Themistes（Themis的复数）　正义原则，神法，审判（页6）

Theos　神

Thymos　最先指"冲动"，后来指"心"

Timē　荣誉，尤其指身份地位带来的荣誉

Tyche　意外发生的事，后来表示机运（页162）

现代作者姓名索引

Adkins, A. W. H., x; on the Greek notion of "goodness," 1–2, 136 (cf. 202 n. 34), 158; on morality in the *Iliad*, 7, 12–15; on justice in Theognis, 47; on the oracle in Sophocles, *O.T.*, 197 n. 112; on homicide, 196 n. 86; on Athenian ruthlessness, 204 n. 56; Addenda to p. x
Andrewes, A., 206 n. 68

Barrett, W. S., 176 n. 140
Benedict, R., 17
Bergk, T., 100
Bethe, E., 120, 182 n. 98
Bischoff, H., 180 n. 51
Bornitz, H.-F., 179 n. 20
Boulanger, A., 169 n. 44
Bowra, C. M., xi; on the *Iliad*, 168 n. 37; on the date of the *Aethiopis*, 169 n. 46; his specimens of "primitive" poetry, 173 n. 49; on Pindar, 49, 175 n. 85; on Simonides fr. 36, 176 n. 140; on curses in Sophocles, 194 n. 33; on Sophocles, *Tr.*, 127, 199 n. 47
Broadhead, H. D., 188 n. 79
Bruhn, E., 195 n. 63, 197 n. 110
Brunt, P. A., 204 n. 63
Burkert, W., on laments for the dead, 72; on Herodotus' attitude to "barbarians," 180 n. 45; on the lack of mystery in Homer, 184 n. 129; on Anaximander, 186 n. 16; Addenda to p. 81
Burnett, A. P., 208 n. 81; Addenda to p. 208
Burton, R. W. B., 191 n. 128

Calhoun, G. M., 171 n. 106
Campbell, J. K., 24
Cataudella, Q., 190 n. 22, 191 n. 23
Chantraine, P., 1, 6, 167 n. 23
Cook, A. B., ix, Addenda to p. ix
Cornford, F. M., 184 n. 1, 200 n. 10; on Thucydides, 204 n. 65
Coxon, A. H., 188 n. 80

Dain, A., 194 n. 28
Dale, A. M., 207 n. 74
Dawe, R. D., 192 n. 2, 197 n. 106
Defradas, J., 173 n. 36
Deichgräber, K., 171 n. 108, 188 n. 83
De Romilly, J., Addenda to p. 139
De Ste. Croix, G., 203 n. 43
De Sanctis, G., 170 n. 100, 178 n. 12, 205 n. 67
Deubner, L., 197 nn. 103, 107
Devereux, G., xi; on psychic coherence

in Homer, 168 n. 42; on Xerxes' dream, 179 n. 28
De Vries, G. J., 177 n. 172
Dihle, A., 178 n. 14
Diller, H., 186 n. 11, 207 n. 73
Dirlmeier, F., 172 n. 24, 183 n. 128; Addenda to p. 172
Dodds, E. R., x–xi; on Homer, 1–2, 6, 26, 29, 70; on the Archaic Age, 36–37, 53, 55–58, 70–71; on Herodotus, 56, 67; on Sophocles, 104, 107–109, 111, 119, 127; on Euripides, 147, 149; on Plato, 163; on guilt and shame, 171 n. 102; on love for Zeus, 173 n. 34; on origin of Erinyes, 183 n. 114; on Aeschylus, 88 n. 95; on Asclepius, 192 n. 13; on Prodicus, 200 n. 14
Douglas, M., Addenda to p. 77
Dover, K. J., 188 n. 88, 201–202 n. 24
Drachmann, A. B., 199 n. 3, 201 n. 23, 202 n. 29
Droysen, J. G., 100
Durkheim, E., 184 n. 6

Edelstein, L., 180 n. 45, 193 n. 13
Ehrenberg, V., ix, Addenda to p. ix; on etymology of *dike*, 166 n. 23; on Eunomia, 173 n. 43; on unwritten laws, 193 n. 22; on inactivity, 206 n. 68
Eliot, T. S., 164; Addenda to p. 189 (214–215)
Erbse, H., 179 n. 20, 182 n. 99, 203 n. 50, 204 n. 62
Erffa, C. E., Freiherr von, 200 n. 16
Erikson, E., 171 n. 102
Errandonea, I., 194 n. 31
Finley, J. H., Jr., Addenda to p. 209
Focke, F., 100–101, 190 n. 114
Fraenkel, E., on Aeschylus frs. 281–282 Ll.-J., 100, 190 n. 22; on divine help in relation to human effort, 166 n. 12, 176 n. 36; on Plato's treatment of Aeschylus, 187 n. 70; on Sophocles, *O.T.* 873, 193 n. 23
François, G., 179 n. 39
Fränkel, H., x, 9, 168 n. 38
Freud, S., 71
Friedländer, P., 195 n. 66, 202 n. 24, 206–207 n. 71
Friis Johansen, H., 194 nn. 26, 35
Frisk, H., 167 n. 23
Funke, H., 193 n. 17

Gebhard, V., 182 n. 96
Gernet, L., 169 n. 44, 182 n. 110
Gigante, M., 177 n. 160, Addenda to p. 200
Gladigow, B., 187 n. 62
Golden, L., 187 n. 56, Addenda to p. 90
Goldschmidt, V., 173 n. 36
Gomme, A. W., 178 n. 8, 179 n. 32, 204 n. 55, Addenda to p. 139
Grossmann, G., 189 n. 108
Guthrie, W. K. C., on the *Protagoras* myth, 200 n. 12; on Prodicus, 200 n. 15; on Antiphon the sophist, 201 n. 20; on the *Sisyphus*, 201 n. 23

Hamilton, W. 184 n. 1
Hammond, N. G. L., 181 n. 78
Harder, R., Addenda to p. 45
Harsh, P. W., 192 n. 2
Havelock, E. A., 168 n. 6, 199 n. 8
Hegel, G. W. F., 195 n. 65
Heinimann, F., 200 n. 11
Herington, C. J., Addenda to p. 190
Hermann, G., 120, 197 n. 104
Hey, O., 192 n. 2
Hirzel, R., ix, 166 n. 23, 182 n. 110, Addenda to p. ix
Hölscher, U., 184 n. 2, 186 n. 16
Housman, A. E., 33

Ibsen, H., 145–146
Immerwahr, H. R., 178 n. 17, 179 n. 20
Irigoin, J., 173 n. 38

Jacoby, F., on Herodotus, 58, 60; on the *Odyssey* in relation to the *Iliad*, 172 n. 27; on Acusilaus, 173 n. 38; on Diagoras of Melos, 202 n. 30
Jaeger, W., x; on Tyrtaeus, 45, 175 n. 99; on the opening of the *Odyssey*, 28–32, 171 n. 3; patronises Wilamowitz, 175 n. 94; his views on Greek theology, 184 n. 1; on Solon, 185 n. 7; Addenda to p. 175
Jebb, R. C., 198 n. 137
Jeffery, L. H., 202 n. 31
Jens, W., 207 n. 85

Kahn, C. H., 185 n. 9
Kakridis, Ph., 192 n. 136
Kamerbeek, J. C., 194 n. 30
Kerschensteiner, J., 209 n. 4
Kerferd, G. B., 200 n. 12, 201 n. 20

Kirk, G. S., xi; on Achilles' choice, 168 n. 38; on *Iliad* IX, 169 n. 61; on Theoclymenus, 172 n. 7; Addenda to pp. 51, 157, 160
Kirkwood, G. M., 198 n. 118
Kitto, H. D. F., 199 n. 151
Knox, B. M. W., 196 n. 71
Köstler, R., 166 nn. 21, 23, 167 n. 28
Kranz, W., 198 n. 22, 199 n. 149, 209 n. 5
Kullmann, W., 169 n. 46

Lanata, G., 181 n. 89, 184 n. 129, 185 n. 10
Lanig, K., 168 n. 41
Latte, K.: on Herodotus, 60; on early Greek justice, 166 n. 15, 168 n. 32; on *themis*, 167 n. 23; on *Il.* 16, 384 f., 167 n. 26; on "Orphism," 183 n. 127; on "expurgation" in Homer, 183 n. 128; on guilt and pollution, 184 n. 131; on scepticism about pollution in tragedy, 184 n. 131
Lattimore, R., 174 n. 62, 188 n. 79
Leist, B. W., 166 n. 23
Lesky, A.: on decisions in Homer, 9, 168 n. 38; on Aeschylus frs. 281-282 Ll.-J., 190 n. 122; on Sophocles, *Ant.* 853-855, 195 n. 63; on Euripides, *Hipp.*, 207 n. 77; on Protagoras, 200 n. 17
Letters, F. J. H., 199 n. 147
Lewis, D. M., xi
Linforth, I. M., 179 n. 39, 180 n. 42, 196 n. 85, 199 n. 147
Lloyd, G. E. R., 167 n. 28, 184 n. 3; on Anaximander, 184 n. 6
Lloyd-Jones, H.: on the guilt of Agamemnon, 181 n. 78; on the Cologne fragment of Alcaeus, 182 n. 110; on Sophocles, *Ant.* 611-614, 114, 195 n. 53; on Zeus in Aeschylus, 189 n. 100; on Eumolpus in Pindar, 177 n. 159
Lobel, E., 99, 101; on Aeschylus fr. 281 Ll.-J., 7, 190 n. 121
Loenen, D., 167 n. 23
Löffler, I., 183 n. 95
Long, A. A., Addenda to p. x

MacDowell, D. M., 188 n. 97, 196 n. 86
MacGibbon, D., 200 n. 15
Marcovich, M., 186 n. 37
Masson, O., 182 n. 96

Matthiessen, K., 208 n. 113
Mazon, P., 10, 168 n. 44, 194 n. 28
Merkelbach, R., 174 n. 76
Merlan, P., 209 n. 3
Mess, A. von, 191 n. 128
Meyer, E., 180 n. 59
Miller, H. W., 185 n. 10
Momigliano, A. D., on Herodotus and Thucydides as "scientific" historians, 141, 178 n. 19
Moulinier, L., 182 n. 104
Mühl, M., 199 n. 146
Müller, C. W., 199 n. 6, 200 n. 12
Müller, G., 195 nn. 61, 65
Müller, K. O., 72
Munding, H., 167 n. 26
Müri, W., 204 n. 57
Murray, G.: on Euripides, 145-146, 206 n. 69; on *pharmakoi*, 182 n. 96; on "expurgation" in Homer, 183 n. 128; on "failure of nerve," 202 n. 33
Musgrave, S., 194 n. 28
Muth, R., 183 n. 111
Myres, J. L., ix, Addenda to p. ix

Nestle, Wilhelm, 180 n. 46, 186 n. 11
Newiger, H.-J., 194 n. 35
Nietzsche, F., 10, 156-157
Nilsson, M. P., on the gods in Homer, 10, 24; on purification in Homer, 73; on the origin of Zeus' attributes, 9, 167 n. 28; on *pharmakoi*, 182 n. 96; on Erinyes, 183 n. 114; on punishment in afterlife in Homer, 187 n. 68; on Walter F. Otto, 159
Norden, E., 187 n. 58
North, H., 177 n. 172
Norwood, G., 206 n. 69

Ogden, C. K., 168 n. 43
Ostwald, M., 173 n. 43
Otto, Walter F., x; "neglected development," 159; on fate in Homer, 166 n. 19; on modern exaggeration of primitive elements in early Greek life, 169 n. 45; on Tyrtaeus, 175 n. 99; on the difference between divine and human laws of conduct, 81, 186 n. 21; on gods and men, 192 n. 137; on the immanence of the Greek gods, 207 n. 78; Addenda to p. 175

Page, D. L., 169 n. 61, 172 n. 7; on Archilochus, 40, 174 n. 59
Palmer, L. R., 167 n. 23
Parke, H. W., 177 nn. 165, 167, 169, 182 n. 102
Parry, A. M., 169 n. 62, 204 n. 62
Patzer, H., 193 n. 12
Peristiany, J. G., 171 n. 104
Perrotta, G., on Sophocles, *O.T.*, 111, 120, 197 nn. 97, 110, 123; on Sophocles, *Ant.*, 116, 195 nn. 57, 66; on Sophocles, *O.T.* 1524 f., 198 n. 122
Pfeiffer, R., 36, 38, 173 n. 45
Pohlenz, M., on Aeschylus, *Pers.* 361, 69; on Herodotus, 178 n. 17; on the date of Aeschylus *P.V.*, 190 n. 110; on Aeschylus frs. 281-282 Ll.-J., 190 n. 122; on *thymos* in Sophocles, *O.C.*, 194 n. 28; on Sophocles, *Ant.* 603, 196 n. 73; on Sophocles, *O.T.*, 1524 f., 198 n. 122; on the "Anonymous περὶ νόμων," 200 n. 11; Addenda to p. 200
Popper, K. R., 200 n. 10, 201 n. 18
Pötscher, W., 166 n. 19, 167 n. 23

Rau, P., 199 n. 2
Regenbogen, O., on Herodotus, 178 n. 17; on Thucydides, 203 n. 46, 204 n. 57
Reinhardt, K., on the *Odyssey* in relation to the *Iliad*, 30; on the Judgment of Paris, 168 n. 36; on Zeus in Aeschylus, 188 n. 100; on Sophocles, *O.T.*, 106, 192 n. 5, n. 9, 197 n. 112; on Wilamowitz' treatment of Euripides, 145; on knowledge and opinion, 199 n. 7; on epic echoes in Thucydides, 203 n. 53
Robert, C., 120
Robertson, C. M., 182 n. 110
Robertson, D. S., on the problem of Chiron, Aeschylus, *P.V.*, 97, 189 n. 104, 190 n. 109; his theory that the *P.V.* was completed by another hand, 191 n. 127; on fr. 282 Ll.-J., 192 n. 136
Rohde, E., on the irrational in Greek thought, 10; on pollution in epic and in tragedy, 56, 70; on the origin of the Erinyes, 75, 183 n. 114; on the gods in Sophocles, 108; on the blood-feud, 188 n. 97; on the notion of a cosmos, 209 n. 4
Rösler, W., Addenda to p. 87
Russo, J. A., 170 n. 101
Rüter, K., 171 n. 3

Schadewaldt, W., on Thersites in the *Iliad*, 169 n. 54; on the plan of Zeus in the *Iliad*, 170 n. 86; on the chronological relation of the *Iliad* and the *Odyssey*, 172 n. 25; on Aeschylus' *Achilleis*, 188 n. 81; on determinism, 193 n. 10; on Sophocles, *O.T.* 883-896, 194 nn. 26, 28; on Chrysippus, 197 n. 106
Schlegel, A. W., 192 n. 5
Schmid, Wilhelm, on the authenticity of Aeschylus, *P.V.*, 95, 188 n. 99; on Antigone in Sophocles, 196 n. 77
Schneidewin, F., 195 n. 63
Schoeck, H., Addenda to p. 69
Schroeder, O., 191 n. 128
Schwabl, H., 168 n. 41
Schwartz, E., 165 n. 1
Schwinge, E. R., 207 n. 74
Séchan, L., 165 n. 8, 173 n. 39
Siegmann, E., 209 n. 6
Simon, B., 170 n. 101
Skiadas, A., 168 n. 41
Snell, B., x; on the mind and decision-making in Homer, 9, 168 n. 38; on the choice of Achilles, 168 n. 38; on human helplessness, 36; on "polemic against the Socratics" in Euripides, *Hipp.*, 207 n. 77
Solmsen, F., on Herodotus, 180 n. 54; on Hesiod and Aeschylus, 187 n. 63; on Plato's criticism of the Sophists, 199 n. 1
Spira, A., 155, 208 n. 114
Stahl, H.-P., 203 n. 38, 204 nn. 62, 64
Starr, C. G., 209 n. 6
Stinton, T. C. W., 208 n. 106
Stoessl, F., 173 n. 39, 189 n. 108 8
Strasburger, H., on Thucydides' attitude to Athenian imperialism, 138-140, 203 nn. 39, 48, 50, 204 n. 54; on Thucydides' debt to the epic, 141; on the chronological relation between the *Iliad* and the *Odyssey*, 170 n. 72, 172 n. 26; on Herodotus,

178 n. 18, 179 n. 19, 180 n. 54
Syme, R., 203 n. 38

Trumpf, J., 174 n. 77
Tylor, E. B., 166 n. 1

Unterberger, R., 189 n. 101

Vahlen, J., 177 n. 166
Vernant, J.-P., 173 n. 36
Verrall, A. W., 206 n. 69
Vlastos, G., on justice in the presocratics, 185 n. 8; on explanation of events in terms of "divine" and "human" causes in early medical writings, 186 n. 11; on use of religious terminology by presocratics, 200 n. 12; on justice in Democritus, 201 n. 18
Von der Mühll, P., 167 n. 26, 172 n. 25
Von Fritz, K., on the development of Herodotus, 60 f., 179 n. 24; on Protagoras fr. 1, 130, 199 n. 8; on alleged prosecution of Protagoras, 133, 202 n. 29; on Euripides, *Or.*, 188 n. 98, 208 nn. 110, 111; on Herodotus' use of ethnographic material, 199 n. 5; on Protagoras' life, 199 n. 6; on Sophocles, *Ant.* 781 f., 195 n. 60; on Thucydides, 203 n. 39

Wade-Gery, H. T., 204 n. 64, 205-206 n. 66
Wasserstein, A., 197 n. 92
Webster, T. B. L., 194 n. 33
Wehrli, F., 202 n. 30
Weil, H., 189 n. 104

Weinstock, H., 196 n. 71
Weiss, E., 166 n. 237
Welcker, F. G., 120, 197 n. 104
West, M. L., on the relation of the *Iliad* and *Odyssey*, 170 n. 72, 173 n. 44
Westphal, R., 190 n. 111
Whitman, C. H., 193 n. 18
Wilamowitz-Moellendorff, U. von, his early adverse judgment of Herodotus, 59, 178 n. 15; on Aeschylus, *Eum.*, 94; on the gods in Sophocles, 108; on the oracle in Sophocles, *O.T.*, 119; his Ibsenian Euripides, 145-146; 206 n. 71; on themis, 167 n. 23; on Zeus as father, 172 n. 31; on Zeus in Hesiod, 173 n. 41; on justice in Hesiod and Solon, 175 n. 94; on the date of Aeschylus, *P.V.*, 190 n. 110; on Sophocles, *O.T.* 893, 194 n. 28; on Sophocles, *O.C.* 510 f., 196 n. 84; on the rape of Pelops in Pindar, *Ol.* I, 197 n. 109; on the hypothesis of Sophocles, *Tr.*, 199 n. 144
Winnington-Ingram, R. P., 194 n. 35, 204 n. 57
Wolf, E., 166 n. 23
Wolff, Erwin, 168 n. 38, 180 n. 51, 184 n. 132
Woodbury, L., 202 n. 30
Wormell, D. E. W. *See* Parke, H. W.
Wüst, E., 166 n. 19

Young, D. C., 177 n. 150

Zielinski, Th., 197 n. 10
Zuntz, G., 207 n. 72

一般名词索引

Achilles: in the *Iliad* ch. I *passim*, esp. 10–23; in Aeschylus, 21, 121; in the *Aethiopis*, 73
Act divisions in Greek drama, 191 n. 23
Aegisthus: in the *Odyssey*, 28; in Aeschylus, 91, 94
Aeschylus, 84–103; his thought, 107, expurgation of myths in, 146; form and principles of Aeschylean tragedy, 159; Achilles trilogy, 21, 89; Danaid trilogy; 85, 90, 190 n. 110; *Heliades*, 86; Lycurgus trilogy, 85, 90; *Niobe*, 87, 187 n. 70; *Oresteia*: 90–95; *Ag.* 69, 89, 113–114, 123, 169 n. 47; *Cho.* 75, 77; *Eum.* 77; *Pers.* 69, 88–89; Prometheus trilogy, 95–103; *Prometheus Firekindler*, 98; Theban trilogy, 113, 119–121; frs. 281–282 Ll.-J. (*Women of Aetna?*), 35, 86, 99–100, 190 n. 121
Aethiopis, 73
Aetna (city), 100–101. *See also* Etna (mountain)
Agamedes, 52–53
Agamemnon: quarrel with Achilles, 10–23, 27–28; in Aeschylus, 69, 90–91
Agathos: main ethical term of praise, 2; alleged to connote competitive rather than cooperative qualities, 2; this allegation considered, *passim*; summing-up, 158; whether Athenian chauvinism due to inadequacy of such terms as, 136; in Alcaeus, 42; in Theognis, 46–47. *See also Esthlos, Aristo, Aretè*
Agnosticism, 129–134; of Thucydides (?), 141, 144
Agyrion, 102
Aidōs: Achilles said to lack, 22; sent by Zeus to men, 98–99; in Sophocles, 112, 128; in Democritus, 131–132; in Euripides, 147–148; in sense of "respect," 147–148. *See also* Shame, Shame-culture
Aitia, 59. *See also* Causality, Causal chains
Aitios, 22. *See also* Aitia
Ajax: in Sophocles, 4, 116, 125; in Homer, 17–19, 23, 143
Alastor, 89, 147
Alcaeus, 41–42, 46
Alcibiades, 133, 139–140, 144
Alcman, 37
Alcmene, 142
Amasis, 68
Amechania. See Helplessness
Amestris, 66
Amphitryon, 153
Anaxagoras, 129–130; prosecution of, 133, 150
Anaximander, 79–81
Anger. *See Cholos,* Persian
Anonymous περὶ νόμων: 200, 215
Anthropomorphism: criticism mentioned by Herodotus, 64; criticised

by Xenophanes, 81-83; not criticised by Aeschylus, 85; modified even in Homer, 82-83; criticised by Herodotus, 83
Antigone: in Sophocles, 113-118, 207 n. 77
Antiphanes, 124
Antiphon the orator, 181 n. 82
Antiphon the sophist, 132
Apalamnos, 47-48
Apatē. See Deceit
Apeiron, 79
Aphrodite: in Homer, 24, 29, 62; in Sappho, 41; in Simonides, 49; in Euripides, 147-149, 151. See also Eros
Aphron, 22
Apollo: in Homer, 4, 22; punishes Coronis, 49; rewards Cleobis and Biton, 52; protects Croesus, 61; prophet, poet, healer, 72; purifies Orestes, 77; in Aeschylus, 90, 92; in Sophocles, 107, 118, 120; in Euripides, 151, 152. See also Delphic Oracle
Apollodorus, 189 nn. 107-108
Arcesilas, 50
Archilochus, 37-41; endurance in, 47, 65; his carpenter scorns wealth, 53
Areopagus, 93
Ares, 39-40, 76
Aretē: main ethical term of praise, 2; Odysseus rewarded for, 29; permanent, in Solon, 44; in Tyrtaeus, 45; all contained in justice, says Theognis, 47-48; comes only with toil and with divine aid, 48, 50; appearances no token of, 39-40; ethical element in, 47, 50, 136-137, 158; Pindar's view that it depends on "nature," 51; in Democritus, 131. See also Agathos
Aristodemus, 133
Aristoi, 84. See also Agathos, *Aretē*
Aristophanes: ridicules Euripides, 130; ridicules rhetoric, 132; ridicules certain gods, 201 n. 24
Aristotle: on Anaximander, 81; on tragic audience's knowledge of myths, 124; on *Katharsis*, 155; on the development of tragedy, 159; on divine indifference to men, 161; his denial that men love Zeus, 173 n. 34
Artabanus, 61, 67-68

Artemis, 4, 149, 151, 160
Artemisia, 62
Asclepius, 72, 108, 192 n. 13
Atē: sent by Zeus in *Iliad* to take away men's wits, 14, 16-17, 22-23, 27; in *Odyssey*, 29; sent by Athene, 23; by Aphrodite, 29; by a god (in Archilochus), 42; by the gods (in Theognis), 46; attacks Coronis (in Pindar), 49; attacks kings in Herodotus, 63; in Aeschylus, 88-91; linked with Erinys, 76; in Sophocles, 105, 110-.11; in relation to Thucydides, 143; to Euripides, 149
Atheism, 129-136; in relation to Thucydides, 141
Athenaeus, 80
Athene: in *Iliad*, 4, 23, 148-149; in *Odyssey*, 82; in Alcaeus, 42; in Solon, 44, 57; in Aeschylus, 92-95
Athenian empire: Plato on, 135; Thucydides on, 138-145; Euripides' supposed attitude to, 145-146. See also Imperialism
Atreus, 90-91, 112-152

Basileis, 32, 50. See also Kings
Bellerophontes, 50
Bia. See Violence
Biton, 52-53, 67
Boasting, 56-57, 68
Briseis, 11-14

Calchas, 76
Callicles, 51
Callinus, 45
Cambyses, 63
Candaules, 58, 67
Cassandra: in Aeschylus, 4, 107, 117; rape of, by Ajax of Locri, 42, 75
Causal chains of crimes and punishments: in Herodotus, 59 f., 67-68; in relation to Anaximander, 80; in Sophocles, 128; in Euripides, 151-153
Causality; belief in, associated with concept of Dike, 80-81, 162. See also Cosmos
Censorship. See Expurgation
Cephalus, 73
Change. See Development
Change, cultural, 53-54, 71
Chiron, 97, 127

Cholos, clouds men's judgment, 12, 21, 23-24, 49
Christianity: its concept of god, 3; of guilt, 25-26; makes men children of god, 32; stress on virtue as goodness, 136-137; contrasted with Greek religion, 158-159, 163-164
Chryseis, 11, 74
Chrysippus, 120-121
Cinesias, 133
Clement of Alexandria, 86; *Protr.* 2, 29, 7, 174 n. 62
Cleobis, 52-53, 67
Cleomenes, 68
Cleon, 139-140, Addenda to p. 139
Clytemnestra: in Aeschylus, 91-92; in Sophocles, 1, 2, 113; in Euripides, 154
Coronis, 49
Cosmos, idea of, 161-162. See also Causality
Cosmogonies, 69, 81
Creation myths, 3, 33-34
Creon: in Sophocles, *O.T.*, 74, 104-105, 113; in *Ant.* 115, 116; in *O.C.*, 118, 126
Critias, 99, 132
Croesus, 50-53, 60-68
Curses: in Aeschylus, 184 n. 130
Cyclops: in *Odyssey*, 29, 51; in Euripides, 151; located in Sicily, 102; Addenda to p. 51
Cyrus, 61-66

Daimon: in Herodotus, 64; "character is a daimon," 84, 150; in Euripides, 149; in Sophocles, 162
Darius, 63, 89
Deceitfulness of gods: in the *Iliad*, 14, 20-21; in Herodotus, 61-63; in Aeschylus, 88
Decision-making, process of: in Homer, 8-10, 157-158, 168 n. 38; in Euripides, 147-148
Defixiones, 202 n. 31
Deilos, 47
Delphic oracle: and Croesus, 50, 61; and purification, 73, 76; rise during Achaic Age, 52, 76; in Herodotus, 83; in Aeschylus, 91-93; in Sophocles, *O.T.*, 119-120. See also *Apollo*
Demaratus, 65, 68
Demeter, 64, 99; hymn to, 76-77

Democritus, 131-132
Demophon, 151
Demos, 42, 45; Athenian, 135-136, 147
Determinism, 106, 166 n. 19
Deucalion, 34
Development, often overstressed by scholars: alleged, shown by *Odyssey* compared with *Iliad*, 30-32; by poets of Archaic Age compared with Homer, 37-38, 52, 78; in general, 158-160; *passim* alleged, of Zeus in Aeschylus, 95-96
Diagoras of Melos, 133-134
Dikaios, 2, 158. See also *Dikē*, *Dikaiosynē*
Dikaiosynē, 2, 165 n. 6. See also *Dikē*, *Dikaios*
Dikē, *passim*; etymology, 166 n. 23; as goddess, 35-36, 44, 50, 86-87, 99-101; in sense of "world order," 27, 35, 50, 79-81, 83, 87, 128, 131-132, 151, 161-162. See also *Dikaios*, *Dikaiosynē*
Diodotus, 142-143
Diogenes of Apollonia, 130
Diomedes (of Argos): in Homer, 14, 18; in Pindar, 40
Diomedes (of Thrace), 51
Dionysius of Phocaea, 65
Dionysus: in Aeschylus, 85, 90; in Protagoras myth, 99; in Euripides, 151
Dorian invasion, 70
Dracon, 196 n. 86
Dreams: in the *Iliad*, 61; in Herodotus, 61-63, 179 n. 28

Eidola, 131
Electra: in Sophocles, 111-113, 116, 118, 125
Eleusis, 64-76
Elpis, its dangers: in *Odyssey*, 30; in Solon, 43, 57; in Thucydides, 142-143
Embassy to Achilles, 16-19
Empedocles, 72
Empiricism, 129-132, 162-163
Endurance: in *Odyssey*, 30; in *Iliad*, 38; in early lyric, 38, 47; in Herodotus, 65. See also Toughness
Enemies, attitudes to, 40, 48
Enlightenment, Greek: Heraclitus in relation to, 83; in general, ch. 6 *passim*

Enlightenment, modern European, 145
Envy, divine: in Homer, 3-4; in Archaic Age, 53 f.; part of divine justice, 69-70
Ephialtes, 94
Epicurus, 137, 161
Epigonoi, 73
Epimenides, 72, 75-76, 183 n. 114
Erinys: origin; even beggars have Erinyes, 30, 75; as guardian of world order, 83-84; in Aeschylus; 91-95; in Euripides, 152
Eris: in Homer, 11-12, 16, 21, 24; identified with Dike by Heraclitus, 83
Eros: in Sappho, 41-43; in Thucydides, 142-143; in Euripides, 17, 148, 150. See also Aphrodite
Esthlos, 47. See also Good
Eteocles, 90-91, 118
Etna (mountain), 49, 101. See also Aetna (city)
Etymologies: Aeschylus interested in, 86; of Dike and Themis, 166 n. 23
Eudaimonia, 47
Eumolpus, 50
Eunomia: in Odyssey, 30; in Hesiod, 36, 44; in Solon, 44; in Pindar, 49-50, 100; in Aeschylus, 99-103
Euripides, 144-155; calls Love child of Zeus, 17; influences upon, 129; *Alc.*, 151; *Andromache*, 151, 153; *Bacchae*, 151, 153; *Cycl.*, 151; *El.*, 152, 154; *Hec.*, 152; *Hel.*, 155; *Heraclidae*, 151-152; *Heracles*, 152-153; *Hipp.*, 147-151, 153, 173 n. 33; *I.A.* 1389-1397, 69-70; *Med.*, 147-149, 152; *Or.*, 95, 113, 129-130; *Phoen.*, 152; *Suppl.*, 132, 152; *Tro.*, 150-151, 153-154
Eurystheus, 23, 152
"Expurgation": in early epic, 30, 71, 72, 76-77, 183 n. 28; in Pindar and Aeschylus, 146

"Failure of nerve," 136, 163, 202 n. 33
Fame: in Homer, 21-22, 30, 39; in Archilochus, 39; in Alcaeus, 42; in Tyrtaeus, 45, 175 n. 99, Addenda; in Thucydides, 139, 202 n. 46
Family solidarity, 71, 171 n. 109

Ganymedes, 121
Geryones, 51, 102

Ghosts, 73, 75, 183 n. 114
Giants, 49-50
Glaucus of Sparta, 52-53, 68
Gnōmai, 47, 84
Gods, the Greek: their character, 3-5; observe different laws from those of men, 81, 108; do not interfere with nature, but work through it, 160; *passim*. See also Inscrutability of gods, Zeus
Gods from the machine, 154-155
Grace given by Zeus to men, 87, 92, 94, 161
Greed: of Perses, in Hesiod, 32; in Solon, 44, 57-58; in Theognis, 47; in Pindar, 50; in Thucydides, 141
Guilt: denied by Agamemnon, 14; in Herodotus, 59; in Archaic Age, 70; occasioned by Zeus, 87; hereditary, 35, 90 f.; in Sophocles, ch. 5 *passim*; in Euripides, 151 f.; in general, 171 n. 105. See also Guilt-culture
Guilt-culture: ch. 1 *passim* (esp. 2, 15, 24-27), 55 f., 171 n. 102
Gyges, 53, 61, 63

Hades: life in, miserable, 3, 39; inexorable, 15; invoked by Electra, 112
Haemon, 115
Heavenly bodies, worship of, 130-131
Hecataeus, 130
Hector: in *Iliad*, 12, 21-24, 31, 45; his funeral, 72; threatens Paris with stoning, 75
Hecuba, 150, 152
Helen: in Homer, 7, 24, 29, 31; in Sappho, 41; in Euripides, 150-152
Helios, 83, 151
Helplessness: of men allegedly specially stressed in Archaic Age, 36-54; cf. 55 f.; the daughter of Poverty, 46
Hephaestus, 101
Hera: in Homer, 4-5, 20-21; in Ixion story, 49; rewards Cleobis and Biton, 67; in Euripides, 151, 153-154
Heracles: in Homer, 21, 23; in Pindar; 40, 51; in the *Catalogue*, 73; in the Prometheus trilogy, 96, 102; in Sophocles, *Tr.*, 126-128; in Euripides, 151, 153-154
Heraclitus, 83-84; and Aeschylus, 84-88,

94; his theism, 134; said each man's character was his *daimon*, 84, 150

Hermes: warns Aegisthus, 28, 96; invoked by Electra, 112

Herodotus, 58-69; Glaucus story in, 52-53; influenced by Persian religion, 1, 60, 130, 180 n. 45; not partisan, 180 n. 54

Hesiod, 32-36; on creation of men, 3; alleged Hesiodic interpolation in Homer, 6, 17-18; his view of Dike like Solon's, 44; law of the jungle in, 51; "divine envy" in, 57; on bloodguilt, 76; his conception of Zeus, 82-83; influence on Aeschylus, 86; myth of the ages, 173 n. 36

Hesychia, 49, 206 n. 68

Hieron, 49-50, 100

Hippocratic writings, 80

Hippolytus, 147-150

Hipponax, 73

Homer, 1-32 *passim;* sometimes refers to gods by vague terms, 64; purification in, 70-79; influence on Aeschylus, 86; chronological relation to Hesiod, 18, 36, 173 n. 44; difference between *Iliad* and *Odyssey*, 18, 30-32, 63, 172 n. 27; influence on Herodotus, 63-64; divine envy in, 56-57; influence on Thucydides, 141, 144, 202 n. 53. See also *Iliad* and *Odyssey*

Homosexuality, 121, 197 n. 127

Hope. See Elpis

Hybris: in *Odyssey*, 30; in Theognis, 47; in Pindar, 50; opposite of *sophrosyne*, 53; punished by Zeus, 57; in Herodotus, 63; in Aeschylus, 69, 88-89; in Sophocles, 110-111, in Thucydides, 143

Hyllus, 127-128

Iliad, 1-27; II, 402 f., 9-10, 168 n. 42; 16, 384 f., 6, 167 n. 26; 24, 27 f., 7-8, 168 n. 36. See also Homer

Iliou Persis, 75

Immoralism, 131-135; alleged, in Thucydides, 137-138

Imperialism; whether due to the inadequacy of the ancient concept of goodness, 135-136. See also Athenian Empire

Inscrutability of gods; in *Iliad*, 20-23; in Homer generally, 37, 80; in Solon, 43; in Herodotus, 64, 67, 80; in Aeschylus, 85, 87; in Euripides, 146; in Sophocles, ch. 5 *passim;* in general, 162

Insularity in time, 156

"Interpolation" in Homer, 6, 16, 167 n. 26

Invocation of gods and spirits, 85

Iocaste, 105-106, 119-120

Iris, 22-23

Irrational: re-emphasised since Nietzsche, 10, 156-157; as an element in Plato and its sources, 163-164

Ismene, 116, 118

Ixion, 49, 73, 126

Jason, 147, 149, 152

Jocasta. See Iocaste

Judaism: contrasted with Greek religion, 3, 32; the notion of a cosmos not derived from, 162

Justice. See Dike

Kakia, 47

Kakos, 42, 47-48

Kathartai, 53. See also Purification

Kings: Zeus' attributes derived from theirs, 6-7, 162-163; he does justice through them, 6-7, 27, 94; in Pindar, 50. See also Basileis

Koros, 110-111

Kratos. See Power

Kronos: ousted by Zeus, 33-35, 85-86, 100; golden age under, 33, 102

Laestrygones, 102

Laius, 77, 90, 119-123

Lampon, 133

Law: in Pindar, 51; in Heraclitus, 84; derived by kings from Zeus, 6-7, 94; unwritten laws, 109

Leto, 4, 107, 200 n. 11; Addenda to p. 200

Litai, 17-18

Logioi, 59

Logos, 84

Loyalty: not shown by Achilles to Achaeans, 17, 26; shown by him to Patroclus, 22; important in *Iliad*, 26-27; in Theognis, 47; in Pindar,

50; important in Greek society, 136–137
Lycophron, 192 n. 135
Lydia, 60 f. 65
Lyric poetry, 32–35; lyric poets, 36 f.

Machaon, 19, 72
Marathon, 89
Mardonius, 62, 65
Maschalismos, 75
Masistes, 66
Mechanical methods in scholarship, 157–160 (cf. 2–3)
Medea, 147–149, 151–152
Medes, 65
Medicine, 80–81
Melampus, 72
Meleager, 16–17, 20
Melos, massacre at, 137, 142–143, 146
Men, their fate contrasted with that of gods, 3–5, 27, 32–33, 160 *passim*
Menelaus: in Homer, 5, 24, 27, 39, 57; in Euripides, 150
Menos, 13
Miltiades, 58, 67
Mimnermus, 42–43, 67
Mind, in Homer, 9 f. *See also* Soul
Moira: in Homer, 5, 166 n. 19; in Solon, 57; in Herodotus, 67
Monotheism: presocratic moves towards, 79, 81; Greek religion between, and polytheism, 160
Moschion, 99
Murder trials: in epic age, 73; in *Oresteia*, 94–95
Muses, invest poets with authority, 32, 39, 44; invoked by poets, 11, 57
Mycale, 64
Mystery religions, 76, 134, 163
Myth: Jewish and Christian, 32; use of, by Herodotus, 59; in early lyric, 107; by the tragedians, 107, 123–128; criticised by Xenophanes, 81, 134; succession, 85–86; of the successive ages, 173 n. 36
Mytilene, 142

Naxos, 138
Nemesis, 22
Neoptolemus, 126, 163
Nestor, 11–15, 19
Nicias, 133, 137, 139

Niobe: in Homer, 4, 56; in Aeschylus, 107; in Sophocles, 125
Noos, Nous, 9, 150, 207 n. 85

Oceanus, 79, 86
Odysseus: in *Iliad*, 9, 16, 19; in *Odyssey*, 29–30, 39–40; in relation to Archilochus, 39; denounces the Locrian Ajax, 75; in Sophocles, 125
Odyssey, 28–32; endurance in, 47, 65; divine envy in, 56. *See also* Homer
Oedipodeia, 120
Oedipus: in Aeschylus, 90, 120–121; in Sophocles, *O.T.*, 104–106, 119–123; in Sophocles, *O.C.*, 116–119
Orestes: in Homer, 28; his purification, 73; in Aeschylus, 75, 91–95; in Sophocles, 125; in Euripides, 95, 154
Oriental cults: their spread in Greece, 134, 163, 202 n. 31
"Orphism": its rise in the Archaic Age, 76; did not first introduce belief in punishment in afterlife, 87, 183 n. 27; in connection with Plato, 163
Ouranos, 35, 86

Palici, 101
Pandarus, 7
Paris: in Homer, 5, 7, 12, 24, 40, 74; in Aeschylus, 110; in Euripides, 153, 208 n. 106
Parmenides, 81, 86; Addenda to p. 81
Patroclus: in Homer, 6, 19–23, 38; in Aeschylus, 121
Peleus, 16, 19, 96
Pelops, 112–113, 125, 197 n. 109
Pentheus, 153
Pericles: prosecution of Anaxagoras directed against, 130, 133; in Thucydides, 137–140, 143–144, 204 n. 64
Persia: in Herodotus, 61–66; in Aeschylus, 88–89; religion of, 81–82, 130; wars of, in Thucydides, 141
Phaedra, 147–150
Pharmakoi, 135
Pherteros, 13
Philoctetes, 126, 128
Philotes, 17
Phoenix, 6, 17
Phoronis, 72
Phrenes, 17, 22–23
Phrynichus, 88

Phthonos. See Envy, divine
Pindar, 48–51; calls Gold the child of Zeus, 17; on the appearance of Heracles, 40; on divine envy, 69; expurgation of myths in, 146; calls Tyche daughter of Zeus, 162; tone to enemies, 174 n. 67; *Ol.* 12, 1 f., 162; *Pyth.* 1, passim, 100–101; *Pyth.* 2, 53, 177 n. 150; *Pyth.* 3, 81, 214; fr. 157, 177 n. 166; *Isthm.* 3/4, 69, 40
Pisander, 197 n. 107
Pittacus, 42
Plataea, 64–65, 137
Plato: on justice of gods, 4; recommends worship of heavenly bodies, 130; his views uncritically received by scholars, 132, 200 n. 17; his "failure of nerve," 136; his doctrine of the soul, 163; oriental influences upon, 163; a destroyer of the early Greek culture, 164; unfair to Aeschylus, 187 n. 70; his criticism of Protagoras, 130–132; *Gorgias*, 51, 135; *Laws*, 129, 133, 135; *Protagoras*, 98–99, 131–137; *Republic*, 135; *Theaetetus*, 135
Podalirius, 72
Polis, 43, 45, 76
Pollution, 53–61, 70–78; in Sophocles, 117–118
Polycrates, 68
Polynices, 90, 115, 118
Polytheism: criticised by Heraclitus, 134; and monotheism, 159–160
Porphyrion, 49
Poseidon: in *Iliad*, 3, 76; persecutes Odysseus, 29; defends his *timē*, 57; in Herodotus, said to cause earthquakes, 64; and Pelops, 121
Poverty: with *arete* preferred to wealth without it, 47, 57; mother of helplessness, 46; in Thucydides, 142. *See also* Toughness
Power: attribute of Zeus, 44; belongs to Zeus alone, 51. *See also* Zeus
Priam: in *Iliad*, 22, 24, 38; in Euripides, 150, 153
Primitive: Homer not, 10, 156–157, 169 n. 45; poetry of "primitive" peoples, 173 n. 49; survival, in Greek culture exaggerated, 156–157
Progress. *See* Development
Prodicus, 200 n. 14

Prometheus: patron of mankind, 3; in Hesiod, 33–34, 82; in Aeschylus, 87, 95–103
Protagoras, 129–135; retained some features of early Greek thought, 137; empirical theory of justice, 163; Protagoras' myth in Plato, 98–99; fr. 1, 130; fr. 4, 130
Pulydamas, 23
Punishment in afterlife: belief in, spreads in sixth century, 46; belief in, exists much earlier, 87, 183 n. 127; in Plato, 135
Purification: in Homer, 53–54, 183 n. 126; in Archaic Age, 70–78; belief in, criticised by Heraclitus, 83
Pythagoreanism, 163

"Quiet" virtues. *See* Virtues, co-operative

Rationality of Greek religion, 162, 163–164
Realism, Greek, 163–164
Relativism, 129–134
Religion in relation to morality, 1, 165 *passim*
Responsibility for action, human: in the *Iliad*, 6–10, 17–23; in the *Odyssey*, 31–32; in Solon, 44; in Aeschylus, 181 n. 8; in Sophocles, 197 n. 112; in Euripides, 151–152; general, 161–162
Rhetoric: of Protagoras, 132–133; in Euripides, 146

St. John's Gospel, 162
Salamis, 69
Sarpedon, 5–7
Scepticism: of Xenophanes, 81–82; of Enlightenment, 129–134; about pollution, 184 n. 131; about purification, 83; alleged, of comic audiences, 201 n. 24
Semonides, 43, 82
Shame. *See Aidos*, Guilt-culture
Sicily, 101–103, 143
Sicinnus, 89
Simonides, 47–50; fr. 36, 176 n. 140
Sisyphus, 125, 132–133
Snake, sacred, 192 n. 13
Socrates, 133–135, 162

Solon, 43-45; his theology like that of the *Odyssey*, 37; attitude to enemies, 40; prefers poverty with *arete* to wealth with *kakia*, 47; in Herodotus, 52-53, 66-68; summons Earth to bear him witness, 80; influenced by Homer and Hesiod, 86; on hope, 143; on divine justice through natural processes, 185 n. 7
Sophists, 129-137; influence on Euripides, 145; on Herodotus, 178 n. 14
Sophocles, 104-128; on divine justice, 151; sense of locality, 198 n. 138; use of myth, 124-127; *Ajax*, 4, 125; *Antigone*, 111, 113-117, 126; *Ant.* 852 f., 195 n. 63; *Electra*, 111-113, 125, 194 n. 35; *Ichneutae* 73 Pearson = 50 Page, 162; *O.C.*, 117-119, 197 n. 92; *O.T.*, 74, 77, 104-128 *passim*; *O.T.* 863 f., 109-111, 193 n. 23, 194 n. 76; 1184-1185, 121; 1186-1188, 123; 1327-1330, 122; 1360, 122; 1382-1383, 122; *Phil.*, 126; *Tr.*, 126-128; *Tr.* 1275-1278, 127
Sōphrōn, 53, 177 n. 172
Sōphronein, 87
Soul: in Homer, 9, 157-158, 168 n. 42; in Plato, 163
Sparta, 45-46, 65
Stoicism, 161
Stoning, 40-41
Strangers, under Zeus' care, 30, 50, 166 n. 2. *See also* Zeus Xeinos
Sun. *See* Helios
Superstition, 133-134, 163
Suppliants. *See* Zeus Hikesios
Symposium, social significance of, 42

Tantalus, 49
Telemachus, 70
Tellus, 67
Thales, 79
Thalia, 101
Thebes, 50
Themis: its etymology and meaning, 166 n. 23; *themistes* given to kings by Zeus, 6-7, 32, 84, 94; as goddess, 36, 50, 189 n. 102; invoked by Medea, 152; Cyclopes lack *themistes*, 51 (cf. 102)
Themistocles, 68
Theoclymenus, 29

Theognis, 46-48, 50, 53
Theonoe, 154
Theron, 50
Thersites, 14, 73, 126
Theseus, 105, 118-119, 154
Thetis: mother of Achilles, 13, 19; in Prometheus story, 96
Thucydides, 137-144; not less ruthless than Herodotus, 66; view of Athenian empire, 204 n. 66; personal sympathies, 205 n. 68
Thyestes, 90-91, 184 n. 30
Thymos: as psychic organ in Homer, 9, 19; its swelling inhibits right decision, 14, 16-20, 23, 84, 143, 147; unrelenting, put into Achilles by gods and by himself, 17, 23; address to a speaker's own, 38-39; Solon gets instructions from his, 44; in Heraclitus, 84; in Euripides, 147
Timaoros, 21
Time: in Pindar, 50; in Solon and Anaximander, 79-80
Timē: the gods protect their, 4-5, 49; Zeus' role as protector of justice originates from his protection of his, 5-7, 49; Achilles and Agamemnon quarrel over, 11-13, 26; Achilles concerned for his, 20-21; in Tyrtaeus, 45
Tiresias, 29, 104-105
Toughness: in Herodotus, 65-66; in Thucydides, 144. *See also* Endurance
Tragedians: on pollution, 71, 77; not an influence upon Herodotus, 66; nor Thucydides, 144; influenced by Homer, 77; use of myth, 123 f. *See also* Aeschylus, Sophocles, Euripides
Tragic error, 104
Trophonius, 52-53
Tyche, 142, 162
Tydeus, 40
Tyndareus, 95, 159
Typhoeus, 36, 49, 101
Typhos. *See* Typhoeus

Violence, 44, 51, 94
Virtue. *See* Arete
Virtues, co-operative and competitive: in the *Iliad*, 2, 12, 15, 22, 171 n. 106; in Simonides, 48. *See also* Loyalty

War, sent by Zeus to reduce population, 11, Addenda to p. 11

Wealth, dangerous, 53, 63, 68; ill-gotten, worse than poverty, 32, 44, 47

Words, matter less than things, 2–3, 5–6, 8–10, 157–158

Xanthippus, 66

Xanthus, 75, 83

Xenophanes, 81–82; perhaps not known to Aeschylus, 86; his scepticism for long not echoed, 129; echoed in late fifth century, 134

Xenophon, 133

Xerxes, 60–63, 65–69, 88–89

Zeus, *passim;* father of gods and men, 2, 27, 32–33; his purpose in the *Iliad*, 11, 13, 20–21, 27, 82; causes war to reduce population (*see* War); defends justice in *Iliad*, 5–7, 27; in Alcaeus, 41; in Solon, 57; in Aeschylus, 86; less concerned for men than Prometheus, 33; whether loved, 33, 173 n. 34; supreme, 4–5, 41, 52; controls events, 5–6, 82–87; father of *Litai*, gold love, 17; his attributes, 6–7, 27, 29–30, 41, 43, 57, 84–86; his attributes modelled on those of kings, 6–7, 27; alleged development, 95–96; Horkios, 5, 7; Hikesios, 5, 30; Xeinios, 5, 7, 27, 30

Zoroaster, 81–82

图书在版编目（CIP）数据

宙斯的正义 / (英) 劳埃德-琼斯（Hugh Lloyd-Jones）著；程志敏译. --北京：华夏出版社有限公司，2020.7
（西方传统：经典与解释）
书名原文：The Justice of Zeus
ISBN 978-7-5080-9913-2

Ⅰ.①宙… Ⅱ.①劳… ②程… Ⅲ.①古希腊罗马哲学－研究 Ⅳ.①B502

中国版本图书馆 CIP 数据核字 (2020) 第 040016 号

©1971, 1983 by the Regents of the University of California
Published by arrangement with University of California Press

版权所有 翻印必究
北京市版权局著作权合同登记号：图字01-2017-2002号

宙斯的正义

作　　者	［英］劳埃德-琼斯
译　　者	程志敏
校　　对	何　为
责任编辑	李安琴
责任印制	刘　洋
出版发行	华夏出版社有限公司
经　　销	新华书店
印　　装	三河市少明印务有限公司
版　　次	2020年7月北京第1版 2020年7月北京第1次印刷
开　　本	880×1230　1/32
印　　张	10.625
字　　数	254千字
定　　价	78.00元

华夏出版社有限公司　地址：北京市东直门外香河园北里4号　邮编：100028
网址：www.hxph.com.cn　电话：(010)64663331(转)
若发现本版图书有印装质量问题，请与我社营销中心联系调换。

西方传统：经典与解释
Classici et Commentarii
HERMES
刘小枫○主编

古今丛编

克尔凯郭尔　[美]江思图 著
货币哲学　[德]西美尔 著
孟德斯鸠的自由主义哲学　[美]潘戈 著
莫尔及其乌托邦　[德]考茨基 著
试论古今革命　[法]夏多布里昂 著
但丁：皈依的诗学　[美]弗里切罗 著
在西方的目光下　[英]康拉德 著
大学与博雅教育　董成龙 编
探究哲学与信仰　[美]郝岚 著
民主的本性　[法]马南 著
梅尔维尔的政治哲学　李小均 编/译
席勒美学的哲学背景　[美]维塞尔 著
果戈里与鬼　[俄]梅列日科夫斯基 著
自传性反思　[美]沃格林 著
黑格尔与普世秩序　[美]希克斯 等著
新的方式与制度　[美]曼斯菲尔德 著
科耶夫的新拉丁帝国　[法]科耶夫 等著
《利维坦》附录　[英]霍布斯 著
或此或彼（上、下）　[丹麦]基尔克果 著
海德格尔式的现代神学　刘小枫 选编
双重束缚　[法]基拉尔 著
古今之争中的核心问题　[德]迈尔 著
论永恒的智慧　[德]苏索 著
宗教经验种种　[美]詹姆斯 著
尼采反卢梭　[美]凯斯·安塞尔-皮尔逊 著
舍勒思想评述　[美]弗林斯 著
诗与哲学之争　[美]罗森 著
神圣与世俗　[罗]伊利亚德 著
但丁的圣约书　[美]霍金斯 著

古典学丛编

赫西俄德的宇宙　[美]珍妮·施特劳斯·克莱 著
论王政　[古罗马]金嘴狄翁 著
论希罗多德　[古罗马]卢里叶 著
探究希腊人的灵魂　[美]戴维斯 著
尤利安文选　马勇 编/译
论月面　[古罗马]普鲁塔克 著
雅典谐剧与逻各斯　[美]奥里根 著
菜园哲人伊壁鸠鲁　罗晓颖 选编
《劳作与时日》笺释　吴雅凌 撰
希腊古风时期的真理大师　[法]德蒂安 著
古罗马的教育　[英]葛怀恩 著
古典学与现代性　刘小枫 编
表演文化与雅典民主政制
　[英]戈尔德希尔、奥斯本 编
西方古典文献学发凡　刘小枫 编
古典语文学常谈　[德]克拉夫特 著
古希腊文学常谈　[英]多佛 等著
撒路斯特与政治史学　刘小枫 编
希罗多德的王霸之辨　吴小锋 编/译
第二代智术师　[英]安德森 著
英雄诗系笺释　[古希腊]荷马 著
统治的热望　[美]福特 著
论埃及神学与哲学　[古希腊]普鲁塔克 著
凯撒的剑与笔　李世祥 编/译
伊壁鸠鲁主义的政治哲学
　[意]詹姆斯·尼古拉斯 著
修昔底德笔下的人性　[美]欧文 著
修昔底德笔下的演说　[美]斯塔特 著
古希腊政治理论　[美]格雷纳 著
神谱笺释　吴雅凌 撰
赫西俄德：神话之艺
　[法]居代·德·拉孔波 等著
赫拉克勒斯之盾笺释　罗逍然 译笺
《埃涅阿斯纪》章义　王承教 选编
维吉尔的帝国　[美]阿德勒 著
塔西佗的政治史学　曾维术 编

古希腊诗歌丛编
- 古希腊早期诉歌诗人　[英]鲍勒 著
- 诗歌与城邦　[美]费拉格、纳吉 主编
- 阿尔戈英雄纪（上、下）
  [古希腊]阿波罗尼俄斯 著
- 俄耳甫斯教祷歌　吴雅凌 编译
- 俄耳甫斯教辑语　吴雅凌 编译

古希腊肃剧注疏集
- 希腊肃剧与政治哲学　[美]阿伦斯多夫 著

古希腊礼法研究
- 希腊人的正义观　[英]哈夫洛克 著

廊下派集
- 廊下派的苏格拉底　程志敏 徐健 选编
- 廊下派的神和宇宙　[墨]里卡多·萨勒斯 编
- 廊下派的城邦观　[英]斯科菲尔德 著

希伯莱圣经历代注疏
- 希腊化世界中的犹太人　[英]威廉逊 著
- 第一亚当和第二亚当　[德]朋霍费尔 著

新约历代经解
- 属灵的寓意　[古罗马]俄里根 著

基督教与古典传统
- 保罗与马克安　[德]文森 著
- 加尔文与现代政治的基础　[美]汉考克 著
- 无执之道　[德]文森 著
- 恐惧与战栗　[丹麦]基尔克果 著
- 托尔斯泰与陀思妥耶夫斯基
  [俄]梅列日科夫斯基 著
- 论宗教大法官的传说　[俄]罗赞诺夫 著
- 海德格尔与有限性思想（重订版）
  刘小枫 选编
- 上帝国的信息　[德]拉加茨 著
- 基督教理论与现代　[德]特洛尔奇 著
- 亚历山大的克雷芒　[意]塞尔瓦托·利拉 著
- 中世纪的心灵之旅　[意]圣·波纳文图拉 著

德意志古典传统丛编
- 论荷尔德林　[德]沃尔夫冈·宾德尔 著
- 彭忒西勒亚　[德]克莱斯特 著
- 穆佐书简　[奥]里尔克 著
- 纪念苏格拉底——哈曼文选　刘新利 选编
- 夜颂中的革命和宗教　[德]诺瓦利斯 著
- 大革命与诗化小说　[德]诺瓦利斯 著
- 黑格尔的观念论　[美]皮平 著
- 浪漫派风格——施勒格尔批评文集　[德]施勒格尔 著

美国宪政与古典传统
- 美国1787年宪法讲疏　[美]阿纳斯塔普罗 著

世界史与古典传统
- 伊丽莎白时代的世界图景　[英]蒂利亚德 著
- 西方古代的天下观　刘小枫 编
- 从普遍历史到历史主义　刘小枫 编

启蒙研究丛编
- 浪漫的律令　[美]拜泽尔 著
- 现实与理性　[法]科维纲 著
- 论古人的智慧　[英]培根 著
- 托兰德与激进启蒙　刘小枫 编
- 图书馆里的古今之战　[英]斯威夫特 著

政治史学丛编
- 自然科学史与玫瑰　[法]雷比瑟 著

地缘政治学丛编
- 克劳塞维茨之谜　[英]赫伯格-罗特 著
- 太平洋地缘政治学　[德]卡尔·豪斯霍弗 著

荷马注疏集
- 不为人知的奥德修斯　[美]诺特维克 著
- 模仿荷马　[美]丹尼斯·麦克唐纳 著

品达注疏集
- 幽暗的诱惑　[美]汉密尔顿 著

欧里庇得斯集
- 自由与僭越　罗峰 编译

阿里斯托芬集
- 《阿卡奈人》笺释　[古希腊]阿里斯托芬 著

色诺芬注疏集
- 居鲁士的教育　[古希腊]色诺芬 著

色诺芬的《会饮》　[古希腊]色诺芬 著

柏拉图注疏集
立法与德性——柏拉图《法义》发微　林志猛 编
柏拉图的灵魂学　[加]罗宾逊 著
柏拉图书简　彭磊 译注
克力同章句　程志敏 郑兴凤 撰
哲学的奥德赛——《王制》引论　[美]郝兰 著
爱欲与启蒙的迷醉　[美]贝尔格 著
为哲学的写作技艺一辩　[美]伯格 著
柏拉图式的迷宫——《斐多》义疏　[美]伯格 著
哲学如何成为苏格拉底式的　[美]朗佩特 著
苏格拉底与希琵阿斯　王江涛 编译
理想国　[古希腊]柏拉图 著
谁来教育老师　刘小枫 编
立法者的神学　林志猛 编
柏拉图对话中的神　[法]薇依 著
厄庇诺米斯　[古希腊]柏拉图 著
智慧与幸福　程志敏 选编
论柏拉图对话　[德]施莱尔马赫 著
柏拉图《美诺》疏证　[美]克莱因 著
政治哲学的悖论　[美]郝岚 著
神话诗人柏拉图　张文涛 选编
阿尔喀比亚德　[古希腊]柏拉图 著
叙拉古的雅典异乡人　彭磊 选编
阿威罗伊论《王制》　[阿拉伯]阿威罗伊 著
《王制》要义　刘小枫 选编
柏拉图的《会饮》　[古希腊]柏拉图 等著
苏格拉底的申辩（修订版）　[古希腊]柏拉图 著
苏格拉底与政治共同体　[美]尼柯尔斯 著
政制与美德——柏拉图《法义》疏解　[美]潘戈 著
《法义》导读　[法]卡斯代尔·布舒奇 著
论真理的本质　[德]海德格尔 著
哲人的无知　[德]费勃 著
米诺斯　[古希腊]柏拉图 著
情敌　[古希腊]柏拉图 著

亚里士多德注疏集
《诗术》译笺与通绎　陈明珠 撰
亚里士多德《政治学》中的教诲　[美]潘戈 著
品格的技艺　[美]加佛 著
亚里士多德哲学的基本概念　[德]海德格尔 著
《政治学》疏证　[意]托马斯·阿奎那 著
尼各马可伦理学义疏　[美]伯格 著
哲学之诗　[美]戴维斯 著
对亚里士多德的现象学解释　[德]海德格尔 著
城邦与自然——亚里士多德与现代性　刘小枫 编
论诗术中篇义疏　[阿拉伯]阿威罗伊 著
哲学的政治　[美]戴维斯 著

普鲁塔克集
普鲁塔克的《对比列传》　[英]达夫 著
普鲁塔克的实践伦理学　[比利时]胡芙 著

阿尔法拉比集
政治制度与政治箴言　阿尔法拉比 著

马基雅维利集
君主及其战争技艺　娄林 选编

莎士比亚绎读
莎士比亚的历史剧　[英]蒂利亚德 著
莎士比亚戏剧与政治哲学　彭磊 选编
莎士比亚的政治盛典　[美]阿鲁里斯/苏利文 编
丹麦王子与马基雅维利　罗峰 选编

洛克集
上帝、洛克与平等　[美]沃尔德伦 著

卢梭集
论哲学生活的幸福　[德]迈尔 著
致博蒙书　[法]卢梭 著
政治制度论　[法]卢梭 著
哲学的自传　[美]戴维斯 著
文学与道德杂篇　[法]卢梭 著
设计论证　[美]吉尔丁 著
卢梭的自然状态　[美]普拉特纳 等著
卢梭的榜样人生　[美]凯利 著

莱辛注疏集
汉堡剧评 [德]莱辛 著
关于悲剧的通信 [德]莱辛 著
《智者纳坦》（研究版） [德]莱辛 等著
启蒙运动的内在问题 [美]维塞尔 著
莱辛剧作七种 [德]莱辛 著
历史与启示——莱辛神学文选 [德]莱辛 著
论人类的教育 [德]莱辛 著

尼采注疏集
何为尼采的扎拉图斯特拉 [德]迈尔 著
尼采引论 [德]施特格迈尔 著
尼采与基督教 刘小枫 编
尼采眼中的苏格拉底 [美]丹豪瑟 著
尼采的使命 [美]朗佩特 著
尼采与现时代 [美]朗佩特 著
动物与超人之间的绳索 [德]A.彼珀 著

施特劳斯集
论僭政（重订本） [美]施特劳斯 [法]科耶夫 著
苏格拉底问题与现代性（增订本）
犹太哲人与启蒙（增订本）
霍布斯的宗教批判
斯宾诺莎的宗教批判
门德尔松与莱辛
哲学与律法——论迈蒙尼德及其先驱
迫害与写作艺术
柏拉图式政治哲学研究
论柏拉图的《会饮》
柏拉图《法义》的论辩与情节
什么是政治哲学
古典政治理性主义的重生（重订本）
回归古典政治哲学——施特劳斯通信集
苏格拉底与阿里斯托芬

***

施特劳斯的持久重要性 [美]朗佩特 著
论源初遗忘 [美]维克利 著

政治哲学与启示宗教的挑战 [德]迈尔 著
阅读施特劳斯 [美]斯密什 著
施特劳斯与流亡政治学 [美]谢帕德 著
隐匿的对话 [德]迈尔 著
驯服欲望 [法]科耶夫 等著

施米特集
宪法专政 [美]罗斯托 著
施米特对自由主义的批判 [美]约翰·麦考米克 著

伯纳德特集
古典诗学之路（第二版） [美]伯格 编
弓与琴（重订本） [美]伯纳德特 著
神圣的罪业 [美]伯纳德特 著

布鲁姆集
巨人与侏儒（1960-1990）
人应该如何生活——柏拉图《王制》释义
爱的设计——卢梭与浪漫派
爱的戏剧——莎士比亚与自然
爱的阶梯——柏拉图的《会饮》
伊索克拉底的政治哲学

沃格林集
自传体反思录 [美]沃格林 著

大学素质教育读本
古典诗文绎读 西学卷·古代编（上、下）
古典诗文绎读 西学卷·现代编（上、下）

中国传统：经典与解释
Classici et Commentarii
经典与解释
刘小枫 陈少明○主编

《孔丛子》训读及研究 /雷欣翰 撰
论语说义 /[清]宋翔凤 撰
周易古经注解考辨 /李炳海 著
浮山文集 /[明]方以智 著
药地炮庄 /[明]方以智 著
药地炮庄笺释·总论篇 /[明]方以智 著

青原志略 / [明]方以智 编
冬灰录 / [明]方以智 著
冬炼三时传旧火 / 邢益海 编
《毛诗》郑王比义发微 / 史应勇 著
宋人经筵诗讲义四种 / [宋]张纲 等撰
道德真经藏室纂微篇 / [宋]陈景元 撰
道德真经四子古道集解 / [金]寇才质 撰
皇清经解提要 / [清]沈豫 撰
经学通论 / [清]皮锡瑞 著
松阳讲义 / [清]陆陇其 著
起凤书院答问 / [清]姚永朴 撰
周礼疑义辨证 / 陈衍 撰
《铎书》校注 / 孙尚扬 肖清和 等校注
韩愈志 / 钱基博 著
论语辑释 / 陈大齐 著
《庄子·天下篇》注疏四种 / 张丰乾 编
荀子的辩说 / 陈文洁 著
古学经子 / 王锦民 著
经学以自治 / 刘少虎 著
从公羊学论《春秋》的性质 / 阮芝生 撰

现代人及其敌人
海德格尔与中国
共和与经纶
现代性与现代中国
现代性社会理论绪论
诗化哲学 [重订本]
拯救与逍遥 [修订本]
走向十字架上的真
西学断章

编修 [博雅读本]
凯若斯：古希腊语文读本 [全二册]
古希腊语文学述要
雅努斯：古典拉丁语文读本
古典拉丁语文学述要
危微精一：政治法学原理九讲
琴瑟友之：钢琴与古典乐色十讲

译著
普罗塔戈拉（详注本）
柏拉图四书

刘小枫集

民主与政治德性
昭告幽微
以美为鉴
古典学与古今之争 [增订本]
这一代人的怕和爱 [第三版]
沉重的肉身 [珍藏版]
圣灵降临的叙事 [增订本]
罪与欠
儒教与民族国家
拣尽寒枝
施特劳斯的路标
重启古典诗学
设计共和

经典与解释辑刊

1 柏拉图的哲学戏剧
2 经典与解释的张力
3 康德与启蒙
4 荷尔德林的新神话
5 古典传统与自由教育
6 卢梭的苏格拉底主义
7 赫尔墨斯的计谋
8 苏格拉底问题
9 美德可教吗
10 马基雅维利的喜剧
11 回想托克维尔
12 阅读的德性
13 色诺芬的品味
14 政治哲学中的摩西
15 诗学解诂
16 柏拉图的真伪
17 修昔底德的春秋笔法
18 血气与政治
19 索福克勒斯与雅典启蒙
20 犹太教中的柏拉图门徒
21 莎士比亚笔下的王者
22 政治哲学中的莎士比亚
23 政治生活的限度与满足
24 雅典民主的谐剧
25 维柯与古今之争
26 霍布斯的修辞
27 埃斯库罗斯的神义论
28 施莱尔马赫的柏拉图
29 奥林匹亚的荣耀
30 笛卡尔的精灵
31 柏拉图与天人政治
32 海德格尔的政治时刻
33 荷马笔下的伦理
34 格劳秀斯与国际正义
35 西塞罗的苏格拉底
36 基尔克果的苏格拉底
37《理想国》的内与外
38 诗艺与政治
39 律法与政治哲学
40 古今之间的但丁
41 拉伯雷与赫尔墨斯秘学
42 柏拉图与古典乐教
43 孟德斯鸠论政制衰败
44 博丹论主权
45 道伯与比较古典学
46 伊索寓言中的伦理
47 斯威夫特与启蒙
48 赫西俄德的世界
49 洛克的自然法辩难
50 斯宾格勒与西方的没落
51 地缘政治学的历史片段
52 施米特论战争与政治
53 普鲁塔克与罗马政治
54 罗马的建国叙述
55 亚历山大与西方的大一统
56 马西利乌斯的帝国